Jochen Hippler, Andrea Lueg (Hg.)
Feindbild Islam
oder Dialog der Kulturen

Jochen Hippler, Andrea Lueg (Hg.)

Feindbild Islam

oder Dialog der Kulturen

KONKRET LITERATUR VERLAG

©2002 Konkret Literatur Verlag, Hamburg
Lektorat: Sonja Hinte
Umschlaggestaltung: Peter Albers, Hamburg
Umschlagfoto: Dieter Lüttgen
Satz: H & G Herstellung, Hamburg
Druck: AALEXX Druck, Großburgwedel
ISBN 3-89458-210-3
www.konkret-literatur-verlag.de

Inhalt

Jochen Hippler/Andrea Lueg

Einleitung

Feindbild und Verständigung – Ist »Dialog mit dem Islam«
noch möglich?

Ist ein Dialog mit dem islamischen Kulturkreis noch möglich? Die
letzten Monate und Jahre waren von politischer Gewalt bestimmt. Es
deutet vieles darauf hin, daß die Spirale des Blutvergießens sich weiter
dreht wird. Die irakische Besetzung Kuwaits und der sich anschlie-
ßende Krieg der USA und ihrer Verbündeten gegen den Irak
(1990/91), die Kämpfe mit und Massaker an Muslimen in Bosnien
und dem Kosovo (zweite Hälfte der 90er Jahre), die militärische Intervention und ihr Scheitern in Somalia (1991-94), die Terroranschläge
im September 2001 in den USA und der Krieg gegen das Afghanistan
der Taliban sind nur einige Beispiele dafür, in welchem Maße unser
Verhältnis zu – und unsere Wahrnehmung von – muslimischen Gesellschaften heute von Gewalt geprägt sind. Da erscheinen die Ap-
pelle zu einem »Dialog der Kulturen« oder, wie Bundespräsident
Johannes Rau formulierte, zu einem »Dialog Westen-Islam« wie Rufe
in der Wüste. Es ist nicht so, daß es keine Anstrengungen zu solchen
Dialogen gäbe – einzelne Kirchen- oder Moscheegemeinden, Schul-
klassen, Universitäten und Regierungen (etwa die iranische oder die
Bundesregierung) organisieren Treffen, Konferenzen, Austausch.
Aber immer wieder stellt sich die Frage, ob diese Versuche der Diskussion und der Verständigung angesichts der Welle der Gewalt überhaupt bedeutsam sind.

Gerade seit den Terroranschlägen in den USA und der kriegerischen Antwort ist der Dialog noch schwerer geworden. Wer den Islam vorher als fremd empfunden hat, hält ihn heute vielleicht für
eine Bedrohung. Wurden die Anschläge nicht im Namen des Islam
verübt? Ist Gewalt in islamisch geprägten Ländern nicht besonders
häufig? Predigt der Islam nicht den »Heiligen Krieg«?

Solche Fragen drängen sich ebenso auf, wie umgekehrt die Fragen
nach der europäischen Politik und Geschichte: Sind die menschen-
verachtenden Exzesse des Rassismus und Kolonialismus nicht Aus-
flüsse der westlichen Zivilisation? Was verrät die ausländerfeindli-
che Gewalt in Deutschland über die deutsche Gesellschaft? Gilt das

westliche Drängen auf Menschenrechte nur so lange, wie die eigenen Wirtschaftsinteressen nicht berührt sind?

Sich gegenseitig – und zuerst sich selbst – kritische Fragen zu stellen ist sinnvoll. Es ist auch notwendig, wenn wir uns gegenseitig – und uns selbst – ernst nehmen wollen. Und es ist unverzichtbar, wenn wir einen ernsthaften interkulturellen Dialog führen wollen. Denn ein Dialog bedeutet schließlich, den anderen nicht einfach nur belehren zu wollen, sondern selbst auch zuhören zu können Ohne Bereitschaft zur Selbstreflexion ist jeder Dialog nur ein Schein, ist sofort zu Ende. Und auch deshalb sind kritische Anfragen an die Gegenseite nicht nur möglich, sondern nötig. Gerade über die schwierigen, die kritischen Dinge muß gesprochen werden – ein Austausch von Höflichkeiten ist kein interkultureller Dialog.

Aber: Das Stellen harter, schwieriger Fragen erfordert auch eine Basis gegenseitigen Respekts.

Ein Feindbild ist eine bestimmte Art der Fremdwahrnehmung, die Teile der Realität so zusammenmontiert, daß ein verzerrtes, feindseliges und anklagendes Gesamtbild entsteht. Feindbilder neigen dazu, sich selbst als übertrieben positiv darzustellen, und das Gegenüber als negativen Gegenpol zu definieren.

Dieses Buch will vor allem das Feindbild Islam untersuchen, nicht den Islam selbst. Es ist vor allem ein Buch über unser eigenes, über das »westliche« Denken und über die Notwendigkeit, Struktur und Folgen eines seiner Feindbilder. Eine unserer Thesen lautet, daß die gegenwärtige Konjunktur populärer Literatur über die islamische Gefahr nur zum Teil mit dem vorgeblichen Gegenstand der Bedrohung – dem Islam –, aber um so mehr mit dem westlichen Denken, auch mit einer Identitätslücke nach dem Ende des Kalten Krieges zu tun hat. Und genau dieser Aspekt interessiert uns. Wir wollen also nicht »den wahren Islam« enthüllen, weder in feindbildproduzierender noch in romantisierender Absicht.

Natürlich gibt es in den islamisch geprägten Gesellschaften des Nahen und Mittleren Ostens zahlreiche Erscheinungen, die kritikwürdig, bedrohlich oder sogar fürchterlich sind. Auch wenn diese Bedrohungen zuerst und überwiegend die Menschen dieser Region betreffen und nicht die in Europa oder Nordamerika, so ist das kein Grund, sie auf die leichte Schulter zu nehmen, zu verharmlosen oder gar zu ignorieren. Wenn Intoleranz und Fanatismus mit islamistischem Hintergrund sich gegen Araber, Türken oder Perser richten, haben wir dafür genausowenig Sympathie oder »Verständnis« wie für Angriffe deutscher Skinheads auf deutsche Obdachlose und Behinderte, auf türkische oder libanesische Mädchen oder sonst jemanden. Aber in beiden Fällen scheint uns demonstrative Hysterie nicht der richtige Weg, mit solchen Phänomenen fertigzuwerden.

Wenn wir also die Produktion eines »Feindbildes Islam« kritisieren, dann nicht, um sämtliche Erscheinungen im Nahen Osten damit zu rechtfertigen oder unter den Teppich der kulturellen Andersartigkeit zu kehren. Wir kritisieren vielmehr, daß die populären Feindbilder gerade verhindern, daß eine ernsthafte Auseinandersetzung mit Unterdrückung, Frauenverachtung, Menschenrechtsverletzungen stattfinden kann. Darum geht es den Ideologen, die am Feindbild malen, nämlich nicht. Sie und ihre »Kunden« wollen sich selbst ein gutes Gefühl verschaffen, indem sie eine andere Kultur oder Religion pauschal diffamieren. An die Stelle von Kritik treten Überheblichkeit und Schematismus: Sie sind gegen den Fanatismus einer anderen Kultur, der in dieser ein wichtiger Bestandteil sein soll – während im Westen Fanatismus nicht zum Kern »christlich-abendländischer Kultur« gehört, sondern eine bedauerliche Ausnahmeerscheinung ist. Fehlentwicklungen anderer Gesellschaften werden nicht mit denselben Maßstäben wie die der eigenen Gesellschaft gemessen. In der halbamtlichen Wochenzeitung *Das Parlament* war man schon vor Jahren soweit, den islamischen Ländern »die freie Welt« entgegenzustellen. »Die freie Welt« – das sind wir.

Genau diese Denkweise ist das Thema dieses Buches. Sie gibt vor, den fremden Irrationalismus durch die europäische Aufklärung zu bekämpfen. Aber tatsächlich fällt sie selbst in vor-aufklärerische Schemata zurück, gegen die sie sich angeblich wendet. Oft werden sogar die Argumentationsmuster der Islamisten übernommen, um damit liberale Muslime oder säkulare Intellektuelle des Nahen Ostens abzuwerten.

Wir sind der Auffassung, daß der Abbau des Feindbildes kein Schritt in Richtung Kritiklosigkeit ist, sondern gerade eine Voraussetzung für ernsthafte Kritik. Selbstkonstruierte Feindbilder zu attackieren ist keine Kritik, sondern Demagogie. Schließlich kommt es darauf an, die Realität zu verändern, nicht Hirngespinste.

Ein Feindbild funktioniert gegensätzlich zur Kritik: Es gibt nur zwei Seiten – oft eine intellektuelle Scheinalternative –, und anstatt zu differenzieren, braucht man sich nur noch zwischen diesen beiden Möglichkeiten zu entscheiden. Analyse wird so durch einen Gesinnungsakt ersetzt. Die Realität ist aber komplizierter.

Im Verlauf dieses Buches werden wir darauf verzichten, unsere Kritik an westlichen Denkmustern immer wieder dadurch zu »legitimieren«, daß wir uns periodisch und rituell vom Fundamentalismus oder insbesondere von gewalttätigen Bewegungen distanzieren. Wir sind der Auffassung, daß sie politisch bekämpft werden müssen – nur ist das nicht das Thema dieses Buches, auch wenn in zumindest zwei Beiträgen einige Hinweise dazu enthalten sind.

Auch in letzter Zeit hat es – insbesondere nach den Terroranschlägen vom September 2001 – gelegentlich die Tendenz gegeben, die Warnung vor einem Feindbild Islam für den gutgemeinten, aber etwas naiven Versuch zu halten, die Augen vor den Gefahren der muslimischen Welt zu schließen. Solche Kritik hat sich nicht immer durch intellektuelle Redlichkeit ausgezeichnet.

Der Islamismus, die islamische politische Religiosität, der »Fundamentalismus« (Begriffe, die in diesem Buch synonym benutzt und im Gegensatz zur islamischen Orthodoxie, zur Alltagsreligiosität oder zum religiösen Traditionalismus gesehen werden)[1] hat seine Ursache in den politischen, sozialen und wirtschaftlichen Erfahrungen von Menschen im Nahen und Mittleren Osten. Wer ihn schwächen möchte, wird also gut beraten sein, zuerst einmal über die Lösung der tatsächlichen Probleme dieser Region nachzudenken. Statt dessen ein stereotypes Feindbild aufzubauen, über das »Wesen der Araber« oder »der Muslime« bzw. »des Islam« zu räsonieren – das ist nicht rationaler oder »aufgeklärter«, als die Angriffe auf Flüchtlingsheime bei uns mit dem »Wesen der Deutschen« erklären zu wollen.

Das Feindbild Islam ist nicht neu. Es hat historische Wurzeln, die bis zu den Kreuzzügen zurückreichen,[2] die bekanntlich jedesmal und nicht zufällig mit antijüdischen Pogromen eingeleitet wurden. Im Zusammenhang mit der Ölpreiskrise von 1973 (»Die Ölscheichs drehen uns den Ölhahn ab!«) und etwas später im Kontext der islamischen Revolution im Iran ist es zu einer besonderen Emotionalisierung der Haltung gegenüber Muslimen und dem Islam allgemein gekommen. Auch in der Phase der Flugzeugentführungen von Palästinensern war das zu beobachten, allerdings waren die Emotionen eher antiarabisch/antipalästinensisch als religiös geprägt.

Seine besondere Sprengkraft erhielt das Feindbild Islam aber ab den neunziger Jahren: durch das Ende des Kalten Krieges. Der Kommunismus und die Sowjetunion stehen als Feinde und zur Legitimation teurer und umfangreicher Militärapparate nicht mehr zur Verfügung. Spätestens Mitte der achtziger Jahre begann die Suche nach neuen Feinden, die zuerst an der Seite der kommunistischen Bedrohung, dann an ihrer Stelle als Begründung für Rüstungshaushalte und offensive Militärpolitik herhalten mußten. »Drogenkrieg« – der etwas absurde und selbstverständlich gescheiterte Versuch, das Drogenproblem in New York durch Flottenmanöver vor Südamerika und Militäroperationen in Bolivien oder Kolumbien zu lösen – und der bereits von Präsident Reagan erklärte »Kampf gegen Terrorismus« – ein Begriff, der Terroristen ebenso umfaßte wie diverse unliebsame Befreiungsbewegungen in der »Dritten Welt« und, natürlich, vor allem militärische Antworten erforderte: das waren die beiden Versuche der achtziger Jahre. Und wie im Fall der »islamischen (bzw. der fundamentalistischen) Bedrohung« heute gab und gibt es genügend handfeste Gründe, gegen Drogendealer und Terroristen zu sein. Und genau wie heute wurden und werden diese beiden Gefahren nicht ernsthaft von den Ursachen her bekämpft, sondern für andere Zwecke instrumentalisiert. Damals ging es u.a. um die Legitimation der neuentwickelten Doktrin der *low-intensity warfare*. Heute, da der traditionelle Feind verschwunden und man nicht mehr konventionell militärisch bedroht ist, geht es um die Rechtfertigung weiterer militärischer Hochrüstung. Präsident Bushs »Krieg gegen den Terrorismus« richtet sich heute auf vier Punkte zugleich: auf die tatsächliche Terrorismusbekämpfung, die Neuordnung Afghanistans und des benachbarten Zentralasiens mit seinen reichen Energiequellen, den Kampf gegen die »Schurkenstaaten« oder eine »Achse des Bösen« und die Verlängerung der US-amerikanischen Hegemonie in den internationalen Beziehungen. Das widerwärtige Problem des Terrorismus wird so zum Anlaß und zur Rechtfertigung genommen, andere Politikziele hinter dem Rücken der Öffentlichkeit mit zu verfolgen. In ähnlicher Weise wird auch der religiöse Fanatismus im Nahen Osten nicht von westlichen Intellektuellen erfunden, aber trotzdem durch Überhöhung in ein schematisches Feindbild für andere politische Zwecke ausgenutzt.

Wenn wir vor einem Feindbild Islam warnen, dann geht es uns vor allem darum, nicht in die Falle eines eigenen kulturellen Hochmuts zu gehen, der uns die Sicht vernebelt: Sobald wir die Welt vor allem in den leichten Schwarz-Weiß-Schemata – wir sind die Guten, die anderen die Bösen – wahrnehmen, machen wir uns Illusionen über den eigenen Grad der Zivilisiertheit. Wir erkennen unser Gegenüber nur noch unscharf. Wenn wir von »dem« Islam sprechen, verdrängen wir bereits wichtige Realitäten: »Der« Islam ist eine Fiktion, die von westlichen Besserwissern und islamischen Möchtegernerlösern geteilt wird. Der Islam – das kann ein theologisches System meinen, über dessen genaue Bedeutung und Ausgestaltung seit Jahrhunderten gestritten wird. Es kann auf eine völlig un-theologische Form persönlicher Religiosität verweisen, die nicht immer viel mit dem Koran der Theologen zu tun haben muß: lokale Gebräuche und Sitten, persönliche Wertesysteme und Präferenzen werden nur zu gern mit dem Etikett »Islam« beheftet, um ihnen eine höhere Weihe zu verleihen. »Islam« bedeutet darüber hinaus oft Kultur und Tradition einer Gesellschaft oder eines Gesellschaftssegments, nicht Religion. So wie christliche Symbole, Werte und Traditionen zu Teilen der verschiedenen westlichen Kulturmodelle geworden sind, ohne diese »christlich« zu machen, so gilt dies für die muslimischen Gesellschaften: Nicht in allem, auf dem in Leuchtschrift »Islam« steht, ist auch etwas Religiöses enthalten. Dann kann Islam noch ganz anderes bedeuten: etwa einen sprachlichen Code, eine Ausdrucksform für politische Diskurse. Das gilt einerseits, weil auch in muslimischen Ländern Politiker sich gern auf Gott berufen, um ihre Interessen oder Politik zu rechtfertigen, ohne daß sie deshalb sonderlich fromm sein müßten. Aber es gilt um so mehr, als in vielen muslimischen Ländern eine offene politische Diskussion von den Regierungen unterdrückt wird, und politische Opposition leichter im geschützten Umfeld der Moscheen oder in religiöser Sprache geäußert werden kann. Vieles, das für unsere Ohren religiös klingt, kann deshalb vor allem eine politische Bedeutung haben. Und schließlich ist »der Islam« eine selten hilfreiche Sammelkategorie, weil sie die unzähligen und massiven Unterschiede selbst in der Theologie ignoriert. Nicht nur zwischen Sunniten und Schiiten, sondern auch innerhalb der verschiedenen religiösen Strömungen besteht eine solche Vielfalt, eine solche Widersprüchlichkeit der Auffassungen – bis hin zur Möglichkeit agnostischer oder atheistischer Muslime, die auch dann existieren, wenn die theologischen Linienrichter dies bestreiten oder sich grausend abwenden. Wer all diese Unterschiede hinter dem pauschalen Begriff verbirgt, wird die Realität nur wahrnehmen und Wichtiges übersehen. Im westlichen Kulturkreis wäre das ja nicht anders. Wenn man dort den Papst, den deutschen Bundeskanzler, die Nazis, Verona Feldbusch, bayerische Schützenvereine und *amnesty international* alle als »Ausdruck westlicher Kultur« zusammenfassen wollte – das wäre sicher nicht falsch, aber was sollte dies aussagen? Kaum mehr als die Vielfalt und Widersprüchlichkeit der westlichen Kultur. Es darf vergessen werden, daß sich hinter Etiketten wie »der Islam« oder »die Muslime« eine große Bandbreite von Denkrichtungen, Lebensmodellen und Handlungsmöglichkeiten verbirgt.

Ein Feindbild ignoriert die Komplexität und Vielfalt der Realität und reduziert sie auf ein emotionalisiertes, abwertendes Schwarz-Weiß-Bild. Die Kritik solcher Feindbilder bedeutet nicht, Sympathie oder »Verständnis« für religiöse Fanatiker oder Gewalttäter zu hegen. Sie bestreitet nicht die Existenz kultureller Unterschiede oder unterschiedlicher Interessen. Aber dabei sollte man eben keinen wertenden Unterschied zwischen Gewalttaten mit religiöser Begründung und solchen mit säkularer Absicht machen, sollte auch an christliche, jüdische, muslimische, hinduistische oder atheistische Fanatiker oder Gewalttäter in allen Kulturen die gleichen Maßstäbe anlegen: Das Problem sind ihre Verbrechen, der Glaube ist ihre Privatsache. Um solche Bewertungen vornehmen zu können, braucht man allerdings eine klare Sicht, muß analysieren, anstatt nur bequem zu etikettieren. Gegner oder sogar Feinde zu haben und sie als solche zu erkennen – das ist kein Problem, sondern fast eine Selbstverständlichkeit. Ein Feindbild ist aber etwas grundsätzlich anderes: Es setzt Klischees an die Stelle der Realität, meist unter Nutzung ausgewählter Bruchstücke der Realität. Ein Feindbild macht blind – und der Unterschied zwischen wirklichen Problemen und Bedrohungen zur eigenen Einbildung verschwimmt. So werden Konflikte herbeigedacht oder reale Konflikte unlösbar gemacht: Probleme können nicht mehr mit- oder auch gegeneinander gelöst werden, weil man im Banne der Schemata gefangen ist.

Deshalb sind Feindbilder auch das Ende jeden Dialogs. Einen Dialog kann man mit Freunden führen, aber auch mit Gegnern. Sobald aber ein Feindbild an die Stelle der Realität tritt, macht Dialog keinen Sinn mehr: Wie wollte man mit seinen eigenen Fiktionen einen Austausch führen? Wenn sich das Feindbild verfestigt und politisch wirksam wird, nimmt die Gefahr politischer Gewalt zu. Usama bin

Ladin pflegt ein Feindbild des Westens, indem er reale Kritik mit einer Projektion sämtlicher Übel der Welt auf den Westen (bzw. die USA) verknüpft. Wir würden in eine Falle laufen, wenn wir einem solchen Verfahren nacheiferten: Nicht die tatsächlichen Probleme in muslimischen Gesellschaften ins Zentrum der Aufmerksamkeit zu rücken – Diktaturen, Armut, Menschenrechtsverletzungen, Hoffnungslosigkeit, also im Kern politische und wirtschaftliche, also säkulare Phänomene – sondern alles Unerfreuliche reflexartig religiös zu interpretieren und zumindest implizit für nur gewaltsam lösbar zu halten.

Im ersten Beitrag dieses Bandes wirft Andrea Lueg einen Blick in die deutschen Medien. Sie befaßt sich mit den zentralen Elementen des Feindbildes Islam und geht der Frage nach, inwieweit sich der Umgang mit dem Thema seit Beginn der Debatte im Golfkrieg 1990/91 verändert hat.

Bei der Bestätigung von Vorurteilen gegenüber dem Islam spielt das Fernsehen immer noch eine entscheidende Rolle, stellt Andreas Cichowicz fest. Der Auslandschef des NDR-Fernsehens liefert eine Innenansicht der Risiken und Hintergründe selektiver Wahrnehmung im TV.

Christoph Weller beschäftigt sich aus politikwissenschaftlicher Perspektive mit der Entstehung von Feindbildern und der Frage, warum Menschen so leicht dazu neigen, sie zu entwickeln.

Wie ist es, ein Feind zu sein?, fragt Claudia Derichs in ihrem Artikel mit Blick auf unser pauschalisierendes, negatives Bild von Muslimen.

Daran anschließend untersucht Petra Kappert die Veränderungen der europäischen Wahrnehmung des Orients von der Französischen Revolution bis zum Ersten Weltkrieg. In diesem Zeitraum wandelte er sich vom Objekt realitätsferner Romantisierung zur Arena europäischer Großmachtpolitik.

Reinhard Schulze setzt sich mit der verbreiteten These auseinander, daß islamisch geprägte Gesellschaften entweder überhaupt nicht oder nur durch Übernahme europäischer Modelle Anteil an der »Moderne« haben könnten. Sein Beitrag befaßt sich vor allem mit der Diskussion unter muslimischen Intellektuellen über die Moderne.

Azmi Bishara, ein arabisches Mitglied des israelischen Parlaments, greift einige zentrale Bestandteile des Feindbildes auf –

etwa den Fundamentalismus und die These von einer Einheit von Politik und Islam im Nahen Osten – und demonstriert Möglichkeiten, islamistische Bewegungen zu analysieren, anstatt sie nur zu etikettieren.

Der folgende Beitrag behandelt die Rolle des Islam und der politischen Gewalt in der internationalen Politik. Jochen Hippler untersucht das Verhältnis westlicher Außenpolitik zum Islam und seinen fundamentalistischen Varianten. Er stellt fest, daß es über einen bloßen Reflex auf die gängigen Feindbilder weit hinausgeht.

Anschließend beschäftigt er sich mit der Gegentendenz zur These vom »Kampf der Kulturen«, mit dem interkulturellen Dialog zwischen dem Westen und dem Nahen und Mittleren Osten. Durch die Anschläge vom 11. September 2001 und die Reaktion der USA haben diese Bemühungen einen schweren Rückschlag erlitten.

Köln/Duisburg   Jochen Hippler
im März 2002   Andrea Lueg

Andrea Lueg

Der Islam in den Medien

»Gotteskrieger« wurde zum Unwort des Jahres 2001 gewählt, Bundespräsident Johannes Rau ruft, wie schon sein Vorgänger Roman Herzog, zum Dialog der Kulturen auf und der Musikantenstadl kommt vom Persischen Golf, aus Dubai. Muß man überhaupt noch von einem Feindbild Islam sprechen? Eine Debatte darüber hatten verschiedene Publikationen während und nach dem Golfkrieg 1990/91 angestoßen, in der es darum ging, wie der Islam in der deutschen Öffentlichkeit dargestellt wird.[1]

Zu den Hauptmerkmalen dieses Feindbildes zählte, daß die sehr unterschiedlichen Strömungen des Islam sowie die komplexen gesellschaftlichen, ethnischen und kulturellen Gegebenheiten in den islamisch geprägten Ländern kaum Beachtung fanden. Der Islam wurde als monolithischer Block dargestellt, häufig gleichgesetzt mit Fundamentalismus. Durch undifferenzierte und simplifizierende Beschreibungen wurden diffuse Ängste vor einer Bedrohung »unserer abendländischen Kultur« geschürt. Buchtitel wie »Das Schwert des Islam«, »Die islamische Herausforderung«, »Sterben für Allah«, »Den Gottlosen die Hölle«, »Das Grüne Schwert«, in denen sich diverse Autoren mit dem Islam beschäftigten, aber auch Titel in Magazinen, Aufsätze in seriösen Tages- und Wochenzeitungen sowie Fernsehberichte suggerierten häufig das Bild einer blutrünstigen und gewalttätigen Religion.

Dieses Bild war keineswegs neu. Schon historisch galt der Orient als Gegenpol zum Abendland, als Feind des Christentums. Bis heute weiß der Durchschnittsbürger sehr wenig über Länder des islamischen Kulturkreises oder die Muslime in Deutschland. Während der Verfassungsschutz seit Jahren und zu Recht ein scharfes Auge auf die wenigen tausend radikalen Islamisten in Deutschland hat, ist über die Mehrheit der Muslime in Deutschland so gut wie nichts bekannt – noch nicht einmal ihre Zahl, wie Ende 2000 aus der Antwort der Bundesregierung auf eine parlamentarische Anfrage der CDU/CSU-Bundestagsfraktion zum »Islam in Deutschland« hervorging. Fachleute schätzen sie auf 2,8 bis 3,2 Millionen. Niemand kann sagen, wie viele Moscheen es in Deutschland gibt, nur ein einziger muslimischer Friedhof ist bekannt und 1999 gab es etwa 1100 muslimische Soldaten in der Bundeswehr.[2] Immerhin: »Ausdrücklich weist die Bundesregierung die Union darauf hin, daß der Titel ihrer Großen Anfrage ›Islam in Deutschland‹ eine inhaltliche Verkürzung darstellt. Denn ›den Islam als monolithischen Block‹ gebe es nicht.«[3] Die Diskussion um das Feinbild Islam ist schon bis zur Bundesregierung vorgedrungen.

In der Schule wird nach wie vor kaum Wissen über den Nahen Osten oder über die historischen Auseinandersetzungen und Berührungspunkte zwischen Morgenland und Abendland vermittelt. In der öffentlichen Wahrnehmung dominiert ein Bild vom Islam, das beherrscht ist von Klischees und Stereotypen: Aggressivität und Brutalität, Fanatismus, Irrationalität, mittelalterliche Rückständigkeit und Frauenfeindlichkeit, seit dem 11. September 2001 auch Terrorismus. Das Image vom blutrünstigen Muslim wird an vielen Stellen immer noch kultiviert – und Terroristen liefern dafür ständig neues Futter.

Sicher sind nicht alle einzelnen Bestandteile des Feindbildes Islam Erfindungen. In islamisch geprägten Gesellschaften finden sich tatsächlich Aggression, Repression, Fanatismus, die Unterdrückung von Frauen und andere inakzeptable Erscheinungen. Trotzdem hat das Feindbild nicht viel mit dieser Realität zu tun, wenn lediglich *Teile* der Wirklichkeit benutzt werden, um Klischeevorstellungen zu festigen. Kritik am Feindbild Islam zu üben bedeutet nicht, sämtliche Vorgänge in islamisch geprägten Gesellschaften kritiklos zu akzeptieren, so wie das vor allem nach den Anschlägen vom 11. September 2001 von einigen dargestellt wurde. Im Gegenteil: Der Abbau des Feindbildes ist nach wie vor die Voraussetzung für eine ernsthafte Kritik und für einen tatsächlichen Dialog.

Im folgenden sollen die wichtigsten Elemente des Feindbildes Islam kurz dargestellt werden.

Islam = Fundamentalismus?

Viele Menschen im Westen fühlen sich mit dem Christentum zwar nicht mehr als Religion, aber als Kultur verbunden, sind direkt oder indirekt von ihm geprägt und empfinden das als nichts Besonderes. Der Islam dagegen wird häufig nicht als kulturelle Größe, sondern ausschließlich als Religion gesehen, oft als bedrohliche Religion.

Denn in vielen Fällen wird Islam gleichgesetzt mit Fundamentalismus, ein Begriff der für viele »Rückkehr zum Mittelalter« suggeriert, einen »Haß auf alles Westliche« und den Wunsch, »Ungläubige« zu missionieren. »Sobald an irgendeinem Ort zwischen Rabat und Kuala Lumpur eine Bombe explodiert, müssen muslimische Fundamentalisten Allahs Schwert gezückt haben«, erklärt der Kölner Islamwissenschaftler Navid Kermani. Auf die Idee, so Kermani weiter, protestantische Extremisten in Nordirland als Soldaten Luthers zu bezeichnen oder die Schändung jüdischer Gräber in Deutschland mit der Kreuzigung Jesu zu begründen, käme dagegen niemand.[4]

Fundamentalismus ist ein weltweites Phänomen, das sich außer im Islam auch in anderen Religionen, etwa im Christentum und Judentum findet. Er entstand ursprünglich ab Mitte des 19. Jahrhunderts als protestantische Gegenbewegung zur Aufklärung und Modernisierung in den USA und Großbritannien. Seine Anhänger sahen sich von den gesellschaftlichen Entwicklungen, wie den Folgen des Bürgerkrieges, der Industrialisierung und Modernisierung, überrollt. Als Folge der Aufklärung wurden die Aussagen der Bibel den Regeln der Vernunft untergeordnet, es entwickelte sich eine kritische Auslegung der Schrift. Dagegen setzten die Fundamentalisten ihr eigenes Konzept, wonach die Heilige Schrift im wörtlichen Sinne unfehlbar wahr sei.[5] Die westliche Vorstellung vom islamischen Fundamentalismus lehnt sich häufig an diesen Fundamentalismusbegriff an, der von unseren historischen Erfahrungen geprägt, aber nicht ohne weiteres auf die islamische Welt mit ihrer Geschichte, mit ihren eigenen wirtschaftlichen und kulturellen Rahmenbedingungen übertragbar ist.[6]

Die Fokussierung auf den islamischen Fundamentalismus verstellt uns den Blick auf die Tatsache, daß im Nahen Osten eine ganze Reihe sehr verschiedener islamischer Bewegungen existiert, deren Spektrum von traditionalistisch bis modernistisch reicht. Es gibt Gruppen, die säkulare Nationalstaatsmodelle anstreben, und nichtmuslimische Minderheiten, wie die etwa 14 Millionen einheimischen Christen im Orient.[7] »Von anarchistischen und linksliberalen über sozialdemokratische bis zu faschistischen Positionen«[8] findet sich die ganze Bandbreite politischer Standpunkte. Nur tauchen die demokratischen Gruppen im westlichen Bild kaum auf. Über Intellektuelle, die sich als religiöse Aufklärer sehen, und eine eigene, liberale Interpretation des Islam entwickelt haben, wird so gut wie nie berichtet. Inwieweit in den islamisch geprägten Ländern demokratische Verhältnisse herrschen, hat den Westen darüber hinaus meist wenig geschert. Diktatoren wie Saddam Hussein wurden ebenso über Jahre unterstützt und bewaffnet wie die Mudschaheddin in Afghanistan und sogar Usama bin Ladin, während Bewegungen, die diese Gesellschaften demokratisieren wollen, kaum Beachtung finden und auch in unseren Medien selten vorkommen.

Die Bedeutung von Religion ist in muslimischen wie in anderen Gesellschaften in den letzten Jahren gewachsen. In den islamisch geprägten Ländern gibt es dafür verschiedene Gründe. Der Versuch, ihre Ökonomien in die Weltwirtschaft zu integrieren, hat sich auf die Gesellschaften, aber auch auf jeden Einzelnen ausgewirkt. Überall in Stadt und Land lassen sich Beispiele von »Verwestlichung« finden: Eine große Anzahl westlicher Produkte verdrängt die einheimischen Artikel vom Markt, viele Fachkräfte, vor allem Lehrer und Professoren, wurden im westlichen Ausland ausgebildet, das Fernsehen trägt die Bilder westlicher Kultur und westlichen Lebensstandards bis in die entlegendsten Winkel. Bei vielen entstand der Wunsch, die eigene kulturelle Identität gegen die übermächtigen westlichen Einflüsse zu verteidigen und zu bewahren. Eine Möglichkeit dazu wird in einer verstärkten Hinwendung zum Islam gesehen, der eben Ausdruck der eigenen Kultur ist.

Den Anschluß an den hohen Lebensstandard, wie er in Westeuropa und den USA herrscht, haben die muslimischen Länder bis heute nicht geschafft. Viele von ihnen gehören zur sogenannten Dritten Welt. Die zum Teil katastrophalen wirtschaftlichen und sozialen – vom Westen mitverursachten – Verhältnisse, in denen die Menschen dort leben müssen, sind eine weitere Ursache für die enormen Erfolge islamistischer Gruppen. Hinzu kommen ungelöste und seit vielen Jahren virulente politische Probleme, wie der Israel-Palästina-Konflikt.

Weder die Übernahme westlicher Vorbilder noch der Arabische Nationalismus oder marxistische Modelle haben aus der Misere herausgeführt. Ihre Vertreter sind allesamt gescheitert. Diese Situation läßt ideologisch kaum noch Alternativen zu: Die Vorteile des Islams als neuer hegemonialer Ideologie liegen einmal in seiner grenzübergreifenden identitätsstiftenden Rolle für den Nahen Osten sowie in der Möglichkeit, sich durch ihn gegen den Westen abzugrenzen, ihm etwas entgegenzusetzen. Der Islam ist zum einen als Tradition und kulturelle Größe, zum anderen als Volksreligion tief verwurzelt. Für viele Menschen ist er bei der Suche nach Perspektiven ein Wert, an dem man sich orientieren kann. Dies gilt nicht nur für Islamisten, die zum Teil versuchen, ihn für ihre Ziele zu instrumentalisieren. »Ich behaupte, daß der Islam mir die Möglichkeit gibt, die großen Fragen des Lebens zu reflektieren«, erklärt zum Beispiel die marokkanische Soziologin Fatema Mernissi. »Ja, dieser Meinung bin ich, ich bin darauf sogar stolz. Wenn Sie nun glauben, ich sei eine Fundamentalistin, so können Sie das ruhig tun. Doch ich denke, daß wir unser kulturelles Erbe davor schützen müssen, völlig vom Westen verschlungen zu werden.«[9]

Der wichtigste Grund für die Erfolge islamischer Tendenzen dürfte im Bankrott sämtlicher säkularer Alternativideologien bestehen. Viele radikale islamistische Gruppen sehen den Westen als Antithese zur eigenen Kultur und lehnen westliche Werte wie Aufklärung oder Säkularisierung grundsätzlich ab. Dabei richten sie ihre Aktivitäten keineswegs primär gegen den Westen bzw. das christliche Abendland, wie häufig in den Medien suggeriert wird, sondern streben vor allem eine Veränderung der eigenen Gesellschaften an. Aber auch die traditionelle Linke und andere säkular orientierte Gruppen, die dem Westen gegenüber aufgeschlossen sind, beziehen sich positiv auf ihre islamische Kultur. Diese Bewegungen fühlen sich von der westlichen Öffentlichkeit im Stich gelassen, die sich nicht mit ihren Zielen und Forderungen beschäftigt, sondern lediglich ihre Zugehörigkeit zum Islam sieht. Die Folge ist, daß auch solche Bewegungen immer häufiger eine Distanzierung vom Westen und einen stärkeren Bezug auf die islamische Identität fordern. Mit der Gleichsetzung von Islam und Fundamentalismus/Islamismus erreicht man also genau das, was tatsächlich gefährlich ist: ein Vorantreiben islamistischer Tendenzen und deren Radikalisierung.

Die »islamische Bedrohung«

»Der Islam« wird häufig mit blutiger Aggression assoziiert, mit archaischen und grausamen Methoden wie dem Handabhacken für Diebe, mit schwerterschwingenden Massen, die uns bedrohen. Bis heute werden solche Klischees in den Medien bedient. »Wohin man im Orient und in Afrika schaut«, schreibt der französische Islamwissenschaftler Alexandre Del Valle, »die Religion Mohammeds setzt sich heute mit Gewalt durch. Das gilt für den Sudan und Bangladesh, für Mindanao und Kaschmir, für Aserbaidschan, Tschetschenien, Afghanistan, Tadschikistan, Iran, Ägypten, Libanon, Palästina, Algerien und Nigeria. So lehren die arabischen Gebote ›Die Religion Mohammeds durch das Schwert‹. ... Da eine Reform Anfang des 20. Jahrhunderts scheiterte, ist der Islam bis heute eine eroberungslustige, kriegerische und theokratische Religion.«[10]

Wohlgemerkt, »der Islam« wird als kriegerisch bezeichnet, nicht bestimmte Spielarten des Islamismus, der Fundamentalismus oder bestimmte Strömungen im oder Vertreter des Islam. »Dem Islam« wird oftmals zugeschrieben, was manche Islamisten gerne aus ihm machen würden, die versuchen, Terror und Unterdrückung mit dem Koran zu legitimieren. Immer wieder wird auch suggeriert, der Islam stünde praktisch vor unseren Toren, um unsere Gesellschaften zu unterwandern oder zu erobern.[11]

Vor allem seit den Anschlägen auf das World Trade Center am 11. September 2001 wird der Islam eng verknüpft mit dem Begriff des Terrorismus und mit Selbstmordattentätern. Viele Menschen fühlen sich seitdem von »Gotteskriegern« bedroht, auch in den Medien taucht dieser Begriff oft auf. Usama bin Ladin hatte schon Ende der 90er Jahre zum Dschihad gegen die USA aufgerufen und mit diesem Begriff versucht, seinen Terror religiös zu legitimieren. Die Begriffe Terror und Dschihad sind spätestens seit dem 11. September in der öffentlichen Wahrnehmung eng verknüpft. Dschihad wird in deutschen Medien mit »Heiliger Krieg« übersetzt und häufig als aggressive Aktion zur Ausbreitung der Religion und Kultur des Islam gesehen, als Kampf gegen den Westen und seine Werte. Tatsächlich benutzen radikale Islamisten den Begriff, um zum Kampf gegen ihre Gegner aufzurufen. Was der Koran über den Dschihad sagt, wird und wurde jedoch sehr vielfältig interpretiert. Während einige darin die Pflicht zum ständigen kämpferischen Einsatz für die Ausbreitung des Islams sehen, meinen andere, mit dem Dschihad könne der Glaube lediglich verteidigt werden, wieder andere interpretieren den Begriff spirituell, als Anstrengung zur religiösen Vervollkommnung.[12] Um zwischen friedlichem und kriegerischem Dschihad zu unterscheiden spricht man heute vom großen und kleinen Dschihad. »Nach gängiger Definition ist der große Dschihad ein individuelles oder auch kollektives Mühen, das mit Krieg nichts zu tun hat«, schreibt die Islamwissenschaftlerin Katajun Amirpur. »Kriegerisch ist nur der kleine. Allerdings bezeichnet er nur einen Krieg zur Verteidigung, denn nach Auffassung der meisten Gelehrten der Neuzeit darf der Dschihad als Angriffskrieg nur zu Lebzeiten des Propheten geführt werden. Außerdem darf er sich auf keinen Fall gegen unschuldige Frauen und Kinder richten.«[13] Womit die Verwendung des Begriffs durch die Attentäter wohl eindeutig nicht dem Koran entspricht, denn daß bei den Anschlägen viele unschuldige Frauen und Kinder den Tod finden würden, war klar. Ganz eindeutig verbietet der Koran auch die Selbsttötung, so daß Selbstmordattentäter ihre Taten nicht mit dem Islam legitimieren können.

Der Islam wird aber nicht nur als Bedrohung von außen, etwa durch Terroristen gesehen, sondern man fürchtet auch eine Art Unterwanderung unserer eigenen Gesellschaft. Als etwa das Bundesverfassungsgericht das Schächten als religiöses Gebot für Muslime anerkannte, wurde darauf sehr heftig reagiert. Diese Entscheidung wurde zum Teil als Indiz für den zunehmenden Einfluß des Islam gewertet: heute das Schächten, morgen der Ruf des Muezzin, und übermorgen ist dann auch das Handabhacken erlaubt. Nur selten gab es in diesem Zusammenhang in den Medien Berichte und Interviews, die deutlich machten, daß die Entscheidung des Bundesverfassungsgerichts unsere Rechtsordnung nicht untergräbt, daß zu dieser Rechtsordnung auch die Religionsfreiheit gehört, ein Wert unserer Gesellschaft. Und daß die Menschen, die nach Deutschland kommen, um hier zu leben, deshalb nicht zwangsläufig ihre religiösen und kulturellen Eigenheiten aufgeben müssen.

»Der Westen« gegen »den Islam«

Samuel Huntington stellte in seinem Aufsatz »The Clash of Civilizations« 1993 die These auf, daß sich künftige militärische Konflikte vor allem zwischen dem »islamischen« und dem »westlichen« Kulturraum abspielen würden. Obwohl Huntington auch viel Kritik erntete, wurden seine Thesen seitdem bis zur Ermüdung immer wieder hervorgekramt. Der Islam gegen den Westen – so wird dieser vermeintliche »Kampf der Kulturen« oft dargestellt, nicht der Islam gegen das Christentum oder der Orient gegen den Westen oder Europa gegen den Nahen Osten. »Das heißt, es wird von zwei homogenen Kulturblöcken ausgegangen, wobei der eine unter dem Namen einer Religion firmiert und der andere unter der Bezeichnung einer Himmelsrichtung. Man setzt sich also auf zwei verschiedenen Ebenen auseinander. Und dementsprechend reden beide Seiten oft aneinander vorbei.«[14]

Bei der Verständigung hilft es außerdem nicht, unter »dem Islam« die unterschiedlichsten Staaten, kulturellen Ausprägungen und Auslegungen zu subsumieren. Die Zahl von 1,3 Milliarden Muslimen auf der Welt wird gerne genannt, meist in Bedrohungsszenarien, in denen diese »Masse« lediglich als Potential für Islamisten betrachtet wird, die sich »gegen den Westen« aktivieren läßt. Tatsächlich geht es aber auch um 1,3 Milliarden Individuen, die Studentinnen in den USA, Computerfachleute in Malaysia, Müllmänner in Frankreich, Kioskbesitzer in Deutschland und vieles mehr sein können. Zu ihnen zählen Menschen, die täglich aus ihrem Glauben Kraft ziehen, Menschen, die sich als Muslime bezeichnen, aber als »nicht religiös«, Menschen, die den Islam als Legitimierung benutzen, um andere zu unterdrücken und zu terrorisieren. Wenn also von »dem Islam« die Rede ist, was ist dann gemeint? Der Islamwissenschaftler Stefan Wild empfiehlt, statt dessen von Muslimen und Musliminnen zu sprechen. »Damit wird die Notwendigkeit der Differenzierung offenkundig. Meinen wir, wenn wir von heutigen Muslimen sprechen, die türkischen Muslime in der Bundesrepublik, die Beduinenfrauen auf der arabischen Halbinsel oder die Theologen einer indonesischen Universität?«[15]

Der Westen ist überlegen

»Der Islam« funktioniert schon sehr lange als Antipode des Abendlandes. »Seit fast dreihundert Jahren dient der Orient als Selbstdefinition des modernen Okzidents, also zunächst Europas und dann des Westens. Dabei kamen dem nahöstlichen Kulturkreis in der Entstehung der okzidentalen Ordnung ganz unterschiedliche ›Funktionen‹ zu.«[16] Klischees und Stereotype haben sich über Jahrhunderte in unseren Gesellschaften gehalten, wurden von Generation zu Generation tradiert und fest verwurzelt. Papst Innozenz III. sah in Mohammed das Tier der Apokalypse, Dante den ewigen Höllenbewohner und für Martin Luther nahte mit den vorrückenden Türken die Endzeit. Den Ursprung dieses negativen Bildes vermutet der Orientalist Peter Heine im Europa des Mittelalters, wo die technologische und intellektuelle Überlegenheit der Muslime schmerzhaft deutlich gewesen sei. Vom 10. bis 14. Jahrhundert beeinflußten die muslimischen Gesellschaften das westliche Europa stark, orientalische Gelehrte hatten das Wissen der Antike bewahrt und nach Europa gebracht, wo, darauf aufbauend, die modernen Geistes- und Naturwissenschaften entstanden. Um das Gefühl der eigenen Unterlegenheit auszugleichen, habe man, so Heine, nach Tugenden gesucht, die das christliche Europa aufwerten könnten. Zum Beispiel die christliche Ethik und die Moral der Gewaltlosigkeit, die allerdings in der abendländischen Realität nichts weiter als hehre Ideale waren. »Man braucht wohl die Illusion, besser zu sein«, sagt Heine[17]. Die Vorstellung vom fortschrittlicheren, zivilisierteren Abendland hat sich bis heute gehalten. »Wir müssen uns der Überlegenheit unserer Zivilisation bewußt sein«, erklärte etwa Italiens Regierungschef Silvio Berlusconi im September 2001, schließlich könne man »nicht alle Zivilisationen auf eine Stufe stellen«.[18]

Als eines der wichtigsten Indizien für die vorgebliche Überlegenheit des Westens gegenüber dem Islam wird immer wieder die Aufklärung und in ihrem Zusammenhang die Trennung von Religion und Staat angeführt. Tatsächlich gab es in den islamisch geprägten Gesellschaften keine Aufklärung im westlichen Sinn. Das heißt aber nicht, daß es sie auch niemals geben kann oder muslimische Staaten nicht einen eigenen Weg zur Säkularisierung finden können. (Vgl. dazu: Azmi Bishara, Religion und Politik im Nahen und Mittleren Osten. In diesem Band). Im übrigen gibt es in den meisten Staaten des Nahen Ostens heute faktisch säkulare Regierungen, zum Beispiel in Ägypten, Tunesien oder der Türkei.

Als weiteres Zeichen für westliche Überlegenheit werden häufig die Menschenrechte als »europäisches Produkt« angeführt, die durch die Allgemeine Erklärung der Menschenrechte der Vereinten Nationen im Jahre 1948 weltweit gültigen Charakter erhielten. Der Islam wird dagegen als menschenrechtsfeindlich dargestellt. »Der Islam rechtfertigt Gewalt und kennt Meinungs- und Religionsfreiheit nicht«, schreibt Alexandre Del Valle, »würde er seine kriegerische, antiwestliche und reformfeindliche Seite offen enthüllen, die ihm seit dem 11. Jahrhundert eigen ist, dürften die europäischen Staaten, den Menschenrechten und dem Gleichheitsprinzip treu, ihn auf ihrem Boden nicht dulden.«[19]

Wieder wird »der Islam« als einheitlicher Block betrachtet. In muslimischen Gesellschaften finden durchaus Diskussionen über westliche Denk- und Lebensformen und auch über die Frage der Menschenrechte statt. Der Islamwissenschaftler Reinhard Schulze hat bereits Anfang der 90er Jahre in seinem Aufsatz »Menschenrechte in der islamischen Diskussion« darüber geschrieben. [20] Es gibt ferner sowohl islamische Versuche, ein eigenes Konzept von Menschenrechten zu entwerfen, als auch eine eigene universelle islamische Deklaration für Menschenrechte.

Die aktuelle Lage der Menschenrechte und der Demokratie ist in den meisten muslimischen Ländern dagegen tatsächlich erschreckend. Folter, Pressezensur, Todesstrafe und die Unterdrückung von Frauen finden sich vielerorts. Dies sind völlig inakzeptable Zustände, die immer wieder angeprangert werden müssen, bis sich die Lage der Menschen bessert. Von radikalen Islamisten wird zum Teil verbreitet, die Menschenrechte seien »importiertes westliches Gedankengut« und damit abzulehnen. Diese Position ist in muslimischen Gesellschaften vorhanden, aber sie ist eben nicht die einzige. Es wäre notwendig, auch über die anderen Positionen mehr in den westlichen Medien zu erfahren – nicht zuletzt um sie zu unterstützen.

Ein Feindbild funktioniert auch als ein Gegenbild, auf das man das projizieren kann, was an der eigenen Kultur stört oder was man verbannt zu haben meint. In einer solchen Konstruktion macht es keinen Sinn nach Gemeinsamkeiten oder Verbindendem zu suchen. Der Westen konzentriert sich oftmals auf den Islam als Religion. Indem man das Verhaftetsein anderer in der Religion hervorhebt, kann man sich selbst seiner »Aufgeklärtheit« gewisser und wiederum überlegen fühlen. »Am Orient«, meint Reinhard Schulze, »scheint der Westen seine eigene Aufklärung, seine eigene Unabhängigkeit von der Herrschaft der Religion erneut nachvollziehen, ja beweisen zu wollen«[21]. Offenbar ist der Westen noch nicht fertig mit seiner eigenen Auseinandersetzung mit der Religion: »Nicht zuletzt, um sich der eigenen Säkularität zu versichern, sucht der Westen seinen Antagonismus in der orientalischen Welt«, diagnostiziert Navid Kermani.

Feindbild Islam vs. Feindbild Abendland

Dem Feindbild Islam steht in muslimischen Ländern ein Feindbild »christliches Abendland« gegenüber, dessen sich vor allem die islamistische Rechte bedient. Dem Westen werden Aggressivität, Expansionsdrang und Intoleranz vorgeworfen, es herrsche geistige Dekadenz, ein Verfall der Sitten, Frauen würden zu Lustobjekten degradiert.

Das »Feindbild Abendland« weist ganz erstaunliche Ähnlichkeiten zum »Feindbild Islam« auf. Auch für den Orient dient der Okzident als Projektionsfläche für alles, was mit der eigenen Gesellschaft als unvereinbar gilt. Der Unterschied liegt darin, daß in den islamischen Ländern vor allem der westliche Überlegenheitsanspruch als Bedrohung empfunden wird. Für viele Muslime entstand in den letzten Jahrzehnten das Gefühl, die eigene Kultur und den eigenen Glauben ständig gegen westliche Vorwürfe und Klischees verteidigen zu müssen. Das Wechselspiel zwischen den beiden Feindbildern birgt die Gefahr, daß eine Bereitschaft zum Dialog zwischen den Kulturen immer weiter abnimmt. »Daß das Gemeinsame im islamischen, christlichen und jüdischen Glauben überwiegt, wird kaum einmal herausgestellt«, so der Islamwissenschaftler Gernot Rotter. »Die Heimat der drei Religionen ist die Arabische Halbinsel«, schreibt Rotter, »Abraham ihr gemeinsamer Erzvater, der patriarchalische Monotheismus ihre gemeinsame Botschaft, die göttliche Offenbarung ihr gemeinsames Medium, das jüngste Gericht ihr gemeinsames Ziel, Himmel oder Hölle der Lohn für das Erdendasein. Und so wie Mohammed der Überzeugung war, daß seine Offenbarung mit den ursprünglich an Juden und Christen gerichteten Offenbarungen identisch sei, so glaubten die orientalischen Christen lange, daß der Islam nur eine neue Variante des Christentums sei.«[22]

Ein neues Bild vom Islam?

Hat sich an der Darstellung des Islam in der Öffentlichkeit seit Anfang der 90er Jahre etwas verändert?

Auf Buchdeckeln und Zeitschriften-Covern finden sich immer noch ähnliche Begriffe, die klischeehaft mit dem Islam verknüpft werden wie zu Beginn der 90er Jahre: »Fanatische Krieger im Namen Allahs«, »Jeder Muslim eine Bombe?«, »radikale Gotteskrieger rüsten auf« (Der Spiegel, 15.10.2001, S. 186), »Mohammeds zornige Erben. Neue Serie: Die Wurzeln des Hasses« (Stern, 25.10.01, Titelseite), »Fanatische Krieger im Namen Allahs«. Zum Teil fühlen sich Autoren nach dem 11. September 2001 in ihrer Auffassung bestätigt, der Islam als Religion müsse doch verantwortlich sein für Gewalt und Terror, die in seinem Namen ausgeübt werden. »Der Islam ist eine unaufgeklärt gebliebene, frühmittelalterliche Religion«, schreibt zum Beispiel Karl Heinz Bohrer, der Herausgeber der Monatszeitschrift *Merkur* in der Ausgabe vom November 2001, »die periodisch aggressiv ausbricht, vergleichbar in seinen zivilisatorischen Defiziten mit der spanischen Kirche zur Zeit der Inquisition, deren Folgen bis zum faschistoiden Franco-Regime reichen.« In einem einzigen Satz gelingt es ihm so, noch einmal das ganze Arsenal an Vorurteilen und Stereotypen gegen eine angeblich unwandelbare und unverbesserliche, monolithische und rückständige Religion zusammenzufassen.

Doch in den Medien hat sich seit dem Golfkrieg auch manches hinsichtlich der Darstellung des Islam geändert. Es gibt inzwischen eine ganze Reihe von Publikationen, die versuchen, den Islam sachlich zu erklären und dem interessierten breiteren Publikum anschaulich näherzubringen, etwa Karen Armstrongs *Kleine Geschichte des Islam*, Melanie Miehls Buch *99 Fragen zum Islam* oder *Frauen in islamischen Welten* von Angelika Vauti und Margot Sulzbacher. Ein gutes Beispiel für einen anderen Blick auf den praktizierten Islam ist der Fotoband *Ramadan – Fasten mit allen Sinnen* von Angela Grünert und Christel Becker-Rau.[23]

Über die Schwierigkeiten, das komplexe Thema Islam im Fernsehen angemessen darzustellen, die Zuschauer für das zu gewinnen, was über die Tagesberichterstattung hinausgeht, schreibt NDR-Auslandschef Andreas Cichowicz im folgenden Beitrag. Doch der Wunsch vieler Menschen in Deutschland, zu verstehen, was am 11. September 2001 geschah, warum es geschah und was der Islam damit zu tun hat, eröffnet auch in den Medien eine Chance, das Interesse und die Aufmerksamkeit des Publikums für eine tiefergehende Hintergrundberichterstattung zu nutzen. Volkshochschulen und andere öffentliche Bildungseinrichtungen berichteten von einer sehr viel stärkeren Nachfrage nach Veranstaltungen zum

Thema Islam, nur zwei Tage nach dem 11. September war der Koran in vielen deutschen Buchhandlungen ausverkauft.

Auch im Fernsehen hat es Veränderungen gegeben, es wird zumindest zum Teil versucht, nicht immer nur über die Schreckensbilder des Islam zu berichten und ein breiteres Spektrum an Meinungen aus der islamischen Welt zu Wort kommen zu lassen. Durchbrochen wird dieser Versuch allerdings immer wieder von griffigen, aber pauschalisierenden oder falschen Begriffen und verkürzenden, klischeehaften Darstellungen. Daß man diese Religion nicht pauschal verurteilen dürfe, daß es einen Unterschied zwischen Fundamentalismus/Islamismus und Islam gebe, wurde besonders nach dem 11. September immer wieder erklärt. Und tatsächlich bemühte man sich in Hörfunk- und Fernsehsendungen und auch in den Printmedien in einer ganzen Reihe von Fällen zumindest erst einmal zu fragen, statt gleich zu verurteilen. Zum Beispiel, ob und wie die Religion des Islam mit Terroranschlägen, Selbstmordattentätern und Extremisten in Verbindung steht, wurde in vielen Talkrunden mit Experten unterschiedlicher Qualität auf verschiedenen Fernsehsendern erörtert.

Der *Focus* etwa titelte in seiner Ausgabe vom 1. Oktober 2001 »Die mißbrauchte Religion« und beschäftigt sich in dem zugehörigen Artikel unter anderem damit, wie eine kleine Zahl von Terroristen die Masse der gemäßigten Muslime in Verruf bringt. An dem Beitrag zeigt sich allerdings auch ein Problem, das unverändert in den Medien vorherrscht: Die Bebilderung von Artikeln und Fernsehbeiträgen strotzt nach wie vor von den alten Klischees. Wenn es um den Islam geht, dann tauchen unweigerlich Menschenmassen auf, turbantragende Männer mit Krummdolch, vermummte Jugendliche mit antiwestlichen Parolen, tiefverschleierte Frauen.

»Die Kommentare und Meinungen können noch so ausgewogen sein«, schreibt die Journalistin und Islamwissenschaftlerin Katajun Amirpur, »aber die veröffentlichten und gesendeten Bilder sprechen eine andere Sprache (...) ein Blick in jede beliebige Nachrichten, Zeitschrift oder Tageszeitung genügt, um sich ein Bild vom Islambild zu machen: Illustriert werden die oft klugen Beiträge vorzugsweise mit grimmigen Bartträgern, verschleierten Frauen und erhobenen Fäusten. Diese Bildsprache ist so stark, daß selbst die ausgewogenste Expertenmeinung nicht den fatalen Eindruck verhindern kann: Der Islam ist doch Fundamentalismus.«[24]

Bilder sind immer das erste, was wir zu einem Stichwort im Kopf haben, erst dann fallen uns – vielleicht – Hintergrundinformationen und Differenzierungen ein. Das Bild der vermeintlich über den Terroranschlag vom 11. September 2001 jubelnden Palästinenser hat sich fest in unser Gedächtnis eingebrannt – obwohl später bekannt wurde, daß die Szene gestellt war und das auch in den Medien gemeldet wurde. Trotzdem haben wir es als »die Reaktion der Muslime auf den Anschlag« abgespeichert. Selbst wenn diese Szene echt empfundenen Jubel gezeigt hätte, den es sicher auch gab, zum Beispiel in palästinensischen Flüchtlingslagern im Südlibanon, wäre sie nur ein winziger Ausschnitt der Reaktionen. In unseren Köpfen dominiert sie aber. Doch es überlagern nicht nur visuelle Klischee-Bilder die zumindest teilweise differenzierte Berichterstattung, sondern auch die Bilder, die sprachlich erzeugt werden. Die »fanatischen Massen«, die »Brutstätten des Terrorismus«, die »gewalttätigen Gotteskrieger«, für die auch ihr eigenes Leben nichts zählt, müssen gar nicht im Bild gezeigt werden, um vor unserem geistigen Auge zu entstehen. Eine mit diesem negativen Repertoire vergleichbare Palette an positiven Bildern existiert nicht. Dabei geht es selbstverständlich keineswegs darum, diesen negativen Klischees ebenso falsche positive Stereotype gegenüberzustellen. Aber es geht für die Medien ganz konkret darum, zu überlegen, welche Bilder von muslimischen Gesellschaften sie zeigen oder sprachlich transportieren, welche Klischees sie damit bedienen und wie Alternativen dazu aussehen könnten. Auf dieser ganz pragmatischen Ebene ist die Diskussion um das Feindbild Islam noch nicht angekommen. Solange wir jedenfalls keine anderen Bilder sehen, als die, die uns die Medien bis heute vom Islam zeigen, werden wir auch keine anderen Bilder vom Islam in den Köpfen haben.

Kennerblicke und Allgemeinplatzhirsche

Nach dem September 2001 schlug in den Medien (nicht zum ersten Mal) die Stunde der Islam-Experten. Verständlich, denn viele Menschen wollten einfach begreifen, was da geschehen war. Vor allem dem Fernsehen fehlten aber oftmals nicht nur Bilder (abgesehen vom Einschlagen der Flugzeuge in die beiden Türme des World Trade Centers und von den Rettungs- und Aufräumarbeiten danach, sowie von den Fotos der mutmaßlichen Attentäter konnte man wenig zeigen), sondern auch die Möglichkeit, Erklärungen für dieses Geschehen zu geben. Gefragt waren also Menschen, die die Hintergründe und den größeren Zusammenhang der Anschläge erhellen konnten. Ein alter Bekannter, der auf vielen Kanälen wieder Hochkonjunktur hatte, war Peter Scholl-Latour. Schon während des Golfkrieges hatte der Islamwissenschaftler Heinz Halm in der *Süddeutschen Zeitung* beschrieben, wie dieser Journalist in seinen zahlreichen Büchern und Fernsehauftritten ein verzerrtes Islambild zeichnet und verbreitete Vorurteile bedient.[25] Für ihn ist und bleibt der Islam eine kämpferische Religion. »Wer das Gegenteil sagt, kennt den Islam nicht.« Und dieser kämpferischen Religion müsse man ebenso militant antworten.[26]

Im Jahr 2001 erhielt er den Deutschen Fernsehpreis. Und sprach einen Tag später im ZDF von der »kriegerischen Rasse der Afghanen«.

Nach den Anschlägen vom September 2001 tauchte aber auch eine ganze Reihe von »Experten« auf, von denen man bisher gar nicht gewußt hatte, daß sie welche waren.

Der Schriftsteller Günter Kunert etwa erklärte im *Norddeutschen Rundfunk*: »Der Islam kennt kein Gebot ›Du sollst nicht töten.‹«[27] Wie er darauf kommt, hat Kunert nicht erklärt. Tatsächlich heißt es im Koran: wer *einen* unschuldigen Menschen tötet, der tötet die ganze Menschheit. Aber Kunert weiß: »Das steckt alles unter der Oberfläche und insofern – aber ich will um Gottes willen nichts gegen unsere muslimischen Mitbürger sagen – potentiell sind sie auch ein Unsicherheitsfaktor.«[28] Jeder Muslim, der in Deutschland lebt, ein potentieller Terrorist, damit wird das Feindbild von der islamischen Bedrohung wunderbar bedient.

Doch auch bei den Experten hat sich etwas verändert. Während zu Beginn der 90er Jahre die meisten Islamwissenschaftler noch in ihren Elfenbeintürmen saßen und sich mit den Medien nicht auseinandersetzten, sieht man heute immer häufiger tatsächliche Experten in den Medien, wie etwa Udo Steinbach, den Direktor des Deutschen Orient-Instituts, oder Volker Perthes von der Stiftung Wissenschaft und Politik, aber auch eine junge Garde von Politik- und Islamwissenschaftlern, die sich darauf verstehen, über den Islam zu sprechen, ohne die bekannten Stereotype und Klischees zu bedienen und dennoch in der Lage sind, komplexe Zusammenhänge für die Zuschauer und Zuhörer anschaulich zu erklären. Dazu zählen beispielsweise Katajun Amirpur, Michael Lüders, Navid Kermani oder Albrecht Metzger.

Nur: Für die Zuschauer ist es häufig schwer oder gar unmöglich einzuordnen, wer denn nun wirklich etwas von der Sache versteht und wer nicht. In ein und derselben Talkrunde sitzen bisweilen Experten neben »Experten« und während der eine sachkundig erklärt, greift der andere tief in die Klischeekiste. Und fatalerweise erscheinen uns oft gerade diejenigen »verständig«, die die Stereotype bedienen, die wir ohnehin schon im Kopf haben. Wer obendrein ein guter Selbstdarsteller ist, kann punkten. Peter Scholl-Latour etwa »ist kein Experte für die journalistische Vermittlung islamwissenschaftlicher Forschungen«, schreiben Andrea Dornseif und Karin Hörner. »Er ist aber seit Jahrzehnten Experte für den Umgang mit der Öffentlichkeit. Er schafft es, unaufgeregt und deshalb umso beeindruckender diffuse Ängste zu bedienen.«[29]

Auf viele Fragen, die der 11. September 2001 aufwarf, gab es einfach keine schnellen Antworten. Die Gefahr in den Medien ist dann groß, sich solcher »Experten« zu bedienen, die nicht sorgfältig analysieren, sondern im Muster immer gleicher Stereotype bleiben.

Auswirkungen auf die Muslime in Deutschland

Die Wahrnehmung des Islam in der Öffentlichkeit ist nicht nur eine Frage theoretischer Auseinandersetzung oder der Medienkritik. Von den Stereotypen und Klischees sind zum Beispiel die Muslime in Deutschland ganz konkret betroffen. Daß Studentinnen mit Kopftuch in vielen Situationen immer nur als Putzfrau angesprochen werden, daß selbst Muslime, die nie in die Moschee gehen, häufig mit kruden Vorstellungen über den Islam konfrontiert werden, damit lebte man im Alltag. Nach dem 11. September 2001 hat sich jedoch viel im Zusammenleben verändert. Die Stereotype vom blutrünstigen, gefährlichen Muslim hatten Hochkonjunktur. Muslime berichteten davon, wie vor ihnen ausgespuckt wurde, wie man ihnen im Vorbeigehen »Terrorist« zuzischte, wie in Geschäften plötzlich eisiges Schweigen herrschte, wenn sie eintraten. Vor allem kopftuchtragende Frauen, die man sonst oft als Opfer des Islam bemitleidete, wurden häufig angepöbelt, beschimpft, bedroht oder sogar geschlagen. Ihnen gegenüber konnte man sich offenbar trauen, sich so zu verhalten, gegenüber einem jungen Mann wäre das wohl zu »gefährlich« erschienen. Vor allem der Begriff des »Schläfers« wirkte sich fatal aus. Gerade wer »unauffällig« war, wer vielleicht schon seit Jahren friedlich neben seinen deutschen Nachbarn lebte und immer freundlich grüßte, war plötzlich ein potentieller Attentäter. Ein »Totschlagwort«, wie es ein Kölner Muslim formulierte. Selbst Deutsche, die seit langem das Gespräch mit türkischen oder arabischen Mitbürgern suchten, spürten plötzlich Argwohn. Jeder Muslim konnte ein Feind sein. Einige Monate später hat sich die Situation beruhigt, vieles läuft wieder »normal« zwischen muslimischen Migranten und Deutschen. Doch für die große Mehrheit der Muslime in Deutschland, die hier friedlich leben und mit Fundamentalismus und Terrorismus nichts im Sinn haben, bleibt die Sorge bestehen, daß sich die negativen Bilder vom Islam jederzeit gegen sie wenden können.

Blauäugiger Kuscheldialog?

In Europa und Nordamerika habe die »political correctness« lange dazu geführt, vor einem »Feindbild Islam« zu warnen und auf die Nennung kultureller Unterschiede zu verzichten, wird Rainer Brunner, Islamwissenschaftler an der Universität Freiburg in der *Frankfurter Allgemeinen Zeitung* zitiert.[30] In einer Reihe von Veröffentlichungen wurde vor allem nach dem September 2001 vor »unkritischer Toleranz im Dialog mit den Muslimen« gewarnt, der Orientalist Hans Peter Raddatz spricht gar von »zwanghafter Islamtoleranz« und warnt vor Blauäugigkeit im Umgang mit dem Islam.

Alice Schwarzer hat ein ganzes Buch zu dem Thema herausgegeben (»Die Gotteskrieger und die falsche Toleranz«), in dessen Einleitung sie die Autorinnen und Autoren des Bandes als verschworene Gemeinschaft bezeichnet, die zu den wenigen gehörten, »die seit Jahren, manche seit Jahrzehnten, vor der steigenden Gefahr des Fundamentalismus warnen – und die niemand hören wollte bis zum 11. September.«[31] Man fragt sich, ob Alice Schwarzer da in den letzten Jahren wohl nicht so einiges übersehen hat, eine ganze Reihe von Buchpublikationen zum Thema Fundamentalismus etwa, zahlreiche Aufsätze in den großen Zeitungen und Magazinen, die Warnungen vor islamistischen Organisationen in Deutschland, die nun wirklich nicht nur von den Autoren ihrer Anthologie kamen.

Der Frage, »wie weit sich unter den drei großen monotheistischen Religionen der Islam besonders zum politischen Mißbrauch eignet«, will sie in ihrem Buch nicht nachgehen, aber eine »fatale Rolle bei der Verschleierung dieser Frage und der Verwischung von Islam und Islamismus hat bisher auch im Westen die dafür zuständige Wissenschaft, die Orientalistik, gespielt«, meint Alice Schwarzer. Während man in Deutschland noch dazu schweige, werde in den USA und Frankreich die Kritik an den Islamwissenschaften lauter. »Die Orientalisten werden bezichtigt, den Gegenstand ihrer Forschung idealisiert zu haben und darüber hinaus nur allzu oft abhängig zu sein von den Gnaden islamischer Länder, wenn nicht sogar von ihren Zuwendungen.« Jeglichen Beleg für diese Behauptung bleibt Alice Schwarzer schuldig. Aber es geht noch weiter: »Die Folge ist nicht nur eine weitgehend unkritische Islamwissenschaft, die vom 11. September wie aus heiterem Himmel getroffen zu sein scheint, sondern auch eine unkritische Berichterstattung der Medien. Die lag nämlich bisher in den Händen von ›Experten‹, soll heißen: von IslamwissenschaftlerInnen und KonvertitInnen (nicht selten in Personalunion beides)«. Für ihren Rundumschlag führt Alice Schwarzer kein einziges Beispiel an, weder für die ihrer Ansicht nach unkritische Islamwissenschaft, noch für die angeblich konvertierten Islamwissenschaftler, die die Medien dominieren sollen. Mal davon abgesehen, daß selbstverständlich auch ein Muslim und auch ein konvertierter Muslim ein guter Islamwissenschaftler sein kann.

Alice Schwarzers Buch ist sicher eine Ausnahme, doch es gibt seit Beginn der 90er Jahre eine Reihe von Autoren, die auf einer Schwarz-Weiß-Aufteilung der Welt beharren. In einer solchen Sichtweise stehen auf der einen Seite die »Freunde des Islam« (Siegfried Kohlhammer), mit einer »übertriebenen Toleranz« gegenüber dem Islam, einer falschen »verordneten Fremdenliebe« und »Islamophilie« (Bassam Tibi), die angeblich einen blauäugigen Kuscheldialog führen wollen und keine Kritik am Islamismus und Fundamentalismus, an Frauenunterdrückung und Mißachtung der Menschenrechte üben. Auf der anderen Seite stünden diejenigen, die die Gefahren des Islamismus erkennen, davor warnen (aber keiner will sie hören) und die »säkulare Demokratie als Identität Europas« verteidigen. Wozu diese Schwarz-Weiß-Malerei gut sein soll, bleibt schleierhaft. Wer vor falschen Bildern und Klischees warnt, ist deshalb noch lange nicht blind für politische Interessen, für Fehler, für Ungerechtigkeiten, für Gefahren. Und wer vor einem Feindbild Islam warnt, ist deswegen noch lange kein Freund von Islamisten, noch nicht einmal notwendigerweise ein Freund des Islam.

Es geht darum, Pauschalisierungen und zwanghafte Schwarz-Weiß-Bilder zurückzuweisen. Es ist unsinnig für oder gegen »den Islam« zu sein – es kommt darauf an, muslimische Gesellschaften zu analysieren und deren Stärken und Schwächen zu begreifen. Nur so kann man zu einem echten Dialog mit muslimischen Ländern und mit den Muslimen in Deutschland kommen. Ein echter Dialog kann nur stattfinden, wenn beide Seiten sich gegenseitig als gleichberechtigte Gesprächspartner sehen, von denen keiner der von vornherein Überlegene ist, der allein das Recht auf Kritik besitzt. Kritik muß selbstverständlich möglich sein – aber in beide Richtungen. Sicher hat der Dialog mit dem Islam, so wie er bisher stattfand, noch keine großen Früchte getragen, vor allem nicht auf einer breiteren Basis. Welche Alternative sie dazu sehen, erklären aber auch die Kritiker der »naiven Islamliebe« nicht. Die Voraussetzung für eine Verständigung mit der islamischen Welt und mit den Muslimen ist und bleibt eine Offenheit, die nicht von Stereotypen und Klischees verstellt wird. Ein selbst entworfenes Zerrbild zu kritisieren ist keine Kritik, sondern Spiegelfechterei. Sein Gegenüber in seiner Widersprüchlichkeit wahrzunehmen und nicht nur als Gegenpol zu sich selbst zu betrachten, das erst eröffnet den Weg zu Kritik, zum Dialog und zum Lernen über sich selbst.

Andreas Cichowicz

Probleme der Wahrnehmung: Der Islam in der deutschen Fernsehberichterstattung

»Wir haben überhaupt keine Ahnung gehabt, was islamische Kultur und Religion bedeuten.«

Ein Satz wie ein Schwert – und ein ehrliches Eingeständnis. So selbstkritisch hat der scheidende ZDF-Intendant Dieter Stolte bei den 35. Mainzer Tagen der Fernsehkritik im Februar 2002 reagiert. Und damit Defizite in der Fernsehberichterstattung über den Islam vor dem 11. September 2001 eingestanden.

Besser kann man es kaum auf den Punkt bringen: Berichte über den Islam sind im deutschen Fernsehen selten zu sehen und wenn, dann wenig erhellend. Anders verhält es sich mit dem Kampf der Palästinenser um einen eigenen Staat und dem blutigen palästinensisch-israelischen Konflikt.

Der Islam ist ein Rätsel, das Thema für die Zuschauer nicht attraktiv. Und: Das Fernsehen interessiert sich in der Regel nur für eine Spielart – den *politischen* Islam. Bei der Bestätigung von Vorurteilen spielt das Fernsehen dagegen noch immer eine entscheidende Rolle.

Im folgenden will ich die Risiken selektiver Wahrnehmung sowie einige der Hintergründe benennen.

An der Corniche el Nil in Kairo liegt das Büro, das in der ARD für die Berichterstattung aus der Arabischen Welt verantwortlich ist. Es deckt seit 1967 (damals zunächst von Beirut aus) von Libyen bis Oman, vom Sudan bis Syrien fast alle arabischen Länder ab. Im Jahr fertigt der Korrespondent etwa 250 Berichte an, von 1.30 Minuten Länge für die Tagesschau bis zu 45 Minuten langen Dokumentationen. Die Berichte spiegeln nicht nur das politische, sondern auch das kulturelle und gesellschaftliche Leben, den Alltag und den Tourismus wider. Sie zeigen das religiöse Leben, den Ramadan, die Pilgerreise Haj, die Koranwettbewerbe – seit 35 Jahren.

Als ich kürzlich auf dem Weg zum 5. Arabisch-Deutschen Dialog in Kairo war, fragten mich dennoch viele Kollegen: »Nach Kairo – ist das nicht gefährlich?« Da habe ich mich gefragt: Was haben wir eigentlich mit unserer jahrzehntelangen Berichterstattung erreicht? Offensichtlich nichts. Jedenfalls ist uns eins nicht gelungen: das

Klischee vom Araber als potentiellem Terroristen auszurotten. Was machen wir also falsch?

Nicht mehr, als wir generell falsch machen in der Auslandsberichterstattung. Und auch diese folgt der generellen Entwicklung im Fernsehen.

Das Fernsehen hat sich seit mehreren Jahrzehnten immer wieder mit dem Islam beschäftigt – bei der Berichterstattung des palästinensisch-israelischen Konflikts, nach Ausbruch des Bürgerkriegs im Libanon, im Zusammenhang mit der iranischen Revolution, rund um den ersten und zweiten Golfkrieg und vor allem in den 90er Jahren mit dem Aufkommen militanter Bewegungen. Immer wieder sind, vor allem in den dritten Programmen, Dokumentationen aus der islamischen Welt zu sehen. Doch dort treffen sie nur auf ein Spezialpublikum.

Was das Fernsehen ursprünglich auszeichnete, ist inzwischen zu einem Fluch geworden – es hat von Anfang an über das Aufkommen des politischen Islam berichtet. Immer wieder widmeten sich die Sender diesem Thema. Zuletzt 1997 in einer 90-minütigen ARD-Sendung zum Thema Fundamentalismus: »Koran, Konfuzius und Coca-Cola – Droht ein Kampf der Kulturen?« Doch damit hat das Fernsehen im Bewußtsein der Zuschauer eins zementiert: Islam ist gleich politischer Islam.

Inzwischen wird versucht, diese Entwicklung zu korrigieren, auch im Zusammenhang mit dem gestiegenen Interesse nach den Anschlägen am 11.9.2001. Ende 2001 sendete die ARD eine Reportagereise durch mehrere arabische Länder, in der die unterschiedlichen Wege gezeigt wurden, den Fastenmonat Ramadan zu begehen. Und das ZDF begleitete ägyptische Pilger auf der *Umra*, der kleinen Pilgerreise, durch Saudi-Arabien.

Daß über den Islam, über den Alltag der Muslime immer noch so wenig und wenn, dann nicht immer fundiert berichtet wird, kann man jedoch nicht ausschließlich den Fernsehsendern und ihren Korrespondenten/innen anlasten. Die Arbeitsbedingungen in vielen islamischen, vor allem in den arabischen Ländern, verhindern geradezu eine umfassendere Berichterstattung.

Relativ ungehindert können sich Fernsehjournalisten im Nahen Osten lediglich im Libanon – wo die Hizbollah, die früher Journalisten entführte, sie heute zum Essen einlädt – in Jordanien, im Jemen und mit Einschränkungen in den Arabischen Emiraten bewegen. In

Ägypten gibt es schon erhebliche Probleme. Ein vor Passanten und Händlern wimmelnder Basar ist für westliche Journalisten der Ausdruck nahöstlichen Flairs, für die Betreuer vom staatlichen Informationsministerium symbolisiert er dagegen unter Umständen die Befleckung der nationalen Ehre, weil irgendwo ein Müllhaufen liegt oder ein Eselswagen durchs Bild fährt. Und weil es so etwas in Ägypten einfach nicht geben darf, darf es auch nicht aufgenommen werden.

Länder wie Libyen oder Saudi-Arabien halten westliche Fernsehjournalisten (stärker als die der schreibenden Presse) praktisch für die Pest schlechthin. Visa werden so gut wie nie erteilt, aus Angst, es könnten kritische Berichte über Staatschef Muammar Ghadafi oder das saudische Königshaus entstehen. Dabei ließen sich viele im Westen verbreitete Klischeevorstellungen durchaus entzaubern, manches sich besser verstehen, wenn eine Berichterstattung möglich wäre. Das Verständnis des Wahabismus, der erzkonservativen saudischen Spielart des Islam, und sein ungebremster Export etwa ist entscheidend für die Bewertung vieler Entwicklungen in islamischen Ländern, nicht zuletzt in Afghanistan. Aber wie darüber berichten, wenn westliche Fernsehjournalisten praktisch keine Chance haben, sich »an den Wurzeln« zu informieren.

Staaten wie Syrien oder Irak gehen mit ausländischen Journalisten in Wellenbewegungen um. Sie lassen sie ins Land, wenn es ihnen nutzt, und sie verwehren den Eintritt, wenn es ihnen nicht gefällt. Da Filmteams mit der Visaanfrage melden müssen, welche Themen sie bearbeiten wollen, ist es für diese Regierungen ein leichtes, Journalisten fernzuhalten. Paßt ihnen das angemeldete Thema nicht, gibt es kein Visum. Suchen diese Staaten eine Gegenöffentlichkeit in der westlichen Welt, werden Fernsehjournalisten aber gerne hereingelassen, vor allem im Irak. Doch selbst, wer ins Land einreisen konnte, darf nur unter strengen Auflagen und strikter Beobachtung filmen. Korrespondenten und Teams müssen nicht nur horrende Aufenthaltsgebühren bezahlen (bis zu 1500 Dollar am Tag, wenn sie eine Satellitenschüssel dabei haben), sondern werden auf ihren Drehreisen auch von mehreren Betreuern und Geheimdienstleuten begleitet. Saddam Husseins Präsidentenpaläste sind tabu.

Durch ein Versehen im Informationsministerium ist es mir einmal gelungen, eine Reise zu Saddams Heimatstadt Tikrit genehmigt zu bekommen. Dort durfte ich einen Tag lang in der Stadt, der Universität, beim Gouverneur filmen und Interviews führen. Um mich herum waren 14 (!) Geheimdienstleute ständig damit beschäftigt, zu klären, ob dieses oder jenes Bild erlaubt war. Sie schrieben uns zum Beispiel vor, von welcher Seite wir eines der zahllosen Denkmäler Saddam Husseins aufzunehmen hatten. Ein anderes Mal porträtierten wir ein Hochzeitsfest in Bagdad, um zu zeigen, wie schwierig der Alltag unter den Sanktionen geworden war. Als der Bräutigam uns am Ende des Tages Jugendfotos zeigte, auf denen er vor Panzern zu sehen war, kam es plötzlich zum Eklat. Wir realisierten, daß er ein Offizier der geheimen Palastgarde war, also zu Saddam Husseins persönlichen Truppen gehörte. Er realisierte, daß mit unseren Aufnahmen plötzlich sein Leben in Gefahr war. Und unsere Begleiter vom Informationsministerium fragten sich entsetzt, wie das hatte geschehen können. Es war eine brenzlige Situation, die uns durchaus ein Verlies in einem irakischen Kerker hätte bescheren können. Da wir aber alle betroffen waren, wurde beschlossen, daß wir am nächsten Tag ausreisen sollten – glücklicherweise mit unserem Material.

In Syrien schwankte die Visapraxis zwischen »In diesem Jahr wollen wir keine ausländischen Journalisten« und einer Reise entlang des Euphrats, bei der wir an der türkisch-syrischen Grenze sogar die Kontrollen und Wassermessungen der Syrer filmen durften – aus Sicht des Regimes in schlechten Jahren eigentlich eine Art Geheimnisverrat.

Die schwierigen Arbeitsbedingungen in der islamisch-arabischen Welt sind also ein Grund für die immer wiederkehrenden gleichen Themen, Bilder, Stereotypen und Vorurteile zum Thema »Islam«.

Ein zweiter Grund ist der teils wahre und teils angenommene Publikumsgeschmack. Islamische Themen »laufen« nicht gut. Sei es die Einführung der Scharia in Nigeria, die Situation im israelisch-palästinensischen Krieg oder Berichte aus dem Irak. Heutzutage kann der Verlauf der Einschaltquoten in 30-Sekunden-Schritten gemessen werden. Bei Berichten aus dem islamisch-arabischen Themenspektrum sackt die Quote regelmäßig ab. Dabei sind etwa die Zuschauer der Auslandsmagazine treu und interessiert.

Es spricht für die im öffentlich-rechtlichen Fernsehen verbliebenen Auslandsmagazine, daß sie solche Themen dennoch besetzen, weil sie sie für wichtig halten. Dennoch verhindern solche Erfahrungen immer wieder, daß diese Themen im Hauptabendprogramm breit behandelt werden.

Der dritte und vermutlich entscheidende Grund sind die strukturellen Nachteile und Entwicklungen des Mediums Fernsehen. Das Fernsehen reagiert inzwischen stark ereignisbezogen. Es legt den Schwerpunkt – und daran ist auch die Konkurrenz durch die privaten Sender »schuld« – auf die Aktualität. In Krisenzeiten werden riesige Anstrengungen unternommen, um das Programm auszuweiten. Da es mit Hilfe des Videophones und kleiner, tragbarer Satelliteneinrichtungen heute theoretisch möglich ist, aus jeder Ecke der Welt Ereignisse zu übertragen, dreht sich das Karussell immer schneller. Die Korrespondenten werden immer öfter live ins Programm geschaltet, um wenige Minuten nach einem Ereignis schon erste Stellungnahmen abzugeben, manchmal auch kurz nachdem sie an einem Flughafen in einem fremden Staat gelandet sind. Präsenz geht – in der Mehrheit bei den Privaten – vor Hintergrundwissen und Analyse.

Die klassischen journalistischen Erfordernisse bleiben dabei allein schon deshalb auf der Strecke, weil es für die Korrespondenten praktisch kaum noch Reaktionszeit gibt. Zeit, um den Wahrheitsgehalt einer Nachricht zu überprüfen, um die Quelle abzuchecken, um eigene Informationen zu sammeln, die über eine Agenturmeldung hinausgehen. Manchmal werden den Korrespondenten Agenturmeldungen von zu Hause gefaxt, weil sie vor Ort – im Irak, in Somalia – gar nicht an Nachrichten kommen, die sich nur wenige hundert Meter neben ihnen ereignet haben. Sie werden also aus Deutschland darüber informiert, was sich in dem Land, in dem sie gerade angekommen sind, abspielt. Im Konkurrenzkampf zählt das »Live«-Prinzip – ein Sender, der bei einem Großereignis keinen Reporter vor Ort hätte, sondern »nur« einen klugen Kommentator zu Hause, unterläge im Kampf um die Quoten.

Diese Konzentration auf Krisenberichterstattung hat Folgen. Im Fernsehen gilt es zunächst, die Technik zu beherrschen – und die ist ungeheuer komplex. Fernsehjournalisten sind auf Kamerateams angewiesen, auf Satellitenschüsseln, auf Satellitenstrecken, um ihren Bericht zu überspielen, auf eine komplizierte Technik zu Hause rund um das Studio, in dem die Sendung für den Zuschauer präsentiert wird. Da kann vieles schief gehen, vor allem, wenn man schnell sein muß. In Krisenzeiten wird das Programm unterbrochen, dann gehen die ARD-Tagesschau, das ZDF-spezial und inzwischen auch RTL sofort ins Programm, um zu berichten. Dabei müssen sie oft lange Strecken – am 11.9. 2001 mehrere Stunden – überbrücken. Abends jagen sich Sondersendungen.

In solchen Zeiten kommt der Fernsehjournalismus an seine Grenzen. Am 11.9. hat sich die Hilflosigkeit derer, die eigentlich »vermitteln« und Einordnung liefern sollen – nämlich der Journalisten – so deutlich wie nie zuvor offenbart.

Weil sie bekannt, schnell verfügbar und für den Zuschauer »seriös« sind, wird auf die immer gleichen »Experten« zurückgegriffen. Islamwissenschaftler sind selten darunter, Politologen gezählt. Sie sollen Hintergrund und Analyse liefern, müssen ihr Wissen allerdings überwiegend in kurze Statements packen, denn – das ist eine der Gesetzmäßigkeiten des Fernsehens – längere Wortbeiträge scheint der Zuschauer nicht zu goutieren.

Was die Berichterstattung über den Islam angeht, führt dies zu oft gemachten Fehlern:

- Es gibt eine gewaltige Begriffsverwirrung: Mal ist die Rede von muslimischen Extremisten, dann von islamischen Terroristen, dann von Islamisten, von radikalen Muslimen etc. Diese Begriffe werden ständig und wechselnd gebraucht, aber selten erläutert.
- Der Islam wird als monolithisch betrachtet, wodurch sich beim Zuschauer der Eindruck festsetzt, daß eine durch Anschläge dominierende Gruppe im Namen des Islam handelt. Die Gefahr der Pauschalisierung des Islam als feindliche, gefährliche Religion ist inzwischen erkannt worden. In vielen Sendungen nach dem 11.9. etwa wurde darauf hingewiesen, daß dieses und jenes nicht mit dem Islam gerechtfertigt werden kann. Außer in Diskussionsrunden wird jedoch kaum erläutert, warum es verschiedene Strömungen im Islam gibt und welche Gründe dies hat, so daß die Hinweise lediglich als Apercu verstanden werden und beim Zuschauer kaum Eindruck hinterlassen.
- Die Kenntnisse über den Koran sind unbefriedigend. Es wird kaum hingewiesen auf die vielen Stellen, in denen von Gerechtigkeit, Barmherzigkeit und Mitleid die Rede ist. Im Zentrum stehen die wenigen, dafür aber immer wieder zitierten Verse zum Heiligen Krieg.
- Das Fernsehen konzentriert sich mit Vorliebe auf die Reizthemen des Islam. Dies geschieht oft allein aus der westlichen Perspektive, die eigene Wahrnehmung der Muslime kommt kaum zu Wort. Da-

bei werden Stereotype und Vorurteile immer wieder bestätigt. Ein typisches Thema ist der Schleier, den Frauen in islamischen Ländern tragen. Das Spektrum der Gründe, aus denen Frauen den Schleier annehmen und wie der Koran dazu steht, überrascht jeden, der sie einmal hört. Aber welcher Zuschauer bekommt sie genannt? Die Stereotype lautet: Der Schleier ist ein Instrument der Unterdrückung. Das ist er tatsächlich – aber in weitaus weniger Fällen als gemeinhin angenommen wird.

- Berichterstattung über den Islam findet praktisch nur (mit wenigen Ausnahmen, siehe Afghanistan) aus dem arabischen Raum statt, der hoch politisiert ist. Zentralasien, asiatische Länder wie Indonesien oder auch Muslime in Afrika, geschweige denn in den USA finden im Programm keinen Platz. Jedenfalls nicht, solange sie keine Schlagzeilen produzieren.

- Krisenberichterstattung neigt dazu, Stereotypen zu verwenden und Klischees und Vorurteile zu bestätigen, die beim Zuschauer – auch wenn es nicht gewollt ist – in der Summe den Eindruck hinterlassen: Moslem = Araber = potentieller Terrorist. Auf Stereotypen wird zurückgegriffen, weil sie vorhanden sind (erfordern also keine neuen Erklärmuster), weil sie leicht verständlich sind und der Zuschauer ohnehin eher das glaubt, was er kennt. Ein Beispiel mag die Verwendung des Wortes »Gotteskrieger« sein, das zu Recht zum Unwort des Jahres bestimmt wurde, weil keine Religion Krieg im Namen Gottes erlaubt. Leider ist »Gotteskrieger« eine sehr griffige, leicht verständliche Bezeichnung und wird daher gerne verwendet – auch wenn sie nicht zutrifft.

- Ungewollt erscheinen Muslime und Araber oft als fanatisch und rückständig, wenn es um Religion geht. In unserer überwiegend säkular geprägten Welt ist vielen nicht bekannt, daß Religion in islamischen Ländern ohnehin einen viel höheren Stellenwert besitzt, daß sie das Alltagsleben und Empfinden der großen Mehrheit dominiert. Gleichzeitig wissen die wenigsten, daß der Lebensweg Mohammeds und seine Erfahrungen und Erlebnisse vielen Menschen präsenter und auch wichtiger sind als aktuelle Ereignisse. Vor allem in den arabischen Ländern bezieht man sich viel stärker auf die Vergangenheit, auf seine Wurzeln und denkt in ganz anderen Zeiträumen. Mit Rückständigkeit hat dies zunächst nichts zu tun – aber diese Zusammenhänge werden dem Publikum so gut wie nie erläutert.

Vor allem hat das Fernsehen gegenüber der gedruckten Presse einen entscheidenden strukturellen Nachteil – Fernsehen lebt vom Bild. Wo es keine Bilder gibt oder wo Bilder kaum zu beschaffen sind, findet nur noch Ersatz-Fernsehen statt: redende, spekulierende Köpfe. In der Berichterstattung über den Krieg in Afghanistan mußten sich Fernsehzuschauer stundenlang mit grünlich-grellen Blitzen auf schwarzem Grund begnügen, die genauso gut hätten Aufnahmen aus der Molekularbiologie sein können. Wo es keine Bilder gibt, werden große Teile der Wahrheit in Konflikten regelrecht ausgeblendet.

Dazu kommen Fehler, die in der Krisen- und Skandalberichterstattung ohnehin gemacht werden. Der Mainzer Medienwissenschaftler Mathias Kepplinger kommt in einer neuen Untersuchung zu dem Schluß, daß es dabei nicht nur um Aufklärung und die Wiedergabe von Informationen geht, sondern oft um Dramatisierung und maßlose Übertreibung. Die intensive Orientierung der Kollegen untereinander entfalte eine Eigendynamik, es bildeten sich Urteilsnormen und Schemata. Kollegen würden zu Quellen, Bezugspunkten und Kronzeugen von Kollegen. Zunehmend geraten Journalisten damit in eine Phase, in der nicht mehr die Richtigkeit der Informationen, sondern ihre Stimmigkeit mit dem etablierten Schema entscheidend sei. Es werde also nur das veröffentlicht, was in das Denkmuster passe. Gemeldet werde, was »glaubhaft« erscheine oder angenommen werde – obwohl es oft nicht belegbar sei.

Was für die Printmedien gilt, läßt sich auch auf das Fernsehen übertragen. Ein Beispiel dafür sind die Bilder von einer jubelnden Palästinenserin nach den Anschlägen am 11. September, die von einer Nachrichtenagentur verbreitet wurden. Wer das komplette, den Sendern überspielte Rohmaterial gesichtet hätte, hätte feststellen können, daß die Frau von dem Kameramann zum Jubel animiert wurde, weil er ihr Süßigkeiten versprach. Doch das interessierte niemanden oder wurde unter dem enormen Zeitdruck vor einer Sendung schlicht nicht überprüft. Die nach den Anschlägen auf die USA jubelnde Palästinenserin paßte einfach in das Denk- und Erfahrungsschema der Redakteure, die die Nachrichtensendungen planen. Damit will ich überhaupt nicht sagen, daß es solche Bilder nicht gegeben hat – *diese* waren jedoch nicht authentisch. Man hätte sie dagegen leicht in palästinensischen Flüchtlingslagern im Libanon drehen können. Solche Bilder standen an jenem Tag jedoch nicht zur Verfügung. Und so wurden die »gefakten« gezeigt. Ein Vorgang, den das ARD-Magazin »Panorama« später aufdeckte. In dieser Phase, in der veröffentlicht wird, was ins Denkmuster paßt und als glaubwürdig gilt, so Kepplinger, tendierten Journalisten dazu, Kollegen zu interviewen oder sich gegenseitig zu zitieren. Dies geschehe meist auf dem Höhepunkt vermeintlich investigativer Berichterstattung. In der Presse würden Monate später durchaus kritische Analysen der eigenen Arbeit veröffentlicht. Diese erreichten aber nicht mehr das Massenpublikum. Im Fernsehen ist die eigene kritische Reflexion und das Aufgreifen eines Themas nach dem Motto »Was wurde daraus?« eher die Ausnahme.

Eine Untersuchung der Columbia University über die Berichterstattung nach dem 11. September in den amerikanischen Medien hat ein ähnliches Phänomen aufgedeckt. Anfangs sei die Berichterstattung auffallend stark von reiner Ereigniswidergabe geprägt gewesen. 75% der Beiträge beschränkten sich in den ersten Tagen darauf, nur ein Viertel tendierten zur Interpretation. Im Dezember dagegen sei der Anteil faktenbezogener Berichterstattung auf 63% gefallen und weniger meinungsgeprägte und spekulative Beiträge hätten zugenommen. Das Fernsehen habe sich daran mehr beteiligt als die gedruckte Presse.

Es war schwieriger geworden, an echte Informationen heranzukommen – gleichzeitig wollte das Massenpublikum weiter pseudo-informiert, das heißt »unterhalten« werden.

Im Golfkrieg haben sich militärische Führungen den Hunger nach Informationen und Bildern erstmals in großem Stil zu eigen gemacht, indem sie dafür sorgten, daß Fernsehreporter und -teams möglichst an keinen der Kriegsschauplätze gelangten. In regelmäßigen Abständen organisierten sie dafür sogenannte »Pools«, Arrangements für ausgewählte Journalisten, um ihnen inszenierte Einblicke zu gewähren – Interviews mit Soldaten, Aufmarschbilder. Dazu in Pressekonferenzen die vermeintlich genauen Treffer durch ferngelenkte Marschflugkörper.

Das Fernsehen reagierte wie erwartet. Hungrig nach Bildern, verkaufte es die inszenierten Teile als Ganzes. So entstand zunächst der Eindruck eines chirurgisch geführten, sauberen Krieges. Es dauerte, bis sich dagegen Widerstand regte, bis einzelne Reporter in den Irak gelangten und von dort über fehlgeleitete Bomben und zivile Opfer berichten konnten – bis sie eine Gegenöffentlichkeit schufen.

43

Seither hat sich auf der Seite der Fernsehjournalisten viel verbessert. Auch im Afghanistankrieg gab es zwar von den meisten Schauplätzen keine Bilder. Doch erfahrene Reporter wie Thomas Roth von der ARD oder Uwe Kröger vom ZDF, auch Antonia Rados von RTL, denen es gelang, im Gefolge der Nordallianz oder in pakistanischen Flüchtlingslagern Aufnahmen und Interviews zu machen, erfüllten ihre journalistische Pflicht und machten dem Publikum klar, daß sie über den Frontabschnitt hinaus, in dem sie sich aufhielten, nichts Genaues wußten. Sie berichteten, was sie sahen und hörten, was ihnen erzählt wurde – stets darauf hinweisend, daß dies nur ein Ausschnitt sein könne.

Eine Verbesserung der Fernsehberichterstattung liegt meiner Meinung nach nicht im »Aufblasen« des Apparats im Krisenfall. Vielmehr muß zwischen den Krisen eine kontinuierliche Auslandsberichterstattung geleistet werden. Das würde den Fernsehanstalten einen Fundus an Bildmaterial und Wissen verschaffen, der im Krisenfall eingesetzt werden kann – für die Analyse und die Hintergrundberichterstattung. Korrespondenten, die regelmäßig reisen und berichten, kennen die Menschen, den Alltag und die politischen Systeme der Länder. Sie haben außerdem Kontakt zu Journalisten vor Ort, die im Krisenfall als Informationsquelle zur Verfügung stehen könnten. Aber: Sie brauchen Sendeplätze.

Leider hat aber in den letzten Jahren die Auslandsberichterstattung kontinuierlich abgenommen. Dabei sind ARD und ZDF mit der Vielzahl ihrer Auslandsbüros noch in einer, international betrachtet, mehr als komfortablen Lage. Amerikanische Medien haben die Zahl ihrer Auslandskorrespondenten rapide abgebaut. Deutsche Fernsehsender haben eher noch ausgeweitet, dafür aber die Sendeplätze abgeschafft und die Arbeit der Korrespondenten wesentlich in die aktuelle Berichterstattung verlagert, die kaum noch längere Berichte als 2:30-Minuten erlaubt. Die ARD hat einen regulären Auslandsfeature-Platz schon Anfang der 90er-Jahre aus dem Programm verbannt. Das ZDF setzt immerhin noch gelegentlich thematische Auslandsschwerpunkte, wie Reisen ums Mittelmeer, durch die potentiellen neuen EU-Beitrittsländer oder Kaschmir. Qualitativ anspruchsvoll gestaltete Programme, die durchaus ihr Publikum finden.

»Der Abbau der Auslandsberichterstattung«, darin sah auch ZDF-Chefredakteur Nikolaus Brender bei den Mainzer Tagen der Fernsehkritik 2002 einen der wesentlichen Gründe dafür, daß das Wissen über fremde Kulturen, über Ursachen von Konflikten immer mehr abnimmt.

Inzwischen verlangt der Zuschauer wieder vermehrt Auslandsberichterstattung. Der »Weltspiegel« etwa, der einzig verbliebene reguläre Auslandsthemenplatz der ARD neben den sonntagnachmittäglichen »Weltreisen«, hat seit den Terroranschlägen des 11.9. steigende Einschaltquoten und vor allem wesentlich gestiegene Zuschauerzahlen. Das kommt auch der Berichterstattung über den Islam, über die arabischen Länder zugute, selbst innerhalb Deutschlands. So war beispielsweise die Entscheidung des Bundesverfassungsgerichts, das Muslimen das »Schächten« von Tieren erlaubte, der Aufmacher in den ARD-Tagesthemen. Die Entscheidung wurde kommentiert und positiv beurteilt.

Im Fernsehen hat es nach den Terroranschlägen viel Nachdenklichkeit gegeben. Der Wunsch zu verstehen, was und warum es geschah, war deutlich zu spüren. Ursachenforschung. Nüchtern beschäftigte sich zum Beispiel die ARD-Dokumentation »Die Todespiloten« mit dem Lebensweg von drei der mutmaßlichen Täter, forschte dabei in der arabischen Welt nach und ließ die Angehörigen zu Wort kommen. Es gab kritische Filme über den amerikanischen Patriotismus und über den aufkommenden Rassismus gegenüber Muslimen und arabisch aussehenden Menschen in den USA. Das Bemühen, den Islam nicht als »feindliche Religion« darzustellen, war klar erkennbar.

Ob ein Mehr an Berichterstattung, ein Mehr an Information die Perzeption des Publikums ändern wird, was die Haltung gegenüber dem Islam angeht – das ist durchaus umstritten. Wichtiger ist der Umgang miteinander im Alltag. Die persönliche Begegnung von Menschen aus verschiedenen Kulturkreisen – selbst durch eine Urlaubsreise – erreicht vermutlich mehr Wirkung als jeder noch so informative TV-Bericht.

Der palästinensisch-israelische Konflikt im Fernsehen

Im Unterschied zur Berichterstattung über islamische Themen wird der palästinensisch-israelische Konflikt im Fernsehen oft und regelmäßig dargestellt, vor allem in den Nachrichtensendungen. Dabei hat es in den letzten drei Jahrzehnten eine immense Entwicklung gegeben: von einer Berichterstattung, die klar auf Seiten Israels war (etwa im Krieg 1967), hin zu einer weitaus kritischeren Betrachtung der israelischen Politik. Daß dies so ist, läßt sich inzwischen daran erkennen, daß beide Seiten – Vertreter der Palästinenser wie Vertreter der israelischen Regierung und der Juden in Deutschland – gleichermaßen wettern, sie würden ungerecht beurteilt. Persönlich habe ich dies auf dem Jugendkongreß der Zentralen Wohlfahrtsstelle der Juden in Deutschland erlebt, aber auch in Gesprächen mit arabischen Botschaftern.

Diese Kritik neuer Qualität findet aber vor allem innerhalb Deutschlands statt. Dabei wird der Grundkonsens nicht verlassen – daß Deutschland eine besondere Verantwortung für Israel hat, daß die Existenz Israels nicht gefährdet werden darf. Wobei eines von vielen unterschätzt wird: Israel kann es sich nicht erlauben, auch nur einen Tag gefährdet zu sein. Denn dann verschwindet es womöglich von der Landkarte.

Diese neue Kritik richtet sich vor allem gegen die Politik der Regierung von Premierminister Scharon, aber auch gegen den Vorsitzenden der palästinensischen Autonomiebehörde, Yassir Arafat – so es denn neben der militärischen Strategie eine Politik gibt. Ich bin mit ihr in einigen Kommentaren in den »Tagesthemen« hart ins Gericht gegangen. Daß dies so möglich ist, spricht für die öffentlich-rechtlichen Systeme. Sie halten auch den Druck aus, der von offizieller israelischer Seite gemacht wird. Teilweise werden im Internet auf pro-israelischen websites Kampagnen organisiert. Um der Kritik entgegenzuwirken, hat die Regierung Scharon eine PR-Offensive gestartet. Shimon Stein, der israelische Botschafter in Berlin, besucht regelmäßig Zeitungsredaktionen und Fernsehsender, um die Politik seiner Regierung zu erläutern und zu verteidigen. Die in Berlin versammelten arabischen Botschaften haben dem nichts entgegenzusetzen. Sie gehen nicht an die Öffentlichkeit und schreiben so gut wie nie Briefe, wenn ihnen ein Bericht mißfällt. Sie verschaffen sich nicht Gehör, behaupten aber in privaten Gesprächen immer wieder, Israel habe die Berichterstattung über den Konflikt in Deutschland monopolisiert. Sie jammern – aber wehren sich nicht.

Dabei ist die Berichterstattung aus Israel und den autonomen Gebieten aus meiner Sicht ein Sorgenkind. Es ist praktisch unmöglich, objektiv zu berichten.

Zum einen liegt das an der Struktur der Korrespondentenplätze.

Anders als viele internationale Fernsehanstalten wie etwa die BBC, haben ARD, ZDF und die Privaten überwiegend nur einen einzigen Korrespondenten, der aus Tel Aviv oder Jerusalem sowohl über die israelische als auch die palästinensische Seite berichtet. Auf etwa zehn Tagesschau-Berichte aus Israel kommt ein Bericht aus Kairo, der sich – oft mit Verzögerung – mit der Reaktion der arabischen Welt befaßt. Die Autonomiebehörde hat dies eine Zeitlang durchaus erkannt und bestimmt, daß nur in Kairo akkreditierte Journalisten Arafat und seine Minister interviewen dürften. Solange der Flughafen in Gaza noch in Betrieb war, wurden sie regelmäßig eingeflogen. Dies ist nun nicht mehr möglich und im übrigen wurde diese Bestimmung, wie so viele gut gemeinte Resolutionen, Erlasse und Gesetze in der arabischen Welt, nicht eingehalten.

Nach meiner persönlichen Einschätzung – und ich habe Israel mehrmals bereist – ist es jedoch für einen in Israel stationierten Reporter unmöglich, sich in das Denken, die Mentalität und die Psyche der Araber hineinzuversetzen, geschweige denn in die Motive von Hamas- oder Jihad-Mitgliedern. Generell wird versucht, das Problem dadurch zu überbrücken, daß man Stringer (Kontaktleute) und Kamerateams in den autonomen Gebieten installiert, die Informationen und Bilder liefern. Selbst die besten von ihnen sind jedoch dem Druck oder der Zensur durch die Autonomiebehörde ausgesetzt. Und nichts kann in dieser komplizierten Konfliktsituation den persönlichen Augenschein durch den Korrespondenten ersetzen. Nur er könnte beurteilen, wer in welcher Situation zuerst geschossen oder Steine geworfen hat, ob in Tötungsabsicht oder aus Versehen, um nur ein Beispiel zu nennen. Der Zeitdruck und die Anforderungen der über den Tag verteilten Nachrichtensendungen erlauben es den Korrespondenten aber selten, wirklich vor Ort zu sein.

Dazu kommt die israelische Militärzensur, die dem Zuschauer so gut wie nie vermittelt wird. Eigentlich müßte in vielen Bildern eingeblendet sein: »Vom israelischen Militär zensierte Aufnahmen«. Einstellungen, die das Militär gefährden könnten, dürfen nicht gesendet werden.

Korrespondenten in Israel und den Autonomiegebieten sind einer enormen Propaganda von beiden Konfliktparteien ausgesetzt. Im Internet etwa machen beide Seiten mit den Fotos umgebrachter Kinder noch im Tod Politik, fachen den Haß an. Im Bemühen, objektiv zu sein, werden kleinere, aber wichtige Ereignisse ausgeblendet: Die

Demonstration israelischer Bürger aus dem Friedenslager vor Arafats Residenz in Ramallah, in der ihn israelische Panzer festgesetzt haben. Oder die peniblen Statistiken norwegischer Ärzte, die – während sie freiwillig Dienst in palästinensischen Krankenhäusern verrichteten – nachwiesen, daß palästinensische Jugendliche durch gezielte Kopfschüsse starben, daß teilweise international geächtete Munition verwandt wurde. Wer solche Nachrichten sehen will, muß auf ARTE-info umschalten. Auch die Erziehung zum Haß gegen Juden in palästinensischen Schulbüchern – mit EU-Geldern finanziert – fanden ihren Weg nicht in die Nachrichten, aber wenigstens in den »Weltspiegel«.

Auffallend wenige Fernsehberichte beschäftigen sich mit den Opfern der Politik auf beiden Seiten. Das ist ein Manko und ein klares Zeichen für mangelnde Subjektivität. Es wäre ehrlich und folgerichtig, sich zu ihr zu bekennen, solange in einem Konflikt Objektivität noch nicht einmal ausschnittweise möglich ist.

Die fast ausschließliche Verbannung der Berichterstattung über den palästinensisch-israelischen Konflikt in die Nachrichten führt dazu, daß Hintergründe und Analyse nur noch selten möglich sind. Eine weitere Folge ist die, daß die palästinensischen Autonomiegebiete und Israel völlig mit den Worten Gewalt und Terror assoziiert werden. Das alltägliche Leben der Palästinenser und Israelis, ihre Probleme, die Ängste und Hoffnungen ihrer Jugend kommen im Fernsehen praktisch nicht vor.

Christoph Weller

Warum gibt es Feindbilder?

Konflikte zwischen Gruppen gehen mit der Neigung zu Feindbildern einher. Bei gegensätzlichen Interessen oder unvereinbaren Wertvorstellungen dominieren bei der Wahrnehmung der Gegenseite meist nicht die Gemeinsamkeiten, sondern die Unterschiede. Dabei überschätzen wir leicht die Differenzen zwischen »uns« und »den anderen«. Unter bestimmten Umständen können dichotomische, also zweigeteilte Wahrnehmungsmuster (Schwarz-Weiß, Freund-Feind, gut-böse etc.) entstehen, die die weitere Informationsaufnahme prägen und eine Vertiefung der negativen Einstellungen gegenüber der anderen Konfliktpartei bewirken. Wird in einer Gesellschaft oder einem Teil von ihr ein dichotomisches Wahrnehmungsmuster propagiert bzw. sozial vermittelt, das nur noch negative Einstellungen gegenüber einer anderen Gruppe akzeptabel erscheinen läßt, kann man von einem »Feindbild« sprechen.

Bei Feindbildern wird es sich in den meisten Fällen um übertrieben negative Einstellungen handeln, denn das Wahrnehmungsmuster wirkt wie eine Kamera, die nur Informationen einfängt, mit denen die negative Einstellung bestärkt wird. Trotzdem ist es nicht sinnvoll, Feindbilder ausschließlich als Fehlwahrnehmungen zu definieren: damit würde unsere Neigung unterstützt, Feindbilder immer nur bei anderen zu erkennen, und der Konflikt darüber, was die *richtige* Wahrnehmung ist, könnte die nächste Runde der Feindbild-Produktion in Gang setzen. Demgegenüber eine »falsche« Wahrnehmung der Realität zu unterstellen, kann davon ablenken, die *eigenen* Wahrnehmungsmuster selbstkritisch zu betrachten. Dies aber ist erforderlich, um zu verstehen, warum es Feindbilder gibt.[1]

Feindbilder sind die aus einem sozial vermittelten dichotomischen Wahrnehmungsmuster resultierenden negativen Einstellungen gegenüber einer anderen Gruppe.[2] Mit dieser Definition wird auf sozialwissenschaftliche Theorien verwiesen, die uns Erklärungen dafür liefern, warum Menschen so leicht dazu neigen, Feindbilder zu entwickeln. Der moralische Zeigefinger gegen die »bösen« Feindbilder ist ähnlich unangemessen wie die pauschale Forderung nach Feindbild-Abbau, wie sie die Feindbild-Forschung über zwanzig Jahre lang dominierte.[3] Hilfreich sind vielmehr Einsichten über die sozialpsychologischen und gesellschaftlichen Voraussetzungen, die zum Entstehen starker Feindbilder führen. So werden die Möglichkeiten geschaffen, sich selbst immer wieder jenen Wahrnehmungsmustern entgegenzustellen, die zu Feindbildern und damit zur Fortdauer oder Eskalation von Konflikten, aber niemals zu ihrer gemeinsamen Regelung oder Lösung führen.

Feindbilder entstehen durch Kategorisierung

So wie die Kameraführung uns Fernsehzuschauerinnen und Fernsehzuschauern nur einen Ausschnitt der Wirklichkeit vermittelt, die am Ort des Geschehens wahrnehmbar wäre, ist auch unser menschlicher Wahrnehmungsapparat darauf angewiesen, das ihm wichtig Erscheinende auszuwählen aus dem, was die fünf Sinne ihm an Wahrnehmungen anzubieten haben.[4] Damit wir mit der unendlichen Vielfalt der Reize umgehen können, laufen bei der Wahrnehmung Prozesse ab, die es uns ermöglichen, das Wahrgenommene in eine Struktur zu bringen, in der wir uns zurechtfinden. Am wichtigsten ist hierbei die Kategorisierung, die Einordnung ähnlicher Dinge oder Personen in eine gemeinsame Kategorie. Anhand von Ähnlichkeiten und Unterschieden gruppieren wir die Objekte unserer Wahrnehmung, ignorieren dabei die Differenzen innerhalb der Kategorie und können so leicht die Unterschiede zwischen verschiedenen Kategorien überschätzen. Sehen wir ähnliche bunte Dinger sich auf vier Rädern durch Straßen bewegen, werden diese als »Autos« kategorisiert, denn eine genauere Unterscheidung nach Automarke oder -typ etc. erforderte viel größere Wahrnehmungsanstrengungen. Und in aller Regel sind wir an diesen genaueren Unterscheidungen auch gar nicht interessiert. Zugleich kennzeichnen wir mit der Kategorie »Auto« grundlegende Unterschiede zu Motorrädern und Fahrrädern, obwohl es sich jeweils um Fahrzeuge zur Personenbeförderung handelt.

Kategorisierung ist ein Grundphänomen und eine zwingende Notwendigkeit menschlicher Wahrnehmung. Auch bei der Wahrnehmung von Personen nehmen wir Kategorisierungen vor. Anhand der äußeren, schnell wahrnehmbaren Kennzeichen ordnen wir auch Menschen einer bestimmten Kategorie bzw. Gruppe zu, immer verbunden mit bestimmten Eigenschaften, die wir bei Mitgliedern dieser Gruppe bzw. Kategorie erwarten: Geschlecht, Alter, Nationalität, Beruf, Religion etc. Wir machen uns ein Bild, indem wir unsere immer sehr begrenzten Erfahrungen mit Personen einer bestimmten Gruppe auf alle Menschen dieser Kategorie übertragen, und ihnen damit entsprechende Eigenschaften zuschreiben. Das heißt natürlich nicht, daß wir dieses erste, auf der Kategorisierung basierende Urteil nicht korrigieren könnten, wenn wir gegenteilige Erfahrungen mit einem Menschen machen, den wir zunächst entsprechend eingeordnet haben. Aber diese *eine* gegenteilige Erfahrung führt in der Regel nicht dazu, daß sich unsere Vorstellungen und Einschätzungen bestimmter Gruppen grundlegend verändern.

Es ist ein doppelter Nutzen, den wir aus unserem ständigen Kategorisieren ziehen: Zum einen wird die Reizüberflutung verhindert durch die Einordnung und teilweise Ausblendung der vielfältigen Wahrnehmungen. Weil der menschliche Wahrnehmungsapparat nicht in der Lage ist, alle Einzelheiten unserer Sinneseindrücke aufzunehmen, müssen wir auswählen, Wichtiges von Unbedeutendem unterscheiden. Zum anderen ermöglicht die Kategorisierung, bei der Wahrnehmung auch Strukturen der Situation aufzunehmen. Die Zugehörigkeit von Menschen zu Gruppen hat ja auch etwas Reales: In sozialen Zusammenhängen ist es angemessen und außerordentlich hilfreich, Menschen als Mitglieder einer Gruppe wahrzunehmen und sich entsprechend zu verhalten. Wenn beispielsweise eine Demonstrantin einem Polizisten gegenübersteht, wird sie ihre Aufmerksamkeit meist nicht auf die Individualität des vor ihr stehenden Menschen konzentrieren, sondern ihn als »Polizisten« kategorisieren. Möglicherweise ist er in der entsprechenden Situation Mitglied einer gegnerischen Gruppe, was ein bestimmtes Verhalten erfordert. Es werden diesem Menschen, abgeleitet aus der Kategorie »Polizist«, also bestimmte Eigenschaften zugeschrieben. Gleichzeitig wird durch die Zuordnung des Polizisten zu einer Gruppe die Struktur der Situation deutlich, daß beispielsweise eine Personenkontrolle durch Angehörige der staatlichen Sicherheitskräfte durchgeführt wird oder ein Konflikt zwischen der Gruppe der Polizisten und einer Gruppe von Demonstranten besteht. Der konkrete Polizist wird damit sehr verkürzt und einseitig wahrgenommen, sein Familienstand, Alter, Augenfarbe, Religionszugehörigkeit, Bildungsniveau usw. bleiben unberücksichtigt. Aber gerade die Reduzierung der Wahrnehmung auf das »Wesentliche« –

hier die Personenkategorie »Polizist« – erleichtert ein angemessenes Verhalten.

Sieht man Kategorisierung nur als Vereinfachung der Wahrnehmung, ist man leicht geneigt, diesen Wahrnehmungsmechanismus negativ zu bewerten. Weil durch Kategorisierung das Bild der Welt vereinfacht wird, erscheint es wie eine Verzerrung der Realität. Zugleich bedeutet Kategorisierung aber auch eine klarere Wahrnehmung der Realität, weil durch die Strukturierung der Wahrnehmung die Zusammenhänge der Situation viel schneller deutlich werden. Auch die Demonstrantin tritt dem Polizisten ja nicht primär als individuelle Persönlichkeit gegenüber, sondern in ihrer Rolle als Demonstrantin und damit als Mitglied einer Gruppe. Damit kann der mögliche Konflikt zwischen den beteiligten Gruppen deutlich werden, der für das weitere Verhalten meist von größerer Bedeutung ist als die Individualität der Beteiligten. Kategorisierung bewirkt also sowohl eine Beschränkung der Informationen, als auch einen Zugewinn an Wissen und Situationsverständnis.

Allein aus der Kategorisierung folgen noch keine Feindbilder. So wenig problematisch es ist, ein Auto für einen Ferrari zu halten, nur weil es flach und rot ist, so wenig führt die Kategorisierung von Menschen automatisch zur Konflikteskalation zwischen Gruppen. Es sind weitere, in der Sozialpsychologie identifizierte und erforschte Prozesse der Wahrnehmung, welche die Grundlage liefern, auf der sich Feindbilder entwickeln. Die unvermeidbar vorgenommene Kategorisierung geht mit der Neigung zu übertriebenen Wertungen einher: Die Unterschiede *zwischen* Kategorien werden über-, die *innerhalb* einer Kategorie unterschätzt. Dadurch kann sich in der Wahrnehmung die Differenz zwischen der eigenen und allen anderen Gruppen erhöhen, während sie für die Verhältnisse innerhalb der Gruppe vermindert erscheint. Außerdem sind die Vorstellungen von Fremdgruppen in der Regel negativer als von Gruppen, denen man selbst angehört. Wie ist das zu erklären?

Feindbilder befriedigen das Bedürfnis nach sozialer Identität

Wer ist dieser Mensch, dem wir da begegnen? Die Wahrnehmungen für die Kategorien »weiblich«, »mittleres Alter«, »gut gekleidet« bringen uns bei der Beantwortung dieser Frage ein bißchen weiter.

Wir kategorisieren und ordnen diesen Menschen in eine imaginäre, nur in unserem Kopf existierende Gruppe ein. Auch unser Selbstbild, unsere Identität ergibt sich zu einem guten Teil daraus, zu welchen Gruppen wir uns zugehörig fühlen: zur Gruppe der Männer, der Studierten, der Aufgeklärten, der politisch Engagierten, der Vernünftigen, zur Mittelschicht und so weiter.

Solche »Gruppenmitgliedschaften« helfen uns zu definieren, wer wir sind.[5] Und wie diese Beispiele schon andeuten, wollen wir möglichst zu Gruppen gehören, die im Vergleich mit anderen positiv abschneiden, denn daraus resultiert eine positive soziale Identität. Weil der individuelle Selbstwert zum Teil aus der Bewertung der Gruppen resultiert, denen sich selbst zugehörig fühlt, besteht eine ständige Neigung zum Gruppenvergleich, zur Gegenüberstellung von Eigen- und Fremdgruppen. Und weil dieser Vergleich ein positives Ergebnis haben sollte – weil nur dann das individuelle Selbstwertgefühl davon profitieren kann – kommt es leicht zu Beurteilungsfehlern zugunsten der Eigengruppe und zum Nachteil der Fremdgruppen.

So suchen wir auch oft durch die Beurteilung unserer nationalen oder ethnischen Gruppe nach positiver sozialer Identität. Im Vergleich mit anderen Nationen wollen wir die eigene Gruppe, die eigene Nation als vorteilhaft oder überlegen sehen, der Vergleich zu anderen soll positiv ausfallen. Hieraus resultieren Verzerrungen und Idealisierungen, im Extremfall ein Freund-Feind-Schema, das bezüglich der eigenen Gruppe vornehmlich positive und bezüglich der Außengruppe vor allem negative Vorstellungen enthält. Doch weniger dieses Extrem soll uns hier interessieren, sondern vor allem der Mechanismus, nach dem wir Gruppenbeurteilungen vornehmen.

Kategorisierung ist ein normaler Prozeß, mit dem wir unsere Umwelt überschaubar machen. Doch jede Kategorisierung unserer sozialen Umwelt trägt den Keim zu verzerrenden Vergleichen zwischen positiver Eigengruppe und negativen Fremdgruppen in sich. Die Demonstrantin sieht sich dem Polizisten gegenüber vielleicht als überlegen, weil sie unter Inkaufnahme persönlicher Nachteile für eine gute Sache streitet. Im Polizisten aber kann sie – aufgrund ihrer situationsabhängigen Kategorisierung – möglicherweise nur einen fremdgesteuerten Befehlsempfänger erkennen. Dagegen hält sich der Polizist den Demonstrantinnen und Demonstranten gegenüber für überlegen, weil er die Staatsgewalt repräsentiert, Demonstranten aus seiner Sicht aber dazu neigen, die gesellschaftliche Ordnung zu gefährden oder Gesetze zu mißachten.

So kommt die individuelle Abwertung von Fremdgruppen zustande. Wenn es sich dabei nicht um individuelle Kategorisierungen handelt, sondern um ein soziales Wahrnehmungsmuster, entstehen Feindbilder. Angenommen, die Demonstration richtet sich gegen polizeiliche Übergriffe, die wenige Tage zuvor stattgefunden hatten. In einem solchen Fall wird bei den Demonstranten, zumindest im Zusammenhang dieser Demonstration, ein dichotomisches Wahrnehmungsmuster vorherrschen: Die kleinsten Regelabweichungen der Polizei werden sofort erkannt, die eigenen Gesetzesübertretungen aber übersehen oder entschuldigt. Die Gruppe der Demonstranten definiert sich so in Abgrenzung zur Fremdgruppe der Polizei und bildet auf der Grundlage des übereinstimmenden Wahrnehmungsmusters eine kollektive Identität. Die Differenzen zwischen den Gruppen werden überbetont, Unterschiede innerhalb der Gruppen übersehen und die Aufmerksamkeit auf jene Aspekte gerichtet, die dazu beitragen, daß im Vergleich die eigene Gruppe positiv dasteht. So dominieren im vorgestellten Beispiel stark negative Einstellungen gegenüber der Polizei, die das Selbstbild der Demonstranten um so positiver erscheinen lassen und damit einen wichtigen Beitrag zu deren sozialer Identität leisten.

Menschen verzichten auf einmal gefundene Feindbilder nur ungern wieder, und so trägt das Bedürfnis nach sozialer Identität und Abgrenzung nicht nur zur Entstehung, sondern auch zur Stabilität von einmal etablierten Feindbildern bei. Die Suche nach positiver sozialer Identität verführt uns nicht selten zur primitiven Unterscheidung zwischen uns »Guten« und den schlechteren anderen. Natürlich spielen hier noch andere Faktoren hinein: Vermittlung durch die Medien, Interessen von Herrschenden, die Einstellungen in unseren Bezugsgruppen, die soziale Lage etc. Aber der Keim für Feindbilder liegt in unserer Suche nach positiver sozialer Identität zur Stärkung unseres Selbstwertgefühls. Und stark ausgeprägte Feindbilder sind ein Zeichen für große Unsicherheit in diesem Bereich.

Wenn uns dieser Mechanismus der Feindbild-Produktion bewußt ist, können wir uns zwar nicht vor Kategorisierungen, Gruppendenken oder Aufwertungen der eigenen Gruppe schützen. Aber wir werden sensibel für die extremen Formen solcher Wahrnehmungsmuster und Einstellungen, für Feindbilder und Freund-Feind-Schemata, die man uns vermitteln will oder die wir schon gelernt und übernommen haben. Dabei geht es nicht um den Streit zwischen richtigen und falschen Wahrnehmungen, aber um die Infragestellung eines Schwarz-Weiß-Bildes. Werten wir die anderen ab, sehen wir nur negative Aspekte, weil das in unser Weltbild paßt und weil wir uns überlegen fühlen wollen? Hängt unsere persönliche Identität davon ab, daß unsere Gruppe den anderen überlegen ist? Wenn diese Neigungen in einer Gruppe stark sind oder dominieren, hat sich ein Feindbild durchgesetzt. Wo wir die Welt zweiteilen, in Gute und Böse, in »uns« und »die anderen«, in Schwarz und Weiß, haben wir vergessen, daß alle Gruppen ihre guten und schlechten Seiten haben, daß die Welt farbig ist.

Feindbilder entstehen in sozialen Konflikten

Die soziale Wirklichkeit liefert uns in der Regel keine so einfachen Muster von *ingroup* und *outgroup*, wie sie einem Freund-Feind-Schema zugrundeliegen. Die vielgestaltige, farbige Welt bietet unendlich viele Möglichkeiten für Kategorisierungen. Im Beispiel der Demonstrantin und des Polizisten könnte erstere ihr Gegenüber etwa auch in die Kategorie »Männer« einordnen, die Demonstrantin aus der Sicht des Polizisten mit der Kategorie »Demonstrationsteilnehmerin mit hohem Alter« wahrgenommen werden. Diese Möglichkeiten wären etwa zu erwarten, wenn der soziale Kontext die entsprechenden Kategorisierungen nahelegt, zum Beispiel bei einer Demonstration von Feministinnen für Frauenrechte. Welche Kategorisierungen wir vornehmen, ist also auch von der Situation und ihren Rahmenbedingungen abhängig.

Übereinstimmende Kategorisierungen innerhalb einer Gruppe, wie sie Feindbildern zugrundeliegen, kommen vor allem dann zustande, wenn eine Konfliktsituation für die Mitglieder der Gruppe bestimmend ist. Dies wird von der sozialpsychologischen Theorie der Selbstkategorisierung folgendermaßen erklärt:[6] Jede Situation bietet prinzipiell viele verschiedene Möglichkeiten der Kategorisierung, etwa nach Aussehen, Geschlecht, Alter, Religion etc. Für die Erfassung der sozialen Situation benötigen wir jedoch eine bestimmte Kategorisierung, für die wir uns – meist unbewußt – durch den Vergleich der Unterschiede *innerhalb* mit den Unterschieden *zwischen* potentiellen Kategorien entscheiden. Nimmt der Polizist den Unterschied zwischen seiner Gruppe der Polizisten und den Demonstranten als geringer wahr als den zwischen alten und jungen Beteiligten, wird er seine Kategorisierung nach dem Alter der Demonstrationsteilnehmer vornehmen und sich dann auch selbst vornehmlich der entsprechenden Kategorie zuordnen (Selbstkategorisierung). Der Polizist wird von der Demonstrantin als »Mann« kategorisiert, wenn ihr – etwa in der Situation einer Demonstration für Frauenrechte – die Differenz zwischen Polizistinnen und Demonstrantinnen geringer erscheint als die zwischen Frauen und Männern. Die Wahrnehmung der größten Differenz bestimmt also in der Regel über die vorgenommene Kategorisierung. Konflikte zwischen Gruppen aber geben in starkem Maße die Kategorisierung als Unterscheidung zwischen *ingroup* und *outgroup* vor.

Die Kategorisierung anderer strukturiert nicht nur die Wahrnehmung der Situation, sondern hat auch Konsequenzen für die Selbstwahrnehmung. Kategorisieren die Demonstranten den Polizisten vor allem als »Mann«, nimmt sich die einzelne Demonstrantin in dieser Situation primär als Frau wahr. Kommt die Kategorie »Polizist« zur Anwendung, folgt daraus die Selbstwahrnehmung als Demonstrantin. Umgekehrt nimmt das bevorzugte Selbstbild auch Einfluß auf die Auswahl der Kategorisierung. Gerade in Konflikten ist die Parteinahme, die Zugehörigkeit zur *ingroup* besonders wichtig für das Selbstbild des/der einzelnen, Konfliktsituationen schaffen also »gute« Voraussetzungen für eine übereinstimmende Kategorisierung – und damit für die Entstehung von Feindbildern.

Feindbilder und Frieden

Durch Kategorisierung strukturieren wir unsere soziale Realität: Die Welt wird einfacher und überschaubarer. Gleichzeitig bekommen wir selbst einen Platz in dieser Welt: Als Mitglied unterschiedlichster »Gruppen« gewinnen wir soziale Identität. Damit diese soziale Identität möglichst positiv und unser Selbstwertgefühl gestärkt wird, neigen wir dazu, *outgroups* abzuwerten. Das ist weiter nicht schlimm, solange jeder Mensch seine kontextabhängigen, individuellen Kategorisierungen vornimmt und sich die dabei entstehenden *ingroups* und *outgroups* vielfach überschneiden. Ein Gemenge zahlreicher individueller, auch negativer Gruppenbewertungen bleibt »harmlos«, weil die unterschiedlichen persönlichen Kategorisierungen sich gegenseitig bremsen und eventuell korrigieren.

Feindbilder resultieren aus diesem Prozeß dann, wenn in einer Gesellschaft eine Kategorisierung, ein bestimmtes Wahrnehmungsmuster sozial vermittelt wird und sich durchsetzt, aus dem eine grundsätzlich negative Einstellung gegenüber einer anderen Gruppe hervorgeht. Das kann leichter geschehen, wenn zum Beispiel Konflikte zwischen Gesellschaften existieren, denn Konflikte bestimmen sehr leicht die Kategorisierungen: Die dem Konflikt zugrundeliegenden Differenzen erscheinen bei der Suche nach Kategorien der Wahrnehmung als größte Differenz. Wird diese Kategorisierung gesellschaftlich akzeptiert und die *outgroup* für den Konflikt verantwortlich gemacht, entsteht ein Feindbild.

Ein solches Feindbild kann mehr oder weniger stark, dauerhaft und verwurzelt sein, was von der Stärke des Wahrnehmungsmusters abhängt. Je größer die Differenz zwischen *ingroup* und *outgroup* wahrgenommen wird, desto bestimmender wird die dem Feindbild zugrundeliegende Kategorisierung. Auch wenn die Welt als Schauplatz des Kampfes des »Guten« gegen das »Böse« erscheint, wird die Kategorisierung sich bei allen Wahrnehmungen an dieser Differenz ausrichten und ein extremes Feindbild hervorbringen. Dies führt schnell zur Eskalation des Konflikts und schafft die Bereitschaft zur Befürwortung von Gewalt und Krieg.

Sind Feindbilder eine wichtige Bedingung für Krieg, wird die Einsicht über ihre Entstehungsprozesse zu einem Baustein für den Frieden. Dabei mögen uns die sozialpsychologischen Forschungsergebnisse eher resignieren lassen angesichts unserer menschlichen Tendenz, auch die soziale Welt immer in Kategorien wahrzunehmen und beim Kategorisieren die *outgroup* eher abzuwerten. Doch erst das – meist in Konflikten – sozial vermittelte, stabile Kategorisierungsmuster läßt daraus Feindbilder entstehen. So lassen sich drei Faktoren identifizieren, um starke Feindbilder zu verhindern: Ansetzen läßt sich am Konflikt, an der sozialen Vermittlung von Wahrnehmungsmustern und an den eigenen Bildern von den Konfliktparteien.

Konflikte sind leicht in der Lage, die großen Differenzen zu liefern, die unsere Kategorisierung bestimmen. Doch in allen Fällen gibt es neben dem aktuellen Konflikt auch Übereinstimmungen, gemeinsame Interessen, andere Wahrnehmungsebenen, auf denen Konfliktgegner gemeinsam in einer *ingroup* sind. Aus diesem Grunde ist es so wichtig, Konflikte frühzeitig genau zu analysieren, bevor sie für viele Menschen kategorisierungsbestimmend werden. So können auch diejenigen Dimensionen aufgedeckt und öffentlichgemacht werden, in denen kein Konflikt besteht.

Der zweite Faktor, der zur Entstehung von Feindbildern beiträgt, ist die soziale Vermittlung von Wahrnehmungsmustern. Zur Bildung oder Stärkung kollektiver Identitäten werden häufig Gruppen-Gemeinsamkeiten konstruiert – und damit zugleich Unterschiede zwischen Gruppen überbetont (z.B. im Nationalismus). Auf der Suche nach positiver sozialer Identität übernehmen wir dann gerne diese Kategorisierungen, die uns als Mitglieder der positiv beurteilten Gruppen erscheinen lassen. Wer solche Wahrnehmungsmuster propagiert, wer die Differenzen zwischen »uns« und »den anderen« übertreibt und damit übereinstimmende Kategorisierungen herbeiführen möchte, trägt zur Entstehung von Feindbildern bei.

Zunächst aber sind – als dritter Faktor – immer die *eigenen* Weltbilder der erste Ort, Kategorisierungen, Wahrnehmungsmuster und Gruppenbewertungen zu überprüfen. Von wem lassen wir uns die Kategorisierungen vorgeben? Wovon werden unsere Wahrnehmungsmuster bestimmt (Politikerinnen und Politiker, Massenmedien, Lehrer und Lehrerinnen etc.)? Hat sich daraus ein Schwarz-Weiß-Bild ergeben, in dem die Bewertungen sich nach *ingroup* und *outgroup* richten? Oder sind wir in der Lage, auch die negativen Anteile der eigenen Gruppe(n) wahrzunehmen, unsere Wahrnehmungsmuster auf den Prüfstand zu stellen und auch mit anderen Kategorisierungen die Welt zu betrachten? Daraus resultiert ein farbiges Bild der Welt, eine Versicherung gegen die Eskalation von Konflikten und der wirksamste Baustein gegen Feindbilder.

Claudia Derichs

Wie ist es, ein Feind zu sein? Pauschalisierung des Islam und islamische Pluralität

Ein Mensch muß kein Dreieck sein, um Mathematik studieren zu können. Ähnlich verhält es sich auch mit Feindbildern. Ein Mensch muß weder unmittelbar betroffen noch ein wissenschaftlicher Genius sein, um ihre Konstruktion, Perpetuierung und Wirkung zu analysieren. Es reicht meist schon, sich von einigen Sichtmustern zu lösen, die ein verzerrtes Realitätsbild vorgeben. Das Muster oder der Blickwinkel, aus dem die islamische Welt von innen wie von außen betrachtet wird, stellt ein gutes Beispiel dar, um einige Verzerrungen zu verdeutlichen, denen ein großer Teil der politischen und ein noch größerer Teil der unpolitischen Öffentlichkeit in Deutschland anheim fallen, wenn von Islam die Rede ist. Zwei zentrale Begriffe in diesem Kontext sind Pauschalisierung und Pluralität (gelesen werden darf auch: Pauschalisierung versus Realität).

Borneo, Sommer 2000. Ein enger Berater des Sultans von Brunei, den Insider als einflußreichen politischen Akteur in dem kleinen, wohlhabenden Sultanat beschreiben, nimmt an einer internationalen wissenschaftlichen Konferenz teil. Der Berater kommt als angemeldeter Teilnehmer und besucht vor allem die Sessionen der Konferenz, die sich mit moderner islamischer Geschichte befassen. Eine Sitzung wird von einer Wissenschaftlerin offenkundig indischer Abstammung geleitet. Sari, Schmuck und Schminke legen mehr als alles andere nahe, sie mit dem Subkontinent Indien zu verbinden. Sie stellt sich als Historikerin an einer malaysischen Universität vor, mehr nicht. Zwischen ihr und dem Teilnehmer aus Brunei liegt eine Generation in Alter und Status. Temperament und Schlagfertigkeit der Wissenschaftlerin beeindrucken indes das Publikum unabhängig von Alter und Status. Am folgenden Tag steuert der einflußreiche Mann aus Brunei auf die Kollegin zu und fragt sie, ob sie Muslimin sei. Sie verneint die Frage, ihren Gedanken, ob er das denn wohl nicht sehe, für sich behaltend. »Werden Sie doch Muslimin, ich nehme Sie mit nach Brunei«, entgegnet ihr Gegenüber.

Diese Anekdote spricht Bände, und zwar nicht wegen des Verdachts, daß hier ein wohlhabender älterer Herr eine attraktive jüngere Dame, deren Temperament ihn beeindruckt hat, in sein Land schleppen wollte, wo sie seine zweite, dritte oder vierte Ehefrau werden könnte. Beeindruckend ist vielmehr die Einstellung des Herrn, die sich in der Frage »Sind Sie Muslimin?« offenbart. Offensichtlich rührt sie aus der Erfahrung, daß Kleidung und Äußeres zunächst einmal überhaupt nichts darüber aussagen, ob jemand Muslim/Muslimin ist oder nicht. Es ziemte sich daher zu fragen, ob es sich bei der Kollegin vielleicht um eine Muslimin handelte, bevor ihr der Vorschlag unterbreitet wurde, zu konvertieren. Es gab nichts, was eindeutig dagegen gesprochen hätte, daß die Frau Muslimin gewesen wäre – erst recht nicht ihr Outfit. Denn vom äußeren Erscheinungsbild eines Menschen her kann schwerlich mit absoluter Sicherheit darauf geschlossen werden, ob es sich um einen Muslim handelt oder nicht. Kopftücher, Schleier und Scheitelkappen sind in erster Linie für eine religiöse islamische Symbolik reklamierte Bekleidungen. Das bedeutet nicht, daß sie in vorislamischer Zeit nicht existiert oder daß sie nicht auch in westlichen Gesellschaften lange zur Grundausstattung der menschlichen Bekleidung gehört hätten. Es schließt auch nicht aus, daß sie in der heutigen Zeit oft eine politische und keine religiöse Aussage transportieren sollen. Ob und warum Muslime sich solcher Symbole bedienen oder nicht, hängt von vielen Faktoren ab. Sie reichen vom sozialen Zwang zum Kopftuchtragen, der in vielen Gesellschaften besteht, bis zum freiwilligen und bewußten Kopftuchtragen, das aus Protest genauso gut wie aus dem Bekenntnis zu etwas motiviert sein kann.[1] Daneben stehen Frauen und Männer, die auf jegliche äußerlich präsentierte Symbolik verzichten und sich dadurch nicht auf den ersten Blick als Muslime zu erkennen geben. Unter beiden Gruppen wiederum gibt es Muslime, die keinerlei Bindung an die islamische Religion haben bzw. nur säkular definierte Bindungen zulassen, die keinen Rückbezug zu einer Religion aufweisen. Sie sind vergleichbar mit der areligiösen Bevölkerung in christlich bzw. post-christlich geprägten Kulturen. Die Verbindung etwa, die areligiöse Menschen zum Weihnachtsfest herstellen, ist meist rein weltlich-kommerzieller Natur. Für gläubige Christen ist das zugrunde liegende religionshistorische Ereignis der Grund für das Weihnachtsfest und seine Rituale. Für andere ist die kommerzialisierte Variante zu einem Ritual geworden, das losgelöst von allen religiösen und historischen Bezügen praktiziert werden kann. Religiöse Bindungen sind stets nur ein Teil von Kulturen, Traditionen und Lebensarten.

In der islamischen Welt tritt das religiöse Moment vermeintlich stärker in den Vordergrund. Dies liegt unter anderem daran, daß die Perzeption von Islam fast ausschließlich auf Religion reduziert wird und bestimmte Verhaltensweisen, Ausdrucksformen und kulturelle Gegebenheiten ausschließlich religiös gedeutet werden. Der Muslim, der im Sommer in der Moschee einen Mittagsschlaf hält, braucht kein gläubiger Muslim zu sein. Er hat als Muslim das Recht, die Moschee zum Ruhen zu benutzen, unabhängig davon, ob er Gebete praktiziert und das Alkoholverbot einhält. Moscheen und öffentliche Gebetsräume haben weitaus mehr gesellschaftliche und politische Funktionen, als ihr aus einer engen religiösen Perspektive zugeschrieben werden. In vielen islamischen Gesellschaften mit autoritären politischen Systemen sind sie die einzigen Stätten, in denen sich ein kritischer politischer Diskurs entfalten kann. Die Rhetorik kann dabei sehr wohl religiös klingen; sie ist allerdings nur das Instrument zur Kommunikation verschiedener, oft ganz und gar nicht religiöser Inhalte. Ein Grund für ein häufiges Mißverständnis von politischem Islam, dem Nicht-Muslime leicht nachgeben, liegt in der Gewohnheit, von einem politischen Diskurs zu erwarten, daß er sich »politischer« und nicht »religiöser« Begriffe bedient. Folglich wird in einem vermeintlich religiösen Diskurs die politische Dimension übersehen. Die meisten westlichen Systeme sind politisch so liberalisiert, daß niemand mehr den sonntäglichen Kirchgang betreibt, um an einem kritischen politischen Diskurs teilzuhaben. Die Kirche als Gebäude und Gebetsstätte wird deshalb in der öffentlichen Wahrnehmung nurmehr mit religiösen und religionsgemeinschaftlichen Funktionen in Verbindung gebracht. Diese Wahrnehmung überträgt sich auf Moscheen und islamische Gebetshäuser. Die Vorstellung von Moschee haftet daher an einem Sichtmuster, das funktionale Äquivalenzen nur in einer religiösen, nicht aber einer soziopolitischen Dimension erlaubt.

Muslime in Europa

Die gesellschaftlichen und politischen Funktionen der Institution Moschee sind für Muslime in autoritären Staaten freilich bedeutender als für Muslime etwa in liberaldemokratisch orientierten europäischen Staaten. Politischer Diskurs kann sich in Europa relativ problemlos auch außerhalb solcher Räume entfalten, denn der Liberalismus einzelner Systeme orientiert sich (idealiter) an territorialen Grenzen und politischen Konfliktlinien, nicht an Kulturen, Religionen oder Ethnizitäten. Nicht zuletzt aus diesem Grund ist das Thema »Muslime in Europa« zu einem eigenständigen Diskussionsgegenstand avanciert.[2] Stichworte wie »flexible Identitäten«, »Integration von Glauben und Lebensanschauung« oder »Internet-Islam« stehen gleichwertig neben den bekannten und durch ihren inflationären Gebrauch reichlich abgenutzten Begriffen von Multikulturalität und interkulturellem Dialog. Mit dem wohlgemeinten Verständnis für religiöse Glaubenswahrheiten und aus ihnen entspringenden Verhaltensmustern, das die theoretischen Konzepte des interkulturellen Dialogs lange prägte, ist den progressiven Muslimen in europäischen Ländern oft wenig gedient. Sozialstrukturelle Konfliktlinien (*cleavages*) sind in ebenso starkem Maße Merkmal der muslimischen wie der anderen Gesellschaften in Europa. Imame in europäischen Ländern beklagen, daß die Integrationspolitik der Staaten die Standfestigkeit der Muslime im Glauben untergrabe, während viele junge Muslime fordern, endlich als »normales« gesellschaftliches Individuum anerkannt und nicht in jeder zweiten Konversation mit Nicht-Muslimen gefragt zu werden, ob man tatsächlich fünfmal am Tag bete. Anders als die Imame betrachten sie die Schwächung, Säkularisierung oder Neuinterpretation der religiösen Dimension als Voraussetzung für das Gelingen und keinesfalls als Folge multikultureller Integration.[3] Solche und andere Konfliktlinien innerhalb der muslimischen Gemeinschaften in Europa sollten die gesamtgesellschaftliche Diskussion mitgestalten und dynamisieren. Sie tun es allerdings nur selten, denn im konzeptionellen Rahmen von Multikulturalität und interkulturellem Dialog sind intrakulturelle *cleavages* zunächst einmal Störfaktoren, die das Bild einer Kultur, hier der islamischen, durcheinander bringen. Wer einen »Dialog mit dem Islam« wünscht, hätte oft gern einen allseits akzeptierten Gesprächspartner und nicht eine unüberschaubare Vielfalt muslimischer Realitäten und Vorstellungen.

Pauschalisierungen, die die Heterogenität kultureller Gemeinschaften übertünchen, vereinfachen die konzeptionelle Arbeit und sind in einem gewissen Maße notwendige Komponenten für die Formulierung von Dialogprogrammen. Sie über Gebühr zu strapazieren führt hingegen zu Verzerrungen von Realitätsbildern, die nicht selten der Beständigkeit von Klischees in die Hände spielen. Die gesellschaftliche Akzeptanz von Homosexualität, die Verankerung von Frauenrechten oder die strafrechtliche Verfolgung von verschiedenen Arten sexueller Belästigung sind Errungenschaften vieler moderner Gesellschaften, die – hoffentlich – von der Mehrheit der Bevölkerung gewürdigt und unterstützt werden. Die Auseinandersetzung darüber fand zwischen den Altersgenerationen, zwischen Konservativen und Progressiven, zwischen Vertretern konventioneller und alternativer Weltanschauungen statt. Muslime der letzten Generation in Europa nahmen teil daran und debattierten diese Themen mit gleicher Verve wie Nicht-Muslime. Das Meinungs- und Einstellungsspektrum fächert sich in Befürworter und Gegner mit verschiedenen Abstufungen, je nach Grundlage der Argumentation. Die pauschalisierende Ansicht, daß Muslime keine Homosexualität tolerierten und Nicht-Muslime dies aus Rücksicht auf Glauben und Religion akzeptieren müssen, wirkt demütigend für all diejenigen, die sich als Muslime für die Toleranz gegenüber dem anderen eingesetzt haben und sie als würdige soziale Errungenschaft empfinden.[4] Muslimische Vereinigungen von Homosexuellen wie die Yusuf Foundation bemühen sich, die orthodoxe Interpretation des Themas mit neuen Argumenten zu widerlegen. Auch sie können freilich keinen Anspruch darauf erheben, die progressiven Muslime in Europa schlechthin zu repräsentieren. Aber sie sind Teil einer muslimischen Gesellschaft in Europa, die der dominanten nicht-muslimischen Gesellschaft an Diversität und Pluralität nicht nachsteht. Eine türkische Studentin warf in einer Podiumsdiskussion zum 11. September an einer deutschen Universität dem Publikum den Satz entgegen: »Ich bin Muslim, aber ich habe doch mit der Religion nichts am Hut!«[5] Sie verdeutlichte damit auf erfrischend simple Weise eine riesige Perzeptionslücke, die sich zwischen vielen Muslimen und Nicht-Muslimen in Europa gebildet hat. Im Imperativ hätte ihr Satz gelautet: Hört endlich auf, Islam immer auf Religion zu reduzieren und schaut mit einem differenzierten Blick auf uns Muslime.

Die Diskussion über Islam und Muslime in Europa wird kompliziert durch zahlreiche Mißverständnisse, die aus der Unkenntnis islamischer Institutionen entstehen. Dies trifft insbesondere die Position von Imamen und ihre Autorität über muslimische Gemeinschaften in europäischen Staaten. Sie wird von Nicht-Muslimen gemeinhin überschätzt und als stärker dargestellt als sie tatsächlich ist.

Die Ursache dafür liegt vor allem darin, daß Religion auch in postchristlichen Gesellschaften in einem christlichen Sinne verstanden wird. Die gewohnte formale und institutionelle Struktur der Kirchen des Christentums wird auf die muslimischen Gemeinschaften projiziert, so daß der Imam zum Äquivalent des Priesters, die Moschee zum Äquivalent der Kirche wird. Kombiniert mit einer undifferenzierten Deutung der Ausdrucksformen von Religiosität und Identität der Muslime, nimmt die Diskussion teilweise erratische Züge an. Der erste Schritt einer Annäherung an die islamischen Gemeinschaften in Europa wäre die Bereitschaft, ihre Pluralität, ihre ethnische, kulturelle und religiöse Heterogenität sowie die sozialen und politischen Dynamiken wahrzunehmen, die diese Gemeinschaften genauso kennzeichnet wie die nicht-muslimischen Gesellschaften in ihrem unmittelbaren Umfeld.[6] Vielen Muslimen bleibt es nachvollziehbar unverständlich, warum Islam in der nicht-islamischen Welt nicht als eine Lebensart betrachtet werden kann, vergleichbar etwa dem *American way of life,* den jedes Individuum für sich selbst ausgestalten kann und damit akzeptiert wird, solange ein gewisser normativer Rahmen gewahrt bleibt. Eine orthodox-religiöse Ausgestaltung ist dabei ebenso möglich wie eine progressiv-säkulare. Diejenigen, die – wie die Taliban in Afghanistan oder das Netzwerk Al-Qaida – den normativen Rahmen mit dogmatischen Ideologien sprengen, zerstören mit ihrem Verhalten die humanitären Maßstäbe, auf die sich alle Zivilisationen der heutigen Welt geeinigt haben. Die pauschalisierende Ausrede, ihr Verhalten sei religiös begründet, macht es ihnen nur umso einfacher, von diesen humanitären Maßstäben abzulenken.

Islam in autoritären und demokratischen Systemen

Anders als in den weitgehend liberaldemokratisch organisierten Systemen Westeuropas handelt es sich bei den meisten Staaten mit muslimischer Bevölkerungsmehrheit um autoritäre und semi-autoritäre Regime mit formaldemokratischen Verfassungen. Indonesien und Indien als Staaten mit der höchsten Anzahl von Muslimen in der Welt werden nicht als islamische Demokratien wahrgenommen, zumal ihnen kein islamisches Staatskonzept zu Grunde liegt.[7] Die Wahrnehmung der islamischen Welt konzentriert sich im wesentlichen auf den

Nahen Osten und dort vornehmlich auf die arabisch-islamischen Gesellschaften. Letzteren sind politische Systeme gemeinsam, die der Bevölkerung einen relativ eingeschränkten Spielraum zur politischen Partizipation zugestehen und in denen Rechtsstaatlichkeit eher auf dem Prinzip *rule by law* als auf *rule of law* basiert. Die wirtschaftliche Entwicklung variiert erheblich zwischen den einzelnen Ökonomien; die Golfstaaten nehmen eine Führungsposition ein. Fügt man das im Westen dominante Bild von der Region in einigen Schlagworten zusammen, ergeben sich drei Kategorien, in denen sich die Perzeption dieses Teils der islamischen Welt vollzieht. Die eine ist soziokultureller Natur; zu ihr gehört das Schlagwort »Unterdrückung der Frau«. Eine zweite ist politisch-religiöser Natur, Schlagwort »islamischer Fundamentalismus«. Eine dritte Kategorie konnotiert teilweise positiv und hebt (sozioökonomisch) auf die Meriten islamischer sozialer Netzwerke ab; ihr kann als Stichwort »soziale Bindungen« zugeteilt werden, wenngleich der Begriff selbst nicht sehr vertraut klingt und in den Medien noch keine nennenswerte Verbreitung gefunden hat. Die differenzierte Betrachtung von Islam konzentriert sich in der Regel auf das Zugeständnis, daß all diese Kontexte zu beachten seien und Islam sich nicht in islamischem Fundamentalismus erschöpfe. Damit hört die Differenzierung auf. Argumente für oder gegen etwas werden in Diskussionen weiterhin bedenkenlos eingeleitet mit: »Im Islam ist dieses und jenes so und so« bzw. »Im Islam ist das eigentlich gar nicht so«. Der Anspruch, daß »im Islam« etwas so ist und nicht anders, kann indes höchstens für bestimmte Elemente der islamischen Religion und Dogmatik erhoben werden, nicht jedoch für die gelebte Realität.[8]

Die unterdrückte Frau

Das Kopftuch als Symbol der Unterdrückung der Frau in der islamischen Welt ist ein beliebtes und nach wie vor kontrovers debattiertes Thema in der westlichen Öffentlichkeit. Die Bilder afghanischer Frauen mit der Kopf und Körper bedeckenden *burqa* schienen dies Ende 2001 einmal mehr zu bekräftigen. Der britische Journalist Robert Fisk rekapitulierte einige Wochen nach der Zerschlagung der Taliban durch die militärische Anti-Terror-Allianz die Situation in Kabul und verglich sie mit der Situation, die in den Titelzeilen der großen englischen Tageszeitungen dargestellt wurde. Einige Fakten würden augenscheinlich wie im airbrush-Verfahren verwischt, lautete seine düstere Diagnose. Augenfällig erschien ihm beispielsweise, daß auch nach der »Befreiung« von den Taliban bis auf einige mutige Frauen noch alle femininen Gestalten in Kabul die *burqa* trugen.[9] »Was hindert sie daran«, fragte sich Fisk, »diese ungetüme Ganzkörperverschleierung endlich abzustreifen? Fühlen sie sich etwa nicht befreit durch die militärische Anti-Terror-Allianz?« Die Fragen dürfen ironisch verstanden werden, denn Fisk zählt unter Journalisten zu den besten Kennern und ausgewogensten Berichterstattern über die islamische Welt. Aufgefallen ist beim Thema Unterdrückung und Befreiung außer Fisk nur wenigen westlichen Beobachtern, daß die Wahrnehmung der Befreiung weit am realen Sachverhalt vorbeigeht. Frauen, die in islamischen Staaten für ihre Rechte kämpfen, tun dies nicht aus Kritik an einem Stück Stoff. Sie tun es, weil oder wenn ihnen die freie Entscheidung darüber nicht zugestanden wird, mit oder ohne dieses Stück Stoff das Haus zu verlassen. Hinter dem Material, dem Muster, der Bestickung, der Art zu binden und vielen anderen kleinen (Mode-)Merkmalen verbirgt sich ein sozialer *code*, der in den jeweiligen Gesellschaften entsprechend entschlüsselt wird. Eine Dame im echten Nerz entstammt offenkundig einem anderen sozialen Umfeld als eine Dame im Webpelz. Es kann sein, daß letztere sich den echten Nerz nicht leisten kann, obschon sie ihn gerne besäße. Es kann aber auch sein, daß sie sehr wohl das Geld dazu hätte, als engagierte Tierschützerin aber strikt ablehnt, echte Pelze zu tragen. Der Pelz als *code* läßt verschiedene Dekodierungen zu, weil Kleidung ein starkes symbolisches Ausdrucksmittel und ein soziales Kapital darstellt. Wichtig bleibt, daß den Frauen die Entscheidung, einen Pelz zu tragen, selbst überlassen bleibt. Kopftücher, *burqa* und auch die langen schwarzen Gewänder der Golfstaatenfrauen spiegeln soziale Realitäten und Einstellungen wider, die durchaus bewußt auch öffentlich präsentiert werden. Das Moment der Unterdrückung liegt dann vor, wenn die autonome Entscheidung über das Anlegen eines Kleidungsstückes nicht ermöglicht wird. In feministischen islamischen Kreisen stellt sich die Frage der Verschleierung nicht in Bezug auf Zustimmung oder Ablehnung des Tragens, das ist Geschmacks- und Einstellungssache. Sie stellt sich in Bezug auf das Recht, frei darüber zu entscheiden, ob und in welcher Weise ein solches Kleidungsstück angelegt wird.[10]

Die Vorwegnahme der Entscheidung durch einseitige paternalistische Interpretationen islamischer Quellentexte (Koran, Hadith-Sammlungen) ist zum einen ein *gender*-Problem und zum anderen eine politisch-rechtliche Verfahrensfrage.[11] Der *gender*-Faktor tritt dadurch zutage, daß ein Kopftuch- oder Verschleierungszwang seinen Ursprung in einer dominant männlichen, ideologischen Textauslegung hat, die heute zum Teil von Frauen unterstützt wird (»Der Schleier dient dem Schutz der Frauen«). Aus den islamischen Quellentexten kann er nur mittels zweckgerichteter Interpretation abgeleitet werden; zu seiner Widerlegung finden sich ebenso viele Belege wie zu seiner Bestätigung.[12] Politisch-rechtlich hängt eine mögliche freie Entscheidung davon ab, an welchem gesetzlichen Bezugsrahmen sich bestimmte Bekleidungsvorschriften ausrichten. Staaten, in denen ein Rechtspluralismus existiert – *schari'a* und staatliche Gesetze –, haben die Möglichkeit, bestimmte Vorschriften unter die *schari'a*-Gesetzgebung zu fassen und bei Verstößen Sanktionen auf dieser Basis zu erwirken.[13] Die Grundrechte nach westlichem Verständnis garantieren diese Staaten meist gleichwohl in ihren Verfassungen und in staatlichen Gesetzen, die der *schari'a* neben-, unter- oder übergeordnet sind. Dadurch ist nach außen hin »die Weste weiß«. Die Kritik an der geltenden *schari'a* ist für die Frauen schwierig, nicht nur weil sie »von den Politikern so strapaziert wird, um ihrem erbärmlichen Despotismus zu verschleiern«,[14] sondern weil in den *schari'a*-Gerichten keine Frauen als Richterinnen sitzen, die eine Lobby bilden könnten. Hinzu kommt ein nicht meßbarer sozialer Druck, der etwa dadurch entsteht, daß Frauen ohne Kopftuch keine Arbeitsstelle erhalten oder einem auf Dauer unerträglichen Mobbing ausgesetzt sind. Ein einklagbares Recht gibt es selten.[15] Die Frage der Unterdrückung der Frau reicht damit weit in die komplexen Zusammenhänge von Verfassungs- und Gewohnheitsrecht, Rechtspluralismus und jurisdiktiven Zuständigkeitsverteilungen hinein. Sie ist sowohl *gender*- wie auch politisch-systemisch bedingt, und dies zunächst einmal unabhängig von einem islamischen Kulturverständnis, denn analoge Beispiele aus nicht-islamischen Gesellschaften finden sich zuhauf.

Auffallend und nicht von der Hand zu weisen ist, daß den Frauen in islamischen häufiger als in anderen Staaten Gleichheit vor Gott, aber keine Gleichheit in der Gesellschaft zugebilligt wird.[16] Ein großer Streitpunkt unter Musliminnen liegt darin, daß die Definition dessen, was »gut« ist für die Frau, nicht eindeutig erfolgen kann. In der Frage etwa, ob erlaubter Polygamie eine Schutz- oder eine Unterdrückungsfunktion inhärent ist, unterscheiden sich die Meinungen ganz erheblich. Während eine Strömung von Frauenrechtlerinnen argumentiert, daß Polygamie aus islamischer Perspektive erlaubt und gefördert werden sollte, weist eine andere diese Einstellung weit von sich und fordert die Abschaffung des männlichen Rechts auf mehrere Ehefrauen. Die pro-Polygamie-Vertreterinnen[17] stellen die Bedingungen heraus, die für die Heirat mit bis zu vier Frauen erfüllt sein müssen. Die wichtigste davon ist, daß eine Heirat mit einer zweiten, dritten oder vierten Frau der Zustimmung der betroffenen Frauen bedarf. Keine Frau könne gegen ihr Einverständnis zur Akzeptanz von Polygamie gezwungen werden.[18] In der Tat finden sich in muslimischen Staaten Zweitehen-Arrangements, die mit ausdrücklicher Billigung der ersten Ehefrau erfolgt sind. Oft handelt es sich dabei um die Frauen reicher Geschäftsleute, die lieber ihr eigenes, unabhängiges Leben führen wollen und deshalb dem Mann zubilligen, eine zweite Frau zu ehelichen und lediglich eine gute finanzielle Unterstützung für sich einfordern. Allerdings stellen solche Arrangements eher die Ausnahme dar. Es gibt mehr Fälle, in denen die Zustimmung der Erstfrau auf Druck geschieht, beispielsweise weil eine Scheidung für sie ein Leben in unwürdigen wirtschaftlichen und sozialen Verhältnissen bedeuten würde. Dennoch sind die Stimmen der Befürworterinnen von Polygamie deutlich vernehmbar – nicht zuletzt aufgrund der scharfen Kritik, die sie an international bekannte Polygamie-Gegnerinnen wie die ägyptische Schriftstellerin Nawal El-Saadawi richten. Nawal El-Saadawi, Fatema Mernissi, Nadje Al-Ali und andere mehr sind vor allem auch in westlichen Ländern bekannt gewordene Verfechterinnen einer Revision islamischer Traditionen.[19] Sie stellen unter anderem die plausible Frage, warum in der gängigen Auslegung der islamischen Quellentexte nur auf die Pflicht der Frau, sich sexuell zu zügeln, verwiesen wird, nicht aber vom Mann verlangt wird, seine sexuellen Begierden unter Kontrolle zu halten und sich mit einer Ehefrau zu begnügen.[20] Befürworterinnen der Polygamie weisen diese Frage strikt zurück mit dem Argument, Polygamie sei keine Institution, die dem Mann erlaube zu handeln, wie ihm beliebt, sondern stelle eine große Verantwortung dar, weil alle Ehefrauen gleich behandelt und beschützt werden müßten.[21] Das Thema birgt also genügend

Aspekte für eine äußerst kontroverse Diskussion unter muslimischen Frauen. So divers wie die Argumente und ihre wissenschaftlichen, religiösen oder einfach gewohnheitsmäßigen Begründungen, so unterschiedlich zeigen sich auch die Trägerinnen von Fraueninitiativen und -organisationen, die sie vertreten und in der Öffentlichkeit vorbringen. Das Thema Frau im Islam kann und wird von unzähligen Frauen und Männern in zahlreichen muslimischen Gesellschaften im Osten wie im Westen auf unterschiedlichste Art und Weise behandelt. Wenn über etwas Einigkeit besteht, dann, soweit zumindest eine vorläufige Beobachtung, über die für islamische Feministinnen sehr ungünstige Ausgangslage, daß die in einem islamischen politischen und gesellschaftlichen System maßgeblichen Interpretationen der Quellentexte nach wie vor von Männern vorgenommen werden.

Islamischer Fundamentalismus

Für die Wahrnehmung der Themen islamischer Extremismus, islamischer Fundamentalismus und Islamismus gelten analoge Befunde wie für das Thema Frau. Westliche Kritiker und islamische Fundamentalisten decken sich erstaunlicherweise in der Aussage, daß es im Islam keine Trennung zwischen Religion und Staat gebe. »Beide führen das gleiche Argument an; die einen positiv, die anderen negativ. Beide argumentieren aber ähnlich und sagen, daß dies in der islamischen Offenbarung geregelt sei und daß die islamische Offenbarung sowohl das jenseitige wie das diesseitige Lebensverhältnis des Menschen regele.«[22] Diese Beobachtung des Islamwissenschaftlers Reinhard Schulze dient als Beispiel dafür, daß bestimmte Begriffe, die als zentrale, konstitutive Elemente von Islam gesehen werden, leichtfertig mit einer zeitlosen Definition versehen werden. Dabei wird übersehen, daß bestimmte Fragen in bestimmten Epochen von Bedeutung waren, sich aber in der heutigen Zeit überhaupt nicht mehr stellen. Die Trennung von Religion und Staat etwa war im Westen wie auch anderswo eine Frage des 18. und 19. Jahrhunderts. »Selbst in unserer eigenen Tradition«, so Schulze, »würden wir ja nie auf die Idee kommen, diese Frage rückwirkend oder rückblickend für eine Zeit zu stellen, wo diese Frage überhaupt nicht gesellschaftlich gestellt wurde.«[23] Das Postulat, daß »im Islam« Religion und Staat eine Einheit bildeten, kann aus der islamischen Geschichte nicht begründet werden; es gibt auch kein Dogma, das eine solche Einheit vorschreiben würde.[24] Es wurde erst dann eine Einheit reklamiert, als sich – wie in Europa auch – die staatliche Herrschaft von der religiösen Autorität zu lösen suchte. Die islamischen Gesellschaften sind heute säkularisiert und kennen natürlich die Trennung von Religion und Staat. Sie waren schließlich vom globalen Prozeß der Moderne und der Aufklärung nicht abgekoppelt. Aus der Tatsache, daß Religion in islamischen Gesellschaften auch heute eine Rolle spielt, kann man schwerlich die Folgerung ableiten, sie hätten eine Säkularisierung »verpaßt«. Ein Blick auf die Rolle von Religionen in westlichen Staaten wirkt in dieser Hinsicht hilfreich. Könnte man den Niedergang des realsozialistischen Systems der DDR erklären, ohne die Bedeutung der christlichen Kirche zu erwähnen? Die Frage, die sich zu Recht stellen läßt, ist die nach der Funktion von Religion in einem Staat. Seit der universalen Akzeptanz des Konzeptes »Nationalstaat« als identifikativem Bezugsrahmen für politische und gesellschaftliche Ordnung innerhalb eines gegebenen Territoriums sind zumindest die großen Universalreligionen[25] zu staatstragenden Ideensystemen geworden. Sie sind in jedem Staat, dessen Bevölkerung mehrheitlich einer Religion angehört(e), in irgendeiner Weise mit der politischen und philosophischen Ideengeschichte verknüpft, mit den sich daraus speisenden Vorstellungen von Rechtsstaatlichkeit sowie mit den Werten, die in Verfassungen zu dem gerinnen, was als gesellschaftlicher Konsens bezeichnet wird. Insofern treten auch Religion und Gewalt, sei es staatliche oder nicht-staatliche Gewalt, in eine Beziehung zueinander. Die Gewalt der Taliban in Afghanistan wurde religiös begründet und bekräftigte dadurch einmal mehr den Eindruck, Gewalt, Fundamentalismus und Islam seien originär miteinander verknüpft. Der Zusammenhang besteht freilich in der Ideologisierung von Religion, mittels derer Gewalt und fundamentalistische Glaubenswahrheiten legitimiert werden. Ideologien entwickeln schnell eine transnationale Anziehungskraft, so daß ein Netzwerk wie die seit dem 11. September 2001 in aller Welt bekannte Gruppe Al-Qaida sich über Staatsgrenzen hinweg zu organisieren vermag. Die Polarisierung von Islam und Westen ist ohnehin zu einem hegemonialen Sichtmuster der internationalen Beziehungen geworden. Der Eindruck drängt sich dadurch noch leichter auf, daß die islamische Welt anfälliger für Ideologisierung und religiösen Fundamentalismus sei als die westliche, ja, daß diese Anfälligkeit »in der Natur des Islam« liege. Säkulare und ideologiekritische Strömungen innerhalb der islamischen Welt werden hingegen kaum zur Kenntnis genommen. Das Bild vom Westen präsentiert sich genau umgekehrt. Der »hegemoniale Liberalismus«[26], der sich in der politischen Kultur der Vereinigten Staaten von Amerika entwickelt und als Ideensystem weite Teile der westlichen Welt erfaßt hat, bleibt in Diskussionen über Ideologien und Fundamentalismen meist unbeachtet. Selten wird die Frage aufgeworfen, woher die Überzeugung kommt, daß dieser Liberalismus der ganzen Welt heilbringend beigebracht werden müsse. Woher kommt die Wirkungsmacht dieser Überzeugung, dieses Glaubens, in der politischen Kultur? Ein Grund dafür mag darin liegen, daß liberalistisch motivierte politische Gewalt (z.B. die »Befreiung Kuwaits« im zweiten Golfkrieg) sich in westlichen Ländern in der Regel auf den humanitären Maßstab der Gesellschaften stützt. Eine religiöse Rhetorik tritt nur mittelbar in Erscheinung, etwa in den Begrifflichkeiten von »gut« und »böse«. Aussagen wie »Die Gewalt des Christentums ist, Nordirland ausgenommen, Geschichte. Die Gewalt des Islam ist Gegenwart« in einem Leitartikel einer großen deutschen Tageszeitung sollten nachdenklich stimmen.[27]

Koranschulen und soziale Bindungen

Die Wahrnehmung von islamischen sozialen Netzwerken und Fürsorgesystemen vor allem in wirtschaftlich unterentwickelten Gesellschaften steht etwas abseits der oben diskutierten Themen. Sie ist noch mehr von Unkenntnis gekennzeichnet als die Medienhits »Unterdrückung der Frau« und »Fundamentalismus«. Die islamischen Organisationen und sozialen Netzwerke, die neben materieller Hilfe auch ein Gefühl von spiritueller Geborgenheit vermitteln, werden lobend erwähnt, wenn sie karitative Zwecke erfüllen. Skepsis rufen Einrichtungen hervor, die den Eindruck von harscher Indoktrination erwecken, so etwa die Koranschulen für muslimische Jungen in Pakistan.[28] Bilder solcher Einrichtungen, die an Paukschulen mit extrem autoritärem Erziehungsstil erinnern, liefen nicht erst seit dem 11. September 2001 über die Fernsehkanäle der Welt. Im Unterschied zu solchen Indoktrinierungsanstalten bieten vielerorts und vor allem in den ländlichen Regionen Koranschulen die einzige Möglichkeit einer umfassenden Alphabetisierung, die sich auch arme Familien leisten können. Einer der berühmtesten und als islamischer Reformer gewürdigten Schriftsteller Ägyptens, Taha Hussein, begann seine »Karriere« als Kind in einer ländlichen Koranschule.

Insgesamt gestaltet sich das westliche Bild von islamischen Sozial- und Erziehungseinrichtungen recht diffus. Je nach verwendeter Begrifflichkeit ist die Assoziation positiv oder negativ. Beim Begriff Koranschule ist sie in erster Linie negativ. Ebenfalls diffus wird das Bild, wenn es um staatliche oder halbstaatliche soziale Sicherungssysteme geht. Daß es eine »Almosensteuer« im Islam gibt, ist durchaus bekannt. Ihre Funktion, ihre Erhebung und Verwendung in modernen islamischen und/oder muslimischen Staaten bleibt hingegen weitgehend unbeleuchtet. Allein ihre Subsumierung unter bekannte Kategorien wie »soziale Sicherungssysteme«, »Finanz- und Wirtschaftssysteme« oder »Sozialfonds« ist in der alltäglichen Medienberichterstattung selten zu finden. Statt dessen werden »Almosensteuer«, »Pilgerfahrt« und »Zinsverbot« mit einer religiösen Aura versehen, die es erschwert, funktionale Äquivalenzen zu Systemen in anderen Ländern zu erkennen. Dabei unterliegt die Entrichtung der »Almosensteuer« heute weitgehend einer staatlichen fiskalischen Regelung,[29] ist der logistische und finanzielle Organisationsaufwand für die Pilgerreise nach Mekka zu einem wirtschafts- und verwaltungspolitischen Auftrag ersten Ranges geworden[30] und hat das Zinsverbot im islamischen Banksystem längst seine Alternativen gefunden, um es kompatibel mit dem internationalen Finanzgeschehen zu machen.[31] Die Pilgerreise ist kein obligatorischer »Ausflug« einiger frommer Muslime in ein anderes Land, sondern hat sich zu einer religionstouristischen Massenveranstaltung entwickelt, die nur noch über die Kontingentierung von Reisetickets für einzelne Staaten bewältigbar ist. Über die Funktionsweise, Effektivität, Effizienz und Prinzipien der Planung, Organisation und Implementation von Maßnahmen im Rahmen der Steuer-, Sozial- und Wirtschaftspolitik, über ihnen zugrunde liegende »Philosophien« und vieles andere mehr kann trefflich diskutiert werden. Trotz dieser Gegebenheiten, die sich mit aktuellem Vokabular zur ökonomischen und politischen Steuerung von Staaten beschreiben und analysieren lassen, wird das Bild davon nach wie vor anachronistisch gezeichnet. Allein die Vorstellung, als muslimische Bürgerin mit einem bedauernden Blick angeschaut zu werden, läßt einen daher erschauern. Gleiches gilt für die Skepsis in den Gesichtern, wenn moderne Muslime nicht in dem Outfit auftreten, das man im Westen von ihnen erwartet: Ob es sich wohl um »wirkliche Muslime« handelt?

Fatal pauschal

»Islam auf eine simple und statische Deutung zu reduzieren, die mit Modernität gleichgesetzt werden kann oder nicht, trifft nicht den Punkt, über den es zu sprechen gilt. Worüber man allerdings sprechen kann, sind die muslimischen Gesellschaften, die nun einmal eine zentrale Komponente dieses mannigfaltigen Objektes darstellen, das wir als Islam bezeichnen.«[32] Diese Aussage des muslimischen malaysischen Politikwissenschaftlers Farish Noor trifft ziemlich genau den Punkt, über den es beim Thema Feindbild Islam zu sprechen gilt. Islamische und/oder muslimische Gesellschaften und Gemeinschaften weisen sowohl rückwärtsgewandte, vormoderne Elemente auf als auch progressive, postmoderne Züge. Neo-feudale politische Strukturen und Herrschaftsmethoden, konservative Gelehrte und ideologisierte Fundamentalisten sind Merkmale der islamischen Zivilisation ebenso wie postmoderne Ideen von einer grenzenlosen Welt, flexible oder fragmentierte Identitäten, überlappende Vorstellungen und rivalisierende Diskurse. Die islamische Zivilisation und ihre Gesellschaften sind komplex, heterogen, plural. Ihre Pluralität unterscheidet sich in keiner Weise von der Pluralität nicht-islamischer Gesellschaften, auch wenn bestimmte konstituierende Merkmale aus anderen Quellen als denen der westlichen Ideen-, Wissens- und Religionsgeschichte requiriert werden. Für Muslime in den modernen, säkularisierten Gesellschaften der islamischen Welt muß es wahrlich ein seltsames Gefühl sein, eindimensional als religiöser oder areligiöser, »typischer« oder »atypischer« Muslim wahrgenommen zu werden. Für Menschen in muslimischen Gesellschaften ist es eine Selbstverständlichkeit, von einer existierenden Pluralität auszugehen, die sich bisweilen auch im äußeren Erscheinungsbild abbilden kann, aber nicht muß. Für den Sultansberater aus Brunei war es eine Selbstverständlichkeit, die indisch gekleidete Wissenschaftlerin zu fragen, ob sie vielleicht Muslimin sei. Für viele andere und insbesondere für westliche Akteure im internationalen Geschehen hätte sich diese Frage nicht gestellt. Denn wer Muslim ist, sieht »irgendwie auch danach aus«. Initiativen gegen die Bedienung von Klischees, Stereotypen und Pauschalurteilen sind meist nur einer kleineren, interessierten Öffentlichkeit bekannt.[33] Deshalb gilt leider auch nach den zahlreichen Anstößen zu Dialog und gegenseitigem Kennenlernen, die im Fahrwasser des 11. September 2001 die islamische und die nicht-islamische Welt heimsuchten, die Feststellung Gernot Rotters: »Im Westen wertet man den Islam pauschal.«[34] Er trifft wahrscheinlich punktgenau die Wunde in der Befindlichkeit von pauschal in ein Sichtmuster gedrückten Muslimen. In der Pauschalisierung liegt ein sehr großes, wenn nicht das wesentliche Problem unserer Betrachtung des Islam. »Und damit das, was das Feindbild ausmacht.«[35] Mehr gibt es kaum zu sagen. Tragisch ist, daß man es überhaupt sagen muß.

Petra Kappert

Europa und der Orient

»Europa und der Orient« war der Titel einer spektakulären Ausstellung im Berliner Gropius-Bau 1989, in der in einer Monumentalschau künstlerische Objekte aus 1100 Jahren von der Anziehungskraft des Orients auf die Phantasie des Abendlands kündeten.

In diesem Beitrag soll es in ganz beschränkter Akzentuierung ebenfalls um den Einfluß des Orients auf den Okzident – und umgekehrt – gehen. Stellt sich die Frage nach diesem engen, wenngleich ambivalenten Verhältnis doch bis in unsere Gegenwart, da man sich aus Anlaß des zweiten Golfkriegs oder des Zusammenbruchs des Kommunismus hierzulande neue Feindbilder sucht und konstruiert – und ein solches beispielsweise im islamischen Fundamentalismus bereits ausgemacht zu haben glaubt.

Wir wollen uns in unseren Ausführungen auf drei, wie uns scheint, wichtige und doch nicht gleichermaßen bekannte Aspekte beschränken; zum einen auf das europäische Konstrukt vom *imaginären* Orient als einer erträumten »Gegenwelt« zum Westen, das Dichter und Schwärmer vornehmlich des 19. Jahrhunderts erdacht haben und ihrer eigenen Realität entgegensetzten. Sodann soll, wohl weniger bekannt, am Beispiel der Rezeption von Ideen der Französischen Revolution im Osmanischen Reich und Ägypten – den beiden Ländern des islamischen Orients, die als erste im 19. Jahrhundert »Verwestlichungserscheinungen« erkennen ließen – dargestellt werden, auf welchem Wege zentrale Begriffe europäischen Denkens – etwa *Freiheit* vorsichtig, gegen große Widerstände adaptiert wurden. Und schließlich drittens, wie gerade in Deutschland um die Jahrhundertwende die Schwärmerei vom »Traumorient« der teutonischen Wunschvorstellung weicht, »im Oriente endlich mit dabeizusein« – als Zuchtmeister, versteht sich.

»Es gibt keinen Orient«, hat der Islamkenner und Orientalist Maxime Rodinson einmal formuliert[1]. Es gibt, so könnte man hinzufügen, nicht *den* Orient, der sich bei heutiger wissenschaftlicher Betrachtung als eine Einheit von Völkern, Ländern, Regionen, Gesellschaften und Kulturen mit gemeinsamen (dauerhaften oder vorübergehenden) Merkmalen darstellte. Das Bild des Orients aus der Sicht des Okzidents war im Laufe der historischen Entwicklung der Beziehungen »zwischen Abendland und Morgenland« vielfachen Wandlungen und Akzentuierungen unterworfen und ist es bis heute. Seit der mediterrane Orient kulturell und politisch maßgeblich von der muslimischen Religion geprägt ist, also seit dem 8. Jahrhundert, gilt der Faktor *Islam* als das einigende, bestimmende Element, das die Europäer bei ihrer Einschätzung der Region als »einheitliches Ganzes« bestärkt hat.

Zwischen dem 10. und dem 14. Jahrhundert beeinflußte die islamische Welt das westliche Europa nachhaltig. Sie hatte, auch mit Hilfe von orient-christlichen und jüdischen Übersetzern und Gelehrten, das Wissen der Antike tradiert und weiterentwickelt. Europa sollte erst ab dem 10. Jahrhundert daran teilhaben und schließlich, darauf aufbauend, die moderne Natur- und Geisteswissenschaft begründen. Das in der arabischen Welt aufbewahrte Wissen der Antike gelangte durch die Vermittlung syrischer, arabischer und jüdischer Übersetzer und Kommentatoren zwischen dem 10. und 13. Jahrhundert nach Europa[2]. Aber auch Nachrichten vom sagenumwobenen Reichtum des Orients finden sich in den Quellen des christlichen Mittelalters.

Seit dem 15. Jahrhundert war die Bedeutung der islamischen Welt für Europa weniger von einer direkten kulturellen Beeinflussung als vielmehr von dem Bewußtsein einer politisch-militärischen Bedrohung gekennzeichnet. Mit dem Untergang des Byzantinischen Kaiserreiches und der Etablierung der Osmanenherrschaft auf seinen Trümmern im ehemaligen Konstantinopel 1453 sowie deren Ausweitung über den Balkan bis vor die Tore Wiens erhielt der Orient für Europa vornehmlich ein »türkisches Gesicht«, das – von Luther so interpretiert – die Züge des apokalyptischen Antichristen trug und Schrecken, Barbarei und eine neue Religion »mit Feuer und Schwert« verbreitete. Eine Flut von Traktaten und Flugblättern kündet von Türkenfurcht und -feindbild bis tief in das 17. Jahrhundert insbesondere im deutschsprachigen Mitteleuropa[3].

Von allen Ländern des Vorderen Orients hatte die Türkei über Jahrhunderte den unmittelbarsten politischen, militärischen und ökonomischen Kontakt mit dem Westen. Nach der Eroberung auch des arabischen und nordafrikanischen Raumes (über Syrien, Palästina und Ägypten durch Tunesien und Algerien) hatten die Osmanen im 16. Jahrhundert die Vormachtstellung im Mittelmeerraum erlangt und prägten der gesamten Region den Stempel ihrer Herrschaft auf (seit 1517 beanspruchte der Sultan in Istanbul auch die Kalifenwürde, d. h. den Titel des geistlichen Oberhaupts aller sunnitischen Muslime).

Der Orient als Traumwelt

In Europa konnte die Verklärung des Orients zu einer romantischen Traumwelt erst nach der Abwehr der zweiten Türkenbelagerung Wiens (1683) und der kontinuierlichen Zurückdrängung der Osmanenherrschaft im 17. und 18. Jahrhundert entstehen, als der einst übermächtige Gegner seinen Schrecken zu verlieren begann. Das düstere Bild vom bedrohlichen Orient des Mittelalters begann sich in den westlichen Vorstellungen des 18. Jahrhunderts, dem Zeitalter der Aufklärung, allmählich aufzuhellen, zum Teil zu verklären.

»Tout est galant, traitable et gracieux«, so beschreibt La Fontaine 1750 in einer Ballade das heitere Leben im fernen Osmanischen Reich, das er gekennzeichnet hält von Wohlleben und Luxus, märchenhafter Prachtentfaltung, schrankenlosem Genuß, blauem Himmel und mildem Klima[4] – der Orient als eine ferne Provinz des bucolischen Rokoko.

Zwischen 1704 und 1717 hatte der französische Orientalist Jean-Antoine Galland seine Übersetzung der »Erzählungen aus Tausendundeiner Nacht« herausgegeben. Dieser Einblick in die orientalische Lebenswelt, auch hinter die verschlossenen Türen geheimnisvoller Frauengemächer, beflügelte fortan die Phantasie an europäischen Fürstenhöfen und in den Salons der Gebildeten. Aber auch der Gedanke von der »Gleichheit der natürlichen Anlagen aller Menschen«, der von einem »aktiven Optimismus, der wahren Religion der Aufklärung« verbreitet wurde, wie es Rodinson formuliert[5], führte zu einer teilweisen Revision der Vorbehalte gegenüber einer »barbarischen« islamischen Welt, wie sie noch das Mittelalter bestimmt hatten. Die Muslime waren für viele Europäer des 18. Jahrhunderts Menschen, deren Sitten und Gebräuche es zu entdecken galt und die den Christen »moralisch« durchaus ebenbürtig sein konnten.

Gleichzeitig entwarfen aber die Vertreter der Aufklärung auch das Gegenbild: die orientalische *Despotie*. Dieses sollte fortan genau wie das Phantasiegebilde von der märchenhaft-exotischen islamischen Welt im westlichen Denken Bestand haben. Montesquieu und Voltaire kritisierten den Orient als Ort der Gegenaufklärung, der, regiert von grausamen Despoten mit unumschränkter Gewalt über ihre Untertanen, das Bild eines sich wandelnden Okzidents um so vorteilhafter erstrahlen ließ. Die Vorstellung von der orientalischen Despotie trägt in dieser Definition die Züge eines »fremdartig-exotischen *männlichen Genres*«[6], eine Einschätzung, die im Europa des 19. Jahrhunderts einem grundlegenden Wandel unterzogen wurde.

Bereits seit seinen Jugendjahren – er entwarf mit 23 Jahren eine Tragödie, die das Leben des Propheten Muhammad zum Thema hatte – fühlte sich auch Johann Wolfgang von Goethe von der Fremdheit und gleichzeitigen Nähe der islamischen Kultur angezogen. Sein Interesse konzentrierte sich dabei vor allem auf die Frage nach dem Wesen der orientalischen Dichtung und nach den Bedingungen, unter denen sie hatte entstehen können.[7] 1814 hatte er das dichterische Gesamtwerk des mittelalterlichen persischen Dichters Hafis (st. 1389) in der Übersetzung des Orientalisten J. von Hammer-Purgstall kennengelernt und nahm sie zum Vorbild für sein eigenes Schaffen: 1819 erschien sein »West-östlicher Divan« mit einem »Noten und Abhandlungen« betitelten Prosateil, in dem sich Goethe mit seinen Studien zur orientalischen Poesie an die Öffentlichkeit wandte. Man hat immer wieder betont, wie sehr ihn die vielschichtige Dichterpersönlichkeit Hafis' interessiert habe. Darüber hinaus ist es aber sein Orientbild, das eine weitere Facette der europäischen Einschätzung der islamischen Welt im frühen 19. Jahrhundert bietet: Der Orient war in Goethes Augen eine »frische, einfache Region«, wobei ihm die längst vergangene Welt der Beduinen in ihrer »Ursprünglichkeit« als markantestes Beispiel diente[8]. Er bewunderte die ihm im Orient vorherrschend erscheinenden »sittlichen Grundsätze«, dargestellt an »fester Anhänglichkeit an Stammesgenossen, Ehrbegierde, Tapferkeit, unversöhnlicher Rachlust gemildert durch Liebestrauer, Wohltätigkeit, Aufopferung, sämtlich grenzenlos«. Die Forderungen des Propheten Muhammad, in dem er auch den Poeten schätzte, nötigten ihm bei genauerem Studium Verehrung ab: sie seien den praktischen Bedürfnissen einer Nation durchaus gemäß[9]. Demgegenüber empfand er seine europäische Gegenwart als »ausgebildet, überbildet, verbildet, vertrackt«. Sie erschien ihm »zu trocken, geregelt und prosaisch«.[10]

Auch seine Einschätzung der *Despotie* im Orient fiel durchaus nicht so düster aus wie bei vielen Autoren des 18. Jahrhunderts, vor allem erkannte er in ihr Vorteile für das Dasein des Dichters: »Am Hof, im Umgang mit Großen, eröffnet sich dem Dichter eine Weltübersicht, derer er bedarf, um zum Reichtum aller Stoffe zu langen.« So verteidigte er »die Despotie«, sie schaffe große Charaktere: »kluge, ruhige Übersicht, strenge Tätigkeit, Festigkeit, Entschlossenheit, alles Eigenschaften, die man braucht, um den Despoten zu dienen, entwickeln sich in fähigen Geistern und verschaffen ihnen die ersten Stellen des Staats, wo sie sich zu Herrschern ausbilden«[11].

Katharina Mommsen betont, seit Goethe sei es »in Europa üblich geworden, beide Welten, die der Antike und die des Orients, als gleichberechtigt nebeneinander zu sehen«. Allerdings entgeht dem heutigen Betrachter nicht, daß dem deutschen Dichterfürsten, ebenso wie vielen nachfolgenden Poeten der Romantik, die idealisierte, bereits lange vergangene Welt des »klassischen Orients« – der arabisch-beduinischen Frühzeit oder des persischen Mittelalters, in dem Hafis lebte – bedeutend näher war als der *reale Orient* ihrer Zeit. Die Verklärung der mythischen islamischen *Vergangenheit* äußerte sich bei ihnen in einer Schwärmerei für die »unverbrauchte Sittlichkeit« einer imaginären archaischen Frühzeit und kontrastierte darin lebhaft mit der eher negativen oder gleichgültigen Bewertung des *zeitgenössischen* Orients, das heißt der vorherrschenden politischen Macht des Osmanischen Reiches, das ja das »klassische arabische Erbe« in den Ursprungsgebieten des Islams im 19. Jahrhundert noch »unterjocht« hielt.

Keiner der von dem romantischen »Orientfieber« erfaßten europäischen Dichter richtete in der ersten Hälfte des 19. Jahrhunderts sein Augenmerk auf die poetischen Erzeugnisse seiner Gegenwart, die türkisch-osmanische Literatur. Übersetzt, nachempfunden und kommentiert wurden die »unverdorbenen« persischen und arabischen Werke der islamischen Frühzeit, deren »Konsum« man anscheinend erst aus einem größeren historischen Abstand für empfehlenswert hielt.

Ein guter Kenner aller drei »islamischen Literaturen«, der Orientalist G. Flügel, gab 1834 darüber hinaus aber noch einen weiteren plausiblen Grund für das nicht existierende Interesse der Abendländer an den kulturellen Leistungen der realen osmanischen Gegenwart an: »(für die türkische) fiel die die beiden anderen orientalischen Sprachen auffordernde Ursache zum Studium derselben weg: Man hatte nämlich keine alte türkische Übersetzung der *Heili-*

gen Schrift (die Bibel), konnte also für die Erklärung der letzteren nichts aus dem Verständnis des Türkischen gewinnen.«[12] Der Hinweis auf mangelnde Bibelübertragungen (sie fehlten im übrigen nicht gänzlich) als Grund für das europäische Desinteresse an der türkischosmanischen Sprache und Dichtung mag durchaus als ein Motiv so manchen (Anfang des 19. Jahrhunderts) nachaufklärerisch christlich-frommen Romantikers ernst genommen werden.

Goethe hatte in seinen »Noten und Abhandlungen« seine universalistische Religionsauffassung noch mühelos auf den Islam ausdehnen können, indem er schrieb: »Das eigentliche, einzige und tiefste Thema der Welt- und Menschheitsgeschichte, dem alle übrigen untergeordnet sind, bleibt der Konflikt des Unglaubens und Glaubens. Alle Epochen, in welchen der Glaube herrscht, unter welcher Gestalt er auch wolle, sind glänzend, herzerhebend und fruchtbar für Mitwelt und Nachwelt. Alle Epochen dagegen, in welchen der Unglaube, in welcher Form es sei, einen kümmerlichen Sieg behauptet, und wenn sie auch einen Augenblick mit einem Scheinglanze prahlen sollten, verschwinden vor der Nachwelt, weil sich niemand gern mit Erkenntnis des Unfruchtbaren abquälen mag.« Er plädierte für eine Art »skeptischer Beweglichkeit« angesichts aller Dogmatik und Abgrenzung; wollte er doch, wie man ihn später interpretierte, »weder den Osten noch den Westen darstellen, sondern den Menschen, den er hier wie dort intuitiv entdeckte«.

Die nachfolgende Generation der europäischen orientinteressierten »Dichter und Denker« stand oftmals, wie zu zeigen sein wird, bei der Formulierung ihres Orientbildes viel stärker unter dem Einfluß der aktuellen Tagespolitik als die distanzierten Vertreter der Aufklärung im 18. Jahrhundert mit ihrem abgehobenen, idealisierenden Ansatz von Orient- oder Islamkritik.

Die französische Besetzung Ägyptens und ihre ideologischen Folgen in Europa

Am 2. Juli 1798 landete ein französisches Expeditionskorps von dreißigtausend Mann unter dem Kommando von Napoleon Bonaparte in Ägypten. Alexandria fiel nach geringem Widerstand noch am selben Tag, und schon drei Wochen später besetzten Napoleons siegreiche Truppen die Hauptstadt Kairo. Den Franzosen ging es vor allem darum, das britische Empire im Zuge der Auseinandersetzungen der französischen Republik mit England an einem seiner empfindlichsten Punkte zu treffen: der Verbindung des Mutterlandes mit Indien. Doch Napoleons Ambitionen reichten weiter: Er träumte von der Errichtung eines großen orientalischen Reiches, unter Einschluß Indiens.

Dieser Feldzug bildete den Auftakt zu der Periode kolonialer Interessen in den Gebieten des Vorderen Orients und war eine zunächst erfolgreiche Attacke gegen das geschwächte Osmanische Reich, unter dessen nomineller Oberhoheit Ägypten noch stand. Zwar brachte kurz darauf die Landung der verbündeten anglo-osmanischen Streitkräfte die militärische Wende und den Sieg über die französische Flotte bei Abukir sowie 1801 den Abzug der Franzosen aus Ägypten, doch stellt dieses französische Abenteuer eine tiefe Zäsur in den politischen und kulturellen Beziehungen zwischen Europa und dem Orient dar. Aus abendländischer Sicht schien sich Napoleon – und damit das noch von den Umwälzungen der Revolution geprägte Frankreich – mit dem Griff nach Ägypten zu dem nach »der Weltherrschaft« entschlossen zu haben. Für die islamische Welt – in erster Linie natürlich für die Osmanenmacht – bedeutete dieser Übergriff einer westlichen Armee auf ein islamisches Kernland einen Schock und stiftete Panik und Verwirrung unter einer Bevölkerung, die sich während der gesamten Osmanenherrschaft nie einer europäischen Bedrohung ausgesetzt gesehen hatte.

»Die erste Kavallerie des Morgenlandes, vielleicht der ganzen Erde«, wie der französische Chronist des Unternehmens, Dominique Virant Denon, in seiner Beschreibung der »Schlacht bei den Pyramiden« triumphierend vermerkt: »der Stolz der Mamluken scheiterte an den Bajonetten unserer Infanterie. Ein kleiner Haufen Franzosen unter Führung eines Helden hatte soeben einen Erdteil erobert, ein Reich bekam einen anderen Herrn.«[13] Das politische Geschick General Bonapartes – er durchbrach im August 1799 heimlich, seine Truppen zurücklassend, die englische Seeblockade und kehrte wie ein Sieger nach Frankreich heim – und die bereits 1802 in luxuriösen Ausgaben[14] erscheinenden, prächtig illustrierten Darstellungen der militärischen Taten und der kulturellen Schätze des »eroberten« Landes durch Denon verhalfen dazu, daß die schließlich eindeutige Niederlage Napoleons propagandistisch »vor der Weltöffentlichkeit« Europas und des Orients zu einem glanzvollen Sieg umgemünzt und Bonaparte als der »Bezwinger Ägyptens« gefeiert wurde.

Zu den vielen enthusiastischen Bewunderern dieses Unternehmens zählte auch Heinrich Heine. Noch zwanzig Jahre nach diesem Ereignis packte ihn in seinen »Englischen Fragmenten« die begeisterte Erinnerung daran: »(Napoleons) Name schon klingt wie eine Kunde der Vorwelt und ebenso antik und heroisch wie die Namen Alexander und Cäsar. Er ist schon ein Losungswort geworden unter den Völkern, und wenn der Orient und der Occident sich begegnen, so verständigen sie sich durch diesen einzigen Namen.«[15] Er entnahm den Biographen des Kaisers, dieser habe sich »die Achtung und Bewunderung eines großen Teils der einheimischen (ägyptischen) Bevölkerung verschaffen können« und ging so weit, nach Napoleons Tod im Exil 1821 diesem den »Rang eines weltlichen Messias« zu verleihen, als er schrieb: »Und Sankt Helena ist das heilige Grab, wohin die Völker des Orients und Occidents wallfahrten in buntbewimpelten Schiffen und ihr Herz stärken durch große Erinnerung an die Thaten des weltlichen Heilands!« Der liberale Intellektuelle Heine, der sich als »Freiheitskämpfer« und als »Freund der Revolution« verstand, die politischen Verhältnisse im konservativen Deutschland kritisch verfolgte und dortigen Antisemitismus nimmermüde anprangerte, hing bis zu seinem Tod mit schwärmerischer und, wie es scheint, naiver Begeisterung an seinem Idealbild Napoleon als dem völkerverbindenden Heilsbringer aus dem Westen und Vermittler zwischen Orient und Okzident.

Angesichts des in der Nachfolge des französischen Orient-Abenteuers in Europa ausbrechenden Ägypten-Fiebers begann Heine ebenfalls, sich für dieses Land stärker zu interessieren. Er plante auch eine Reise dorthin (weil ihm »die Obelisken in Paris nicht genügten«), die er aber nie antrat. Nicht anders aber als die meisten seiner europäischen Zeitgenossen pflegte er – abgesehen von seiner Euphorie vor allem für das imaginäre »antike« Ägypten – ein recht konventionelles Orientbild, das sich durch stereotype Vorurteile gegenüber dem realen Orient (in Gestalt der Osmanenmacht) und vager Schwärmerei für eine vergangene, poetische, unverdorbene »islamische Klassik« auszeichnete – wie sie schon zu Zeiten Goethes gehegt wurden.

Der Dichter und Publizist begeisterte sich kaum für den in ganz Europa glühenden »Philhellenismus« angesichts der griechischen

Unabhängigkeitsbestrebungen vom Osmanischen Reich in den zwanziger Jahren. Für Knittelverse von der Art: »Auf Stanbuls Wälle pflanzt das Glaubenszeichen!/ Der Halbmond muß dem Kreuze weichen./ Dem Griechen der Barbar«, die in den Tageszeitungen und Wochengazetten 1821 zuhauf erschienen, erwärmte sich der Jude Heine nicht, da er dem religiösen Aspekt der griechisch-türkischen Auseinandersetzungen indifferent gegenüberstand. Mit einer Tendenz, in der dem heiligen Kreuz, in dessen Namen die Andersgläubigen verachtet und nicht geduldet wurden, eine führende Rolle zugewiesen wurde und zu deren Anhängern sich Fanatiker und Demagogen aller Schattierungen rechneten, vermochte sich der junge, liberal gebildete und empfindliche Dichter nicht zu identifizieren, so der Heine-Forscher Fendri.[16]

Der griechisch-türkische Konflikt erschien dem Dichter eher als Teil des »Befreiungskrieges der Menschheit« im Rahmen von kosmopolitischen Fortschrittsideen. Der Gegner war für ihn selbstverständlich die Türkei: ein repressives, politisches Gebilde mit archaischen Herrschaftsstrukturen. Der religiöse Agnostiker beschränkte seine Türkenverachtung allerdings nicht auf die Verdammung der osmanischen Politik, sondern konstatierte bei »dem Türken« einen fanatischen Haß gegen Andersgläubige, ob Juden oder Christen: »Denn beide Sekten sind ihm verhaßt, er betrachtet sie beide wie Hunde und nennt sie auch mit diesem Ehrennamen ...« 1828, bei Ausbruch eines Krieges zwischen Rußland und den Osmanen, feierte er den russischen Zar Nikolaus I. als Rächer der Griechen, »Ritter von Europa, der die griechischen Witwen und Waisen schützt gegen asiatische Barbaren«. In dieser sehr zweifelhaften Einschätzung fehlt kein gängiges zeitgenössisches Klischee vom uneuropäischen, andersgläubigen Orient in realer türkischer Gestalt. Lediglich dem leicht nebulösen »Genius der Araber« bekundete Heine 1840 noch ein etwas herablassendes Wohlwollen, der sei »nie ganz erstorben, sondern nur im stillen Beduinenleben eingeschlafen. Diese Araber harren vielleicht nur des rechten Rufs, um schlafgestärkt wieder aus ihren schwülen Einöden hervorzustürmen wie ehemals«.

So wenig originell nun das Orientbild des Kosmopoliten Heine – im Vergleich mit seinen christlich-konservativromantischen Zeitgenossen – auch erscheinen mag, es sei doch ein gegenüber den älteren Vorstellungen des 18. Jahrhunderts auffallend veränderter Zug darin betont. So konnte man als Sinnbild jener früheren Auffassung vom

Orient den *Despoten* nennen, den zwar exotischen, aber doch gleichwertigen *männlichen* Gegner. Jener imaginäre Orient aber, der im 19. Jahrhundert – bei Heine, aber auch bei den Romantikern und später den Symbolisten – Gestalt anzunehmen begann, hatte seine aggressiv-bedrohlichen Züge weitgehend verloren. In der Dichtung bildete sich die Konzeption eines *weiblichen* Orients heraus – einer Traumwelt des Rausches, der ekstatischen Visionen und des Sinnengenusses, in der sich vor allem die Phantasie der grenzenlosen Macht des Mannes über den weiblichen Körper auslebte[17].

Dieser Interpretation entsprechend ist Heines poetischer Oriententwurf »weiblich« und dessen Symbol die ideale Geliebte in Gestalt einer »schönen, liebenden, sinnlichen Rose«; zu ihren Attributen zählen »Schweigen, Passivität, Kindlichkeit, Irrationalität und gefährliche Sinnlichkeit, zeitlose Ewigkeit und schließlich Leere, mit einem Wort Fremdheit«[18]. Den wirklichen Verhältnissen in den islamischen Ländern entsprachen diese Bilder vielleicht nicht, es sei denn in einem metaphorischen Sinne: Je ohnmächtiger sich der Orient seit dem 19. Jahrhundert, dem Zeitalter des Imperialismus, gegenüber den Expansionsbestrebungen des Okzidents zeigte, »desto mehr schien man geneigt, die Beziehung zwischen den beiden Hemisphären nach dem Modell vom *schwachen* und *starken Geschlecht* auffassen zu können«. Wenn es nach Hegel »das notwendige Schicksal der asiatischen Reiche« war, »den Europäern unterworfen zu sein ...«, erscheint damit bereits die Rolle des Orients als »passives Objekt der Eroberung« determiniert[19].

Ebenfalls von den Vorstellungen eines weiblichen Orients geprägt waren die Überlegungen der utopisch-sozialistischen Bewegung der Saint-Simonisten in den dreißiger Jahren des 19. Jahrhunderts, die sich von der »friedlichen Vereinigung des aktiven, rastlosen und dynamischen Okzidents mit dem passiven, in sich ruhenden Orient« allen Ernstes eine Art »Erlösung der Menschheit« versprachen. Zur Erfüllung dieser Zukunftsvision reisten einige von ihnen 1833 in den Orient (nach Istanbul und Ägypten), um dort nach einer »Mère suprême« oder einer weiblichen Inkarnation des Messias, einer »Femme-Messie« zu suchen, die an der Seite des »Père Suprême« Prosper Enfantin, dem quasi-religiösen Führer der Saint-Simonisten, thronen sollte, um mit ihm zusammen für das Heil der Menschheit in Ost und West zu wirken[20]. Der kuriose Plan scheiterte, da im Orient eine solche »Femme-Messie« nicht gefunden wurde, läßt aber den

Grad der Obsession erkennen, den der auf den Orient projizierte exotische Weiblichkeitswahn selbst in einer sozial-politischen Bewegung angenommen hatte, die Heinrich Heine lange als »die fortschrittlichste Partei der Emanzipation des Menschen« gegolten hatte[21]. In der Literatur und der Kunst sowie Musik des 19. Jahrhunderts haben viele mythische oder pseudohistorische Heroinnen, von Aida, Judith, Delilah bis zu Salome, die Faszination des imaginären Orients verkörpert, jeweils als ästhetische »Chiffre für die ›wilde‹, nicht domestizierte Menschheit«. Richteten Literaten, Maler und Musiker die traumhaften, phantastischen Wünsche und Erwartungen des Okzidents oft in eine ferne Vergangenheit, so gingen in der Tagespolitik (etwa der Saint-Simonisten) ähnliche Vorstellungen in »die Bestimmung der kolonialen Sphäre ein: Sie verfestigten sich zu einer am Modell des zeitgenössischen Geschlechterkampfes orientierten *Mythologie* des Imperialismus.«[22]

Bildungsreisende, Orientalisten und Archäologen des 19. Jahrhunderts hatten dennoch dem Bild der islamischen Länder »Elemente des Wahrscheinlichen« hinzugefügt, die neben den traumhaft-pittoresken Bilderwelten vermehrt auch Vorstellungen von einem authentischen und zeitgenössischen Orient beim europäischen Publikum nährten.

Als Meister der Gestaltung eines solchen trivialisierten, scheinbar »handfesten« Vorderen Orients ist Karl May (1842-1912) zu nennen, der in seinen vielbändigen Abenteuerromanen den »Wilden Westen« Amerikas ebenso wie den »Wilden islamischen Osten« der Türkei, Kurdistans und Arabiens unnachahmlich zu bannen wußte?[23] – zwar bar aller Schwüle, Erotik und zweideutigen Sinnlichkeit, dafür aber eindeutig in der Schlichtheit seiner Vorurteile und seines wilhelminisch-teutonischen Imponiergehabes (mit nicht nur anti-islamischen, sondern auch antifranzösischen, antibritischen und antisemitischen Tendenzen). Mays fiktive Darstellungen sollten den Anschein des Wahrscheinlichen vermitteln. Und doch sind auch sie Bilder eines »Orients der europäischen Selbstdarstellung« (K. U. Syndram)[24], Orte, wo Träume zu verwirklichen sind, für die »daheim« kein Platz ist. Unverwechselbar erscheint sein Morgenland-Szenario vor allem, weil es die Staffage für Gründerzeit-deutsches Sendungsbewußtsein und Kraftmeierei abgibt. Auch hier fungiert der Orient »als Bühnenbild für europäische (d. h. deutsche) Akteure und damit als Spiegel abendländischer Auffassungen«.

Die weitgehende Unfähigkeit und Unlust europäischer Beobachter, sich mit dem islamischen Orient und seinen realen Gegebenheiten, seinem zeitgenössischen Erscheinungsbild genauso auseinanderzusetzen wie mit seiner schwärmerisch idealisierten »mythischen« Vergangenheit, lassen sich durch das gesamte 19. Jahrhundert verfolgen. Die Projizierung eigener geistiger und politischer Entwicklungsprozesse sei es im positiven oder negativen Sinne – auf die »Gegenwelt« des Orients, der faszinierte, aber fremd blieb, »anders« schlechthin, markierte das widersprüchliche Verhältnis des Okzidents zum »Morgenland« seit dem 18. Jahrhundert; die Distanz gegenüber einer Region, die eben »nicht Europa« war, wurde nie aufgegeben. Die Selbstvergewisserung des Westens sei traditionell gegen den Osten, den Orient oder das Morgenland ausgerichtet und dort finde er bis heute seine Antithese, die ihm zu seiner Selbstbehauptung als führender Weltzivilisation verhelfe, so wurde diese europäische Grundhaltung noch kürzlich definiert[25]. Daß diese fundamentale westliche Konstruktion der Welt ihr analoges Gegenstück in der nahöstlichen Auffassung vom Abendland als »Gegen-Orient« findet, gilt als beinahe selbstverständliche Binsenweisheit. Auch hier nimmt man als gewiß an, daß die »orientalische« Identität nach eigenem Selbstverständnis hauptsächlich auf einer Antithese zum Westen basiere. Der in der islamischen Welt verspätete, im 19. Jahrhundert nur zögerlich einsetzende Modernisierungsprozeß sei erst der Konfrontation mit dem »aufgeklärten Westen« zu danken, einer oberflächlichen Verwestlichung der epochemachenden Invasion Napoleons und seiner Armee in Ägypten und ihren verheerenden Auswirkungen auf das Selbstverständnis des Osmanischen Reiches zuzuschreiben[26].

Die Modernisierungsphase des 19. Jahrhunderts

Der Islamforscher Bernard Lewis bezeichnet die *Französische Revolution* »als dasjenige Ereignis abendländischer Geschichte, in dessen Folge erstmals eine Flut europäischer Ideen die Barrieren zwischen dem Haus des Krieges – dem christlichen Europa – und dem Haus des Islams sprengen konnte, eine breite Aufnahme bei muslimischen Denkern und Führern fand und letztlich in mehr oder weniger starkem Maße alle Schichten der islamischen Gesellschaft erreicht hat«.[27]

Das 18. Jahrhundert war von einer Reihe von militärischen Reformversuchen im Osmanischen Reich gekennzeichnet (nach mehreren verheerenden Niederlagen in Kriegen mit Venedig, Österreich und Rußland), in denen mit französischer Unterstützung die Neuorganisation von Teilen der traditionellen Truppen unternommen wurde, etwa durch die Einführung neuer Trainingsmethoden für die Artillerie und die Einrichtung von Ingenieurschulen und mathematisch-naturwissenschaftlichen Ausbildungsstätten unter der Leitung französischer Instrukteure, die den Unterricht in ihrer Muttersprache mit Hilfe von Dolmetschern erteilten. Den allmählichen Zugang zu westlichen wissenschaftlichen Erkenntnissen und neuer Technologie erlangte man im Orient im Jahrhundert der europäischen Aufklärung vornehmlich durch die Vermittlung französischer Experten, Techniker und Militärs.

Es ist immer wieder betont worden, daß die verschiedenen Reformversuche in den Jahrhunderten des politischen und militärischen Niedergangs des Osmanischen Reichs nur »halbherzig« unternommen worden seien. Große Teile der staatstragenden Elite interpretierten die wachsende europäische Überlegenheit lediglich als eine des technischen Fortschritts und des Know-hows. Die geistig-ideologischen Wandlungsprozesse in den europäischen Staaten ignorierte man oder lehnte sie ab.

Als Ziel der Versuche, sich auf militärisch-technischem Gebiet mit westlichen Erkenntnissen und Methodik vertraut zu machen, wurde propagiert, mit wiedererlangten militärischen Kräften die Rückkehr zu dem »Goldenen Zeitalter« der Anfänge des Osmanenreiches und der ungebrochenen Überlegenheit eines islamischen theokratischen Staates zu bewirken.

So ist der Prozeß der technologischen Öffnung des Orients gegenüber Europa einerseits und der der geistig-politischen Hinwendung andererseits bis zum Jahre 1789 nicht etwa parallel, sondern zeitlich stark (um fast 100 Jahre) verschoben verlaufen. Vor allem eine, zeitlich etwa mit den Ereignissen der Französischen Revolution zusammenfallende Reform ist dann allerdings als Ausdruck einer, wenn auch verspäteten, Bereitschaft der osmanischen Staatsführung zu interpretieren, sich mit den militärisch meist siegreichen europäischen Ländern auch kulturell-politisch auseinanderzusetzen: die Umgestaltung einer bis dahin *unilateralen* osmanischen Diplomatie zu einer *reziproken*. Aus dieser bedeutsamen Veränderung in den zwischenstaatlichen Beziehungen ergab sich für die osmanische Regierung die Möglichkeit direkter und ständiger Informationen über die politischen Ereignisse in Europa, an der es bis in die neunziger Jahre des Jahrhunderts gemangelt hatte. Bis zu diesem Zeitpunkt hatte das osmanische Weltreich – wie auch früher alle anderen islamischen Staaten – auf die Einrichtung *ständiger* diplomatischer Vertretungen in den Hauptstädten auswärtiger Mächte verzichtet. Nach seinem durch das klassische islamische Staatskonzept geprägten Selbstverständnis empfand sich das Osmanische Reich – nach den Grundsätzen des religiösen Rechts in allen Bereichen bestmöglich geleitet – allen nichtislamischen Regierungsformen prinzipiell überlegen. Dauernde geregelte Beziehungen zwischen muslimischen und – so gesehen unterlegenen – nichtmuslimischen erschienen daher unnötig und der Anreiz für die Entwicklung ständiger diplomatischer Kontakte, wie sie in Europa seit der Renaissance üblich waren, gering. Aus gegebenen Anlässen gab es eine »Ad-hoc«-Diplomatie und einzelne Missionen nach Europa; der normale Verkehr wurde über die ständigen diplomatischen Vertretungen der auswärtigen Mächte in Istanbul abgewickelt; die sprachliche Vermittlung oblag den örtlichen christlichen Dolmetschern, kaum ein hoher osmanischer Beamter oder Würdenträger sprach bis dahin eine westliche Sprache oder hatte direkte Erfahrungen mit Europa.

Die Erkenntnis, daß ständige diplomatische Kontakte und kompetente, sozusagen vor Ort gemachte Analysen politischer Entwicklungen in Europa den bedrohlichen Informations- und Wissensrückstand im Orient verringern helfen könnten, führten den Reformsultan Selim III. (1789-1808) 1792 zu der Entscheidung, in den wichtigsten westlichen Hauptstädten Botschaften einzurichten. Zuerst (1793) in London, mit einigem Abstand in Wien und Berlin und schließlich 1796 in Paris. Neben anderen Aufgaben waren die osmanischen Botschafter instruiert, »die Institutionen der Länder, in denen sie akkreditiert wurden, zu studieren und sich Sprachkenntnisse sowie allgemeines Wissen über die jeweiligen Länder anzueignen, die der heimatlichen Staatsverwaltung von Nutzen sein können«, wie es in einem Dekret heißt.

Man hat diese Reformmaßnahme Selims oft als verspätet und letztlich nicht effektiv genug kritisiert. So wurde der Wandel des diplomatischen Verkehrs gerade zu dem Zeitpunkt eingeführt, als es in Europa durch die Ereignisse der Französischen Revolution und die

Wirren der Napoleonischen Kriege vorübergehend zu einem Zusammenbruch des diplomatischen Systems kam. Zudem erwies sich eine ineffiziente konfuse Bürokratie an der Hohen Pforte (Hohe Pforte = Sitz der osmanischen Regierung) als unfähig, die ganze Fülle der neuen Erkenntnisse und Eindrücke, die als Reports, Geheimdepeschen und Memoranden eingingen, hinreichend auszuwerten und zu archivieren.

Daß Sultan Selim 1793 die erste Botschaft in England und nicht in Frankreich etablierte, muß vor dem Hintergrund der Revolutionswirren und der folgenden instabilen politischen Verhältnisse in Frankreich verstanden werden. Mit den politischen Verhältnissen und den diplomatischen Gepflogenheiten auf dem europäischen Parkett über längere Zeit vertraute Beamte standen der Pforte nicht als Diplomaten zur Verfügung. Die meisten der ersten Botschafter waren Palast- oder Kanzleibeamte der alten Schule, stammten aus dem traditionellen Ulemastand, das heißt sie waren klassische islamische Gelehrte und hatten keinerlei westliche Sprachkenntnisse.

Während der Jahre 1797 bis 1811 schickte die Pforte drei »ständige Botschafter« nach Paris. Alle drei lernten kein Wort Französisch und waren für ihre Informationen auf die Vermittlung (meist griechischer) Dolmetscher angewiesen. Sie erläuterten in ihrer diplomatischen Korrespondenz neben der aktuellen napoleonischen Politik immer wieder auch deren Vorgeschichte, die Französische Revolution, deren Ziele nach ihrer Auffassung auch noch von Napoleon verfolgt wurden.

Wie es scheint, beginnt erst zu diesem Zeitpunkt eine wirkliche inhaltliche Auseinandersetzung in der islamischen Welt mit dem Phänomen der Revolution. Hatte man sie bis dahin jahrelang als interne französische Angelegenheit betrachtet, allenfalls noch – durch die Revolutionskriege – mit bedenklichen Auswirkungen für das christliche Europa, so ergab sich nun, verstärkt durch Napoleons Ägypteninvasion 1798, für die Länder des Islams eine Bedrohung der eigenen Interessen.

Die aufstörenden und befremdlichen Nachrichten der Diplomaten aus Paris führten dann zu einem die Vorfälle in Europa erläuternden Memorandum, das dem Reformsultan Selim III. 1798 von einem seiner Berater vorgelegt wurde und in dem es warnend hieß: »Die berüchtigten Atheisten Voltaire und Rousseau und andere ›Materialisten‹ hatten verschiedene Schriften verfaßt und publiziert, in denen sie die reinen Propheten und großen Herrscher beleidigten und verleumdeten und von der Beseitigung aller Religionen handelten und Anspielungen auf den Genuß von Gleichheit und Republikanismus machten. Durch den Reiz des Neuen verführt, hat sich ihnen viel Volks zugewandt, sogar Kinder und Frauen, ... so daß sich Häresie und Bosheit wie die Syphilis in ihren Köpfen ausbreiten und ihren Glauben verdorben haben. Als die Revolution weiter vorangeschritten war, sind die Frevler nicht davor zurückgeschreckt, Kirchen zu schließen, ihre Mönche zu töten oder zu vertreiben. Sie hängten ihr Herz an *Gleichheit* und *Freiheit,* von denen sie sich die Seligkeit in dieser Welt erhoffen ... Dabei ist es wohl bekannt, daß Ordnung und Bestand eines jeden Staates auf dem Fundament des Gesetzes der Religion und ihrer Lehre basieren ...«[28].

1802 berichtete der Botschafter aus Paris, die Aufrührer in Frankreich hätten beim Volk alle notwendige Gottesfurcht und die Achtung seiner Gebote beseitigt und statt dessen eine aufrührerische Deklaration, genannt »Menschenrechte«, in alle Sprachen übersetzen und überall drucken lassen, um die einfachen Leute aller Länder und Religionen zum Aufruhr gegen die Herrschenden anzustacheln.

Und 1808 heißt es: »Sie verkünden, daß die Bücher, die uns die Propheten brachten, großer Irrtum und daß der Koran, die Tora und die Psalmen Schwindel seien und unnützes Geschwätz ... und daß alle als Menschen gleich seien; niemand sei dem anderen an Verdienst überlegen und jedermann solle für den eigenen Lebensunterhalt in diesem Leben sorgen. Sie machen jedermann leere Versprechungen ... und haben sich vereinigt unter dem Banner des Satans ...« In ihren wesentlichen Aussagen stimmen die Urteile der drei Diplomaten über Jahre hinweg überein: Sie kritisieren vor allem ein Element in der politischen Entwicklung Frankreichs seit 1798: den *Säkularismus.* Damit verbunden die Trennung von Kirche und Staat, die Preisgabe aller religiösen Lehren, den Kult der Vernunft, die Proklamation individueller Freiheit und Gleichheit.

Schnell fand die zuvor von den Gesandten in Frankreich einhellig formulierte Kritik auch offizielle Verbreitung, so etwa in der »Reichsgeschichtsschreibung« der Osmanen ab 1809: Zur Wiederherstellung der einstigen Glorie, vergangener politischer und militärischer Macht erscheine es zwar legitim für einen islamischen Staat, Erkenntnisse westlicher Wissenschaft und Technik zu übernehmen. So sei ja auch der Aufschwung des Russischen Reiches unter Peter dem Großen zustande gekommen. Doch habe man sich vor der Freundschaft der Christen, ihrer Falschheit und ihren tückischen Zielen in Acht zu nehmen. All ihr Streben sei auf *das Verderben des Islams*, die Aufhebung der Religionen und der wahren Lehren der Propheten gerichtet. Sie verwirrten Geist und Herz auch der jungen Leute mit dem Ziel, diesen ihre Sprache und Gewohnheiten beizubringen, in ihre Herzen die Saat der Gottlosigkeit zu pflanzen und die Grundsätze des religiösen Gesetzes *(Schari'a)* zu unterminieren. Dazu dienten ihnen die rebellischen Proklamationen von der Gleichheit von Arm und Reich und von *Freiheit*.

Das Scheitern des Reformsultans Selim III. begründet der Chronist Asim Efendi unter anderem mit dem schädlichen Einfluß Frankreichs auf dessen Politik und seinen »Neuerungseifer«. Indirekt kommt die Kritik an dem abgesetzten und ermordeten Herrscher zum Ausdruck, dieser habe die Trennung von »annehmbaren« westlichen Erkenntnissen (im Bereich Militär, Ingenieurwissenschaften etc.) und inakzeptablem (da gottlosem und anti-islamischem) Gedankengut nicht eingehalten.

In der erwähnten europakritischen diplomatischen Korrespondenz wie auch der offiziellen Geschichtsschreibung jener Jahre findet immer wieder ein zentraler Begriff Erwähnung: *Freiheit* (arabisch *hurriya)*. Dieser Terminus erfährt gerade in der Zeit der Französischen Revolution und ihrer Nachwirkungen einen interessanten Bedeutungswechsel: Vor 1800 war dieses Wort in den islamischen Sprachen vor allem ein juristischer Terminus: die Abwesenheit oder das Gegenteil von Sklaverei. Im Verlauf des 19. Jahrhunderts erhielt der Begriff dann, durch die Ereignisse in Europa, einen neuen politischen Inhalt, den aber viele zeitgenössische islamische Autoren nicht akzeptieren konnten. So wird bei ihnen das Wort nicht im Sinne von *Freiheit* verwendet, sondern von »Libertinage«, »Ausschweifung« oder »Anarchie«. So findet man es auch in den eingangs erwähnten Schriften gegen die Ziele der Revolution: Das gemeine Volk werde durch die Versprechungen von Libertinage und Gleichmacherei verdorben.

Erst viele Jahre später, 1815, findet der Begriff »Freiheit« in einer positiven islamischen Konnotation Verwendung, als ein früher osmanischer Reformgelehrter, Schanizade, ebenfalls Historiker und – durchaus ungewöhnlich – polyglott auch in westlichen Sprachen[29], in seinen Schriften die Vorzüge des europäischen Parlamentarismus diskutierte. Allerdings führte er seinem Publikum diese Institution als altüberkommene, islamische Einrichtung vor; ein Forum für die offene Diskussion mit anschließenden konstruktiven Entscheidungen: *freie* Debatten, Repräsentanten des Volkes, die an Entscheidungsprozessen argumentativ teilhaben – hierin muß man ein Echo auf die Ereignisse von 1789 und ihre Folgen sehen, in einer für den islamischen Leser aufbereiteten, modifizierten Formulierung. Denn Neuerungen, innovative Ideen hatten sich in der traditionellen islamischen Welt häufig auf zwei Wegen angekündigt: entweder durch ihre vehemente Widerlegung (bzw. Bekämpfung) oder dadurch, daß man sie auf vermeintlich urislamische Ursprünge zurückführte und so problemlos adaptieren konnte. Nicht anders war es im Osmanischen Reich.

Die Einrichtung »ständiger diplomatischer Vertretungen« in den Hauptstädten Europas bedeutete einen wesentlichen Schritt hin zur grundsätzlichen und institutionellen Öffnung der islamischen Welt gegenüber dem Westen, der sich allmählich auf strukturelle Umgestaltungsprozesse in Politik und Gesellschaft des Orients im 19. Jahrhundert auswirken sollte. Allerdings wurde aufgrund interner politischer Spannungen mit Reformgegnern nach 1811 kein weiterer Botschafter in Paris mehr akkreditiert. Auch in den übrigen europäischen Hauptstädten wurde die »ständige Diplomatie« praktisch eingefroren, die Residenzen lediglich auf der niedrigeren Ebene von *chargés d'affaires* (Geschäftsträgern) aufrechterhalten. Bei ihnen handelte es sich fast ausschließlich um griechische Untertanen des Osmanischen Reiches. Als Reaktion auf den hellenischen Aufstand 1821 und die Haltung der Europäer hierzu gab Sultan Mahmud II. dann auch diese Lösung auf und verzichtete für mehr als zehn Jahre (bis 1834) auf ständige diplomatische Vertretungen im Ausland.

In dieser Phase, in der die Kontakte zu Europa – jedenfalls die diplomatischen – gekappt waren, stagnierte jedoch keineswegs das Reforminteresse. Es kam vielmehr zu weiteren strukturellen Umorientierungsprozessen, die schließlich, 1839, zur Proklamation des Reformedikts von Gülhane führten, einer Erklärung bedingter bürgerlicher Rechte und Freiheiten für das gesamte Osmanische Reich. Wesentlichen Anteil daran hatte die Schaffung einer Institution von großer Tragweite für den späteren Modernisierungsprozeß: die 1821 gegründete »Kaiserliche Ausbildungsstätte für Übersetzung« – die erste dieser Art im gesamten islamischen Orient (in

Ägypten wurde eine vergleichbare Institution 1837 ins Leben gerufen). Diese Einrichtung diente der reformorientierten Ausbildung des Beamtenapparates und der fremdsprachlichen Schulung eines neuen osmanischen diplomatischen Corps, das nicht mehr auf die Unterstützung durch griechische (oder andere nichtmuslimische) Dolmetscher angewiesen sein sollte. An der Organisation dieser Institution war auch der gelehrte und sprachkundige Historiker und Enzyklopädist Schanizade beteiligt. Seine neue Interpretation des Begriffs »*hurriya*« im Sinne von »individueller Freiheit« fand schließlich auch Eingang in das Reformedikt von 1839. Dieser zeitweilig, sicherlich vor dem Hintergrund des negativen Urteils über die Französische Revolution und ihre Ideale, in den islamischen Ländern negativ belegte Begriff erhielt in dem »Erlaß von Gülhane« seine vollständige Rehabilitierung. Zweimal findet er in dem Dekret, das den großen legislativen Umgestaltungsprozeß im Orient des 19. Jahrhunderts einleitete, Erwähnung: »Jedermann soll über sein Eigentum *frei* verfügen«; und: »Es sind Versammlungen zu schaffen, in denen jedermann seine Ideen und Beobachtungen *frei* und ohne Behinderung vertreten kann.«[30]

Dies ist die »bürgerlich«-osmanische Interpretation eines Begriffs, der ein halbes Jahrhundert zuvor, bei Ausbruch der Revolution, soviel Schrecken und Ressentiments ausgelöst hatte. Neben der Erkenntnis, eigens für den Aufenthalt in Europa ausgebildete Diplomaten mit westlichen Sprachkenntnissen seien die geeigneten Vermittler der dortigen politischen Entwicklungen, wurde es bald danach üblich, auch Gruppen junger Stipendiaten in den Westen zu senden, mit dem Ziel, sie möchten sich den Stand europäischer Technologie und Wissenschaft dort aneignen, um ihn dann in den jeweiligen Heimatländern an den nicht-religiösen Ausbildungsstätten weiterzuvermitteln. Der ehemals osmanische Gouverneur von Ägypten, Muhammad Ali Pascha, dem 1805 die Anerkennung als Vizekönig des Landes durch die Hohe Pforte in Istanbul gelungen war und der sich seither als ehrgeiziger Rivale des Osmanensultans im Modernisierungsprozeß nach westlichem Vorbild erwies, entsandte als erster islamischer Herrscher 1809 eine Studentendelegation nach Italien. Die Osmanen folgten seinem Beispiel 1827.

Von Rifa'a al-Tahtawi bis zur Vorherrschaft des europäischen Kolonialismus

»Was die Franzosen ›Freiheit‹ nennen und als solches anstreben, ist genau das, was bei uns, den Muslimen, mit ›Gerechtigkeit‹ und ›Billigkeit‹ bezeichnet wird, nämlich insofern, als die Verbindung von Herrschaft und Freiheit gleichbedeutend ist mit der Schaffung von Gleichheit in Gesetz und Recht, so daß der Herrscher niemanden unterdrücken kann. Die *Gesetze* sind es, die man in Frankreich zum Herrscher und zur Richtschnur gemacht hat.« Dieses bemerkenswert euphorische Urteil aus der Feder eines ägyptischen Autors gilt den Verhältnissen in Frankreich nach der Revolution – freilich nicht der von 1789, sondern der Juli-Revolution von 1830 – und findet sich in einem vier Jahre danach in Kairo gedruckten Reisebericht, der einen Meilenstein in der Geschichte der Modernisierung Ägyptens darstellt.[31]

Ihr Verfasser, der gelehrte, junge al-Azhar-Scheich Rifa'a al-Tahtawi (1801-73), hatte zu der ersten Delegation von Studenten gehört, die der Reformer Muhammad Ali nach der Loslösung Ägyptens vom Osmanischen Reich (1811) nach Frankreich geschickt hatte, zum Erwerb von Fremdsprachenkenntnissen und Fertigkeiten in europäischer Wissenschaft und Technologie. Fünf Jahre, 1826 bis 1831, hielten sich die vierundvierzig Stipendiaten im Auftrag des ägyptischen Herrschers in Paris auf, um sich dort, im Zentrum des europäischen Fortschritts, mit den neuesten Erkenntnissen vertraut zu machen.

Der junge Theologe Tahtawi, den sein reformerisch gesonnener Monarch für fünf Studienjahre nach Frankreich entsandte, ist bereits der Vertreter einer neuen Generation muslimischer Intellektueller.

Sowohl im Osmanischen Reich wie auch in Ägypten – denjenigen islamischen Ländern, die den Zusammenprall mit dem technisch und militärisch weit überlegenen Europa am schmerzhaftesten verspürt hatten – war die Führungsschicht in den ersten Jahrzehnten des 19. Jahrhunderts zu neuen Erkenntnissen und Strategien gelangt: Der Modernisierungs- und Erneuerungsprozeß in beiden – rivalisierenden – Staaten war nur mit der Heranziehung von im Westen ausgebildeten eigenen Kräften und Spezialisten zu befördern. Europäische Sprachkenntnisse galten als der Schlüssel zum Erfolg, mit dem sich auch westlicher Fortschritt erreichen ließ.

So wurde etwa Tahtawi, dessen große Sprachbegabung schnell hervortrat, vom Leiter der ersten Studentenmission nach Europa allein zum intensiven Spracherwerb des Französischen ausersehen, obwohl er ursprünglich, als Theologe, zum geistlichen Beistand der Delegation bestimmt worden war. Tahtawi widmete sich seiner neuen Aufgabe mit Hingabe, während seiner fünf Jahre in Paris und sein ganzes weiteres Leben. Er blieb der einzige »Geisteswissenschaftler« unter seinen Mitstudenten, die sich mit den neuesten Erkenntnissen der Militärtechnologie und den Naturwissenschaften befaßten. Seine große Leidenschaft für die Sprache und Literatur seines Gastlandes verschafften ihm einen intensiveren Zugang zu den Entwicklungen in Frankreich als seinen Kommilitonen; sein Interesse galt allen Bereichen des gesellschaftlichen, sozialen und politischen Lebens in Paris, die in seinem Bericht eine einfühlsame, nahezu objektive Schilderung erfuhren.

Mit einer für einen traditionell ausgebildeten Muslim erstaunlichen Gelassenheit, ja Heiterkeit, beschrieb er auch Phänomene, die für die Leserschaft in seinem Heimatland zu den Tabus beziehungsweise stereotypen Vorurteilen gegenüber dem Westen zählten: die religiöse Indifferenz breiter Bevölkerungsschichten in Paris, ihre Verachtung für den bigotten französischen Klerus, aber auch den Alkoholkonsum der Franzosen, der nach seinen Beobachtungen weniger zu Exzessen als zu heiterer Behaglichkeit bei den verschiedenen gesellschaftlichen Zusammenkünften führte.

Mit feiner Ironie äußerte sich auch der – als islamischer Theologe erstaunlich genug – versierte orientalische Literaturkenner und -liebhaber Tahtawi: Die ihm, nach emsigem Studium leicht zugängliche französische Belletristik erschien ihm »nicht übel«, doch vermißte er in ihr gelegentlich das formale Raffinement, gepaart mit der inhaltlichen Hintergründigkeit und Doppelbödigkeit orientalischer Dichtung. Warum nur besangen die Franzosen den von ihnen so geschätzten Wein mit soviel kruder Direktheit und einfallsloser Schlichtheit? Warum fanden sie nur *einen* Namen für dieses Elixier; dieses Medium, für das der traditionelle Muslim – sei er nun mystischer Asket oder Epikuräer – so unendlich verschiedene Metaphern gefunden hat? Tahtawi konstatierte dies mit ein wenig herablassender Verwunderung.

Dennoch ist die gesamte Darstellung seines Paris-Aufenthaltes von der unbezweifelbaren Hochschätzung Tahtawis für die Franzosen geprägt. In einer gewissen Emphase hielt er sie gar für das den Arabern in den entscheidenden Dingen des Daseins verwandteste Volk: »in den Belangen der Ehre, der Freiheit und des Stolzes« – für den Ägypter das höchste Lob, das ihm zu Gebote stand.

Vor dem Hintergrund der jahrzehntelang einhelligen Verurteilung der revolutionären Umwälzungen in Europa durch die islamische Welt muß der vorsichtige Versuch einer differenzierten Interpretation, zum Beispiel der Tahtawıs, in den dreißiger Jahren des 19. Jahrhunderts um so bemerkenswerter erscheinen. Der kontinuierliche Aufenthalt junger orientalischer Diplomaten und Studenten in Europa, Sprachkenntnisse und Vertrautheit mit den bis dahin als rätselhaft oder verabscheuungswürdig empfundenen Normen und Ideen des Westens bewirkten eine allmähliche Revision der zunächst total scheinenden Verdammung der Revolution im Morgenland.

Ganz wesentlich haben zu dieser behutsamen Neueinschätzung Äußerungen wie die aus dem Bericht Tahtawis von 1834 beigetragen. Das Buch erlebte viele Auflagen und wurde von dem Reformherrscher Muhammad Ali seinen Beamten und in den öffentlichen Schulen Ägyptens als Pflichtlektüre verordnet.

Tahtawi, als Kulturreformer hochgeehrt, erlebte kurz vor seinem Tode 1873 noch die Etablierung einer Institution, für die er lange gestritten hatte: die Einführung von Schulen auch für muslimische Mädchen in Ägypten. Sein Heimatland stand kurz vor der Konfrontation mit der Kehrseite der europäischen Ideale von der Revolution, dem Imperialismus. Für Ägypten bedeutete dies die britische Okkupation des Landes 1882.

In der 1837 nach dem Vorbild der osmanischen »Kaiserlichen Ausbildungsstätte für Übersetzung« in Kairo gegründeten »Madrasat al-alsun« (Sprachenschule) hatte al-Tahtawi als deren Leiter für einen Lehrplan gesorgt, der weit mehr umfaßte als den Unterricht in Sprachen: Er beinhaltete ebenfalls Geschichte, Geographie, Mathematik, dazu Islamisches und Französisches Recht. Die Kombination von europäischem und einheimischem Wissen machte die Schule – neben der in Istanbul – zur einzigen Institution im islamischen Orient, in der nicht nur enges, traditionelles Wissen unterrichtet, sondern auch weltliche »Bildung« vermittelt wurde. Während ihres 14jährigen Bestehens brachte sie eine große Zahl von Absolventen hervor, die als Lehrer und Übersetzer ihren Beitrag zur geistigen Erneuerung des Landes leisteten oder in der zweiten Hälfte des 19. Jahrhunderts selber zur intellektuellen Elite des neuen Ägypten zählen sollten.[32]

In Kairo wie in Istanbul, den Hauptzentren für Reformen nach westlichem Vorbild in den ersten Jahrzehnten des Jahrhunderts, erhielten die Übersetzung und Publikation westlicher Bücher eine zentrale Bedeutung. In Ägypten wurde dafür ein eigenes, staatlich finanziertes Programm geschaffen, in dessen Rahmen zwischen 1822 und 1842 über 240 Bücher gedruckt wurden, die meisten davon Übersetzungen ins Türkische. Denn in der Zeit von Muhammad Ali Paschas Regierung war dies noch die Sprache der herrschenden Elite im Lande, für die vor allem Werke über Militär und Navigation sowie Mathematik erschienen. Mehr als die Hälfte der Stipendiaten, die Muhammad Ali nach Europa entsandte, waren türkisch sprechende Osmanen. Auch die wenigen Bücher mit historischem Inhalt, die aus europäischen Sprachen übersetzt wurden und in Ägypten herauskamen, waren der osmanisch-sprachigen Schicht vorbehalten. Hingegen erschienen Werke über Human- und Veterinärmedizin sowie Landwirtschaft auf arabisch, da ihr Inhalt nicht nur für die herrschende Schicht bestimmt war.

Die Übersetzungen ins Türkische aus Ägypten wurden natürlich im Osmanischen Reich ebenfalls verbreitet und in Istanbul nachgedruckt. Bis etwa zur Jahrhundertmitte war das dortige osmanische Übersetzungsprogramm auf wissenschaftliche Werke beschränkt, Publikationen historischen oder literarischen Inhalts wurden erst viel später als in Ägypten berücksichtigt.[33]

Gleichwohl waren die Zeit der »bürgerlichen« Reformen im Osmanischen Reich (die *Tanzimat-i hayriyye* – die »Wohltuenden Ordnungen«) 1839 bis 1876 wie auch die Herrschaftsjahre Muhammad Ali Paschas und seiner Nachfolger bis zur britischen Besetzung Ägyptens 1882 ähnlich nachhaltig von der intellektuellen Öffnung beider Länder gegenüber wissenschaftlichen Erkenntnissen und technologischen Neuerungen des Westens wie von aktuellen geistig-politischen Strömungen geprägt. Debatten über Parlamentarismus und konstitutionelle Monarchie, individuelle Grundrechte und Pressefreiheit zählten dazu und wirkten sich durchaus ambivalent aus. Denn, so formuliert es Bernard Lewis, der Prozeß des orientalisch-westlichen Ideenaustausches und -einflusses war unumkehrbar geworden, die Zahl der von den europäischen Hauptstädten an-

gezogenen Muslime wuchs – aus den unterschiedlichsten Gründen –
in der zweiten Hälfte des Jahrhunderts beständig: Zunächst waren es
die Diplomaten, es folgten die Stipendiaten und Studenten und nach
einiger Zeit bereits die politischen Flüchtlinge[34], aus dem Reich der
osmanischen Sultane ebenso wie aus Ägypten.

Denn die Nachfolger Muhammad Alis hielten zwar an dessen
Devise fest, das Land am Nil »zu einem Teil Europas« machen zu
wollen; doch die ehrgeizigen Reformpläne, unter anderem der 1869
mit großem Pomp und Gepränge eröffnete Suez-Kanal, langfristige,
überaus schuldenträchtige Investitionen, die das Land 1876 mit nahezu 100 Millionen Pfund gegenüber dem westlichen Ausland in
Abhängigkeit brachten, machten die innere Lage durch rücksichts-
lose Steuererhöhungen und andere repressive Maßnahmen unter
dem Khediven Ismail immer prekärer. In dem verzweifelten Versuch, den Staatsbankrott abzuwehren, suchte Ismail die Hauptgläu-
bigerländer, England und Frankreich, mit einem Schuldenkontroll-
system *(Dual control)* für eine hinhaltende Überwachung des
Staatshaushaltes zu gewinnen. Dies scheiterte und führte schließlich
zu seiner Absetzung 1879 und zur britischen Besetzung Ägyptens
drei Jahre später, einer diktatorischen Herrschaft, die siebzig Jahre
dauern sollte.

Andererseits verschärften sich durch die innenpolitischen Spannungen im Lande die Konflikte zwischen der Staatsgewalt und der
Presse sowie Vertretern des Konstitutionalismus, gegen die Zensur
und Einschränkungen verhängt wurden, so daß auch diese Auseinandersetzungen zu einem Grund für das »Hilfegesuch« des Khediven an die Briten wurde und viele der politischen Oppositionellen
ins europäische Exil getrieben wurden.

In noch stärkerem Maße galt dies für die Entwicklung im Osmanischen Reich der sechziger und siebziger Jahre. Die Absolventen
der neuen Bildungsstätten, die aus den Tanzimat-Reformen hervor-
gegangen waren, formierten sich zur Opposition. Sie forderten, daß
die Modernisierung des Staates von einer generellen Gesellschafts-
reform begleitet sein müsse und daß die traditionell autokratische
Position des Sultans und seiner herrschenden Klasse durch ein neu
zu schaffendes konstitutionelles System zu ersetzen sei, das den Untertanen die Teilnahme an der Herrschaft ermögliche und die Macht
der Regierenden durch ein Parlament und eine Verfassung begrenze.
Diese Oppositionsbewegung, überwiegend von Literaten und Intel-

lektuellen getragen, war unter dem Namen »Jung Osmanen« aktiv.[35] Viele ihrer Publikationen konnten nur im Ausland gedruckt werden, wohin etliche ihrer Vertreter ins Exil geflohen waren, darunter später so berühmt und einflußreich gewordene Dichter und Publizisten wie Ziya Pascha und Namik Kemal. Ihre Kritik erschien dort auf englisch und französisch und erreichte im Osmanenstaat zunächst nur eine kleine Zahl Gebildeter in geringen Auflagen in türkischer Sprache.

Wilhelm II. als »Schutzherr der Mohammedaner«

Die enttäuschten Reformer der ersten und zweiten Generation mußten erkennen, daß die Ideale einer neuen, von westlichen Vorstellungen mitgeprägten Erziehung in Staaten wie Ägypten oder dem Osmanischen Reich häufig angesichts einer repressiven, unter den Bedingungen eines europäischen Imperialismus bedrängten politischen Realität bloße Makulatur blieben. Sie wählten häufig verbittert den Weg in das europäische Exil. Bevorzugte Ziele waren dabei Paris und London, auch Genf war für frankophone, liberale Oppositionelle immer wieder ein Anziehungspunkt.

Wenige zog es in den deutschsprachigen Raum. Dies entsprach bis in die siebziger Jahre des 19. Jahrhunderts dem Stand und Charakter der preußisch-osmanischen Beziehungen. Seit den dreißiger Jahren hatten deutsche Militärberater die Neuorganisation des osmanischen Heeres von Zeit zu Zeit mit betrieben, die kulturellen und wirtschaftlichen Beziehungen standen in diesen Jahren hinter denen der europäischen Großmächte weit zurück.

Wilhelm II., der in den achtziger Jahren den deutschen Nachholbedarf an aktiver Orientpolitik kompensieren zu müssen meinte, führte dann sein Sendungsbewußtsein gleich zweimal in das Osmanische Reich: 1889 und 1898, wobei er sich im November 1898 in Damaskus »als Schutzherr von 300 Millionen Mohammedanern« ausersehen sah, sowie »allzeit zum Freund des Sultans, ihres Kalifen«.

Der deutschen Politik schien mit einer angestrebten politischen Annäherung an das Osmanische Reich vor allem die Möglichkeit einer immensen wirtschaftlichen Einflußnahme verbunden zu sein. Als Paradeobjekt der neuen Zusammenarbeit wurde beiderseits das

Unternehmen der *Bagdadbahn* angesehen, das die Verbindung von Mitteleuropa über Istanbul–Ankara – nach Syrien und in den Irak vorsah und 1888 und 1903 zwei deutschen Konzessionären (unter der Kontrolle der Deutschen Bank) übertragen wurde.

Eine Fülle von Publikationen ist dem Bagdadbahn-Projekt gewidmet worden. In dieser Flut fehlt es nicht an zeitgenössischen deutschen Darstellungen, die ganz explizit den unpolitischen, rein kommerziellen Charakter dieses gigantischen Unternehmens herausstellen wollten, allerdings sprechen Argumentation und Wortwahl für sich und künden kaum verhohlen vom Gegenteil:[36]

»Deutschland verlangt aber im Oriente nicht nach Eroberungen, nicht nach Gebietszuwachs, es will mit der Türkei und in Türkisch-Asien Geschäfte machen, Bahnen und Straßen bauen, Arbeit geben und nehmen, Güter austauschen, erwerben, verdienen, Nutznießung und Wohlstand erlangen und verbreiten helfen. Wohl aber wird der deutsche Eisenbahnbetrieb, wird die Lokomotive zum wirksamsten ›Erzieher‹ im fernen Oriente werden.

Sie braust, ein Ruf des Erwachens, wie Donnerhall, durch das Morgenland. Wie Schwertgeklirr dröhnen ihre Erzmassen. Wie Wogenprall schlägt ihr Dampfgewölk zum glühenden Firmament empor. Sturmeseile vollendet ihren Weg. Visionär, pünktlich wie den Lauf der Gestirne, sieht der Asiate den Locomotivtrain Tag um Tag aus dem fernsten Bereiche seines Horizontes hervorbrechen, im fernsten Horizonte seinem Blick entschwinden. Woher kommen diese rollenden Häuser, vollbesetzt mit fremdartigen Menschen? Wohin gehen sie? Wozu diese rasende Flucht? *Alla franca* ist das nicht, denn der große ›Napliun‹, auf den seit einem Jahrhundert das bißchen europäischer Zuschnitt im Oriente sich beruft, hat solches nie vermocht. ›*Min Alemannia*‹ - Aus Deutschland! sagen die Türken und die Araber dann ehrfürchtig. Und eine Ahnung steigt in dem Asiaten empor, daß er eine ganze Welt verschlafen und verträumt hat und daß nun auch ihm die Stunde schlägt, die trügerische Binde des Fatalismus von den Augen zu reißen und einzutreten in den Kreis der großen Nationen des Abendlandes, die an die Freiheit, an die Macht der Selbstbestimmung ihres Schicksals glauben und dadurch zu solcher Herrschaft über den weiten Erdkreis hinausgewachsen sind. Von dieser Stunde der Erkenntnis an ist aber der Sieg über den Asiatismus errungen, erweitert der Culturkreis Europas sich um zwanzig Millionen Menschen, liegt das einstige Paradies weit erschlossen da für eine neue germanische Völkerwanderung!

Schon rüttelt der Dampfverkehr unsanft, aber unwiderstehlich die Anatolioten aus ihrem tödtlichen Schlendrian und wie lange noch, und sein gellendes Gepfiff jagt auch den Araber und Kurden aus seinem nichts durchbohrenden Keif empor: *Karavapor beklemes!* Die Eisenbahn wartet nicht! *Tschabuk gitmeli!* Vorwärts!«[37]

Wenden wir uns einmal etwas genauer dem zeitgenössischen deutschen Orientbild, besser dem des Osmanischen Reiches zu, wie es um die Jahrhundertwende (kurz davor und kurz danach) kolportiert wurde. In der Presse, der mehr oder weniger anspruchsvollen historischen oder geographischen Publizistik, die dem deutschen Leser einen »erweiterten Horizont« vermitteln sollte und das Verständnis für neue politische und wirtschaftliche Konstellationen – durchaus unter Inkaufnahme überkommener gesellschaftlicher und sozialer Strukturen – konnte man zum Beispiel folgendes lesen:

»Wenn ich also zu der bei uns geläufigen Ansicht von der gesellschaftlichen und staatlichen Schädlichkeit der *Polygamie* Stellung nehmen soll, so muß ich bekennen, daß diese mir weit überschätzt zu werden scheint ... Sie befördert den wünschenswerten Nachwuchs gerade tüchtiger Individuen, sie bildet (in Verbindung mit frühzeitigem Heiraten) einen wertvollen Damm gegen das Umsichgreifen der Geschlechtskrankheiten, macht den häßlichen, bei uns so verbreiteten Typus der alten Jungfer fast unmöglich, und erhöht das Wohlergehen des Mannes, also jenes Teiles der Menschheit, welcher in der Regel den Erwerb der Familie besorgt und den geistigen wie werklichen Fortschritt auf Erden betätigt, mithin also größere Förderung beanspruchen darf.

Um die ersten und oben aufgeworfenen Fragen also kurz und bündig zu beantworten, so sehe ich mich zu dem Bekenntnis gezwungen, daß die orientalische Gesellschaft von der gegenwärtigen Stellung der Frau *günstig* beeinflußt wird.

Kurz, ich komme notgedrungen zu dem Schlusse, daß die gesellschaftliche Stellung der orientalischen Frau durchaus angemessen ist, daß sie die Festigkeit des dortigen Familienlebens wesentlich mitbedingt und daß sie der bei uns unter *englisch-amerikanischem Einflusse* immer weiterschreitenden Überschätzung des Weibes unzweifelhaft vorzuziehen ist.

Ich bin mir wohl bewußt, mit meinen Anschauungen Wege zu gehen, die von denen der meisten Bearbeiter dieses Gegenstandes nicht unwesentlich abweichen und manchen Widerspruch erfahren werden. Doch kann ich nicht umhin, auszurufen: Es *gibt im Oriente eigentlich keine Frauenfrage, sondern eine Frauenantwort.* Die Frage ist dort längst gelöst, und zwar in dem Sinne, daß die Frau ins Haus gehört und unter dem Manne steht.«[38]

1916, bereits im Weltkrieg, bringt Elsa Marquardsen, besser bekannt unter ihrem Geburtsnamen Elsa Sophia von Kamphövener, Verfasserin pseudo-türkischer Märchen, die widersprüchlichen Gefühle angesichts des aktuellen deutschen Orient-Engagements zum Ausdruck: »*Enttäuschung!* Das ist das Leitmotiv, das in tausend Varianten zurückklingt aus dem begeisterten Erfassen des Orientgedankens, aus dem gewaltsamen, stark gefühlsmäßigen Drange nach Verschmelzung okzidentaler Bestrebungen mit orientalischen ... Enttäuschung, wohin der Kaufmann, der Forscher, der Politiker, der Soldat sich wendet ... Und doch, die Hand des Türken fest zu fassen und zu halten ist der deutschen Schwertfaust würdig.«[39]

So weist die Diktion der deutschen »Orientkenner« um die Jahrhundertwende eine erfrischende Eindeutigkeit und Zielstrebigkeit auf: Gut konnte man sich die ehedem phantastisch verklärte islamische Welt nun als wirtschaftlichen »Beute-Orient« vorstellen, unzweideutig ausgedrückt in der durchaus rüden Sprache des 20. Jahrhunderts.

Der Ausgang des Ersten Weltkriegs hat diese Träume zerstört oder zunächst anderen überlassen. Was nicht bedeutet, daß hierzulande die »Imagérie vom Orient« heute und zukünftig nicht um weitere Varianten – Wunschvorstellungen oder Feindbilder – bereichert wird.

Reinhard Schulze

Muslimische Intellektuelle und die Moderne

Islamische Intellektuelle haben sich oft als die wahren »Modernisierer der Moderne« verstanden. Damit wollen sie ausdrücken, daß die Moderne keine Antithese zur islamischen Identität darstellen muß. Tatsächlich haben sozialgeschichtliche Untersuchungen zeigen können, daß die islamischen Gesellschaften über eine eigene Modernität verfügen, die in vielen Bereichen die Universalität der Moderne teilt, in anderen Bereichen aber auch spezifische Ausprägungen im Rahmen der islamischen kulturellen Traditionen hat. In diesem Beitrag sollen die intellektuellen Auseinandersetzungen um das »Projekt« Moderne in islamischen Kreisen erörtert werden. Es soll deutlich gemacht werden, daß in der innerislamischen Debatte um Moderne und Ursprünglichkeit (Authentizität) eine Vielfalt politischer Positionen und Weltsichten verborgen ist, die die Diskurse einer heterogenen islamischen zivilen Gesellschaft prägen. Der sogenannte »islamische Fundamentalismus« ist nur ein Teil dieser Auseinandersetzungen; er soll daher nicht als »Antwort auf eine Verwestlichung« gedeutet, sondern dem widersprüchlichen Charakter der Moderne selbst zugeordnet werden.

Zu den vielen allgemeinen Aussagen über die islamische Kultur gehört die Feststellung, daß die islamische, insbesondere die arabische Welt seit der Besetzung Ägyptens durch Napoleon Bonaparte 1798 in eine kulturelle Abhängigkeit vom Westen geraten sei. Das Hauptmerkmal der Abhängigkeit sei, daß die arabische Welt fortgesetzt politische Begriffe, philosophische Konzepte und wissenschaftliche Ideen aus Europa entliehen habe.[1] Diese Grundsatzaussage hat schwerwiegende Konsequenzen für die Interpretationen der zeitgenössischen islamischen Welt. Denn jedwede kulturelle, politische oder soziale Erscheinung, welche die islamische Welt mit dem Westen teilt, wird sowohl von Okzidentalen wie von Orientalen als Fremdkörper interpretiert, der Ausdruck eines langwierigen Prozesses der Verwestlichung sei. Das Konzept der Verwestlichung ist so in hohem Maße politisch. Es erlaubt, alle Attribute der Moderne als europäisch zu definieren und Europa beziehungsweise den Westen als Schöpfer der Moderne zu beschreiben. Der nichteuropäischen Welt, und hier insbesondere der islamischen Welt, bleibt nur die Rolle eines Erleiders übrig, der von der Moderne des Westens infiziert worden sei und nun mit der Moderne nicht mehr fertig werde.[2]

Modernität wird folglich nicht als Eigentümlichkeit der islamischen Gesellschaften verstanden. Zwar wird sie als Bestandteil eines universellen zivilisatorischen Prozesses gesehen; die Identifizierung Europas mit dem »Projekt der Moderne« aber verhindert eine gleichberechtigte Zuordnung der Moderne zu islamischen Kulturen.[3] Den nahöstlichen Gesellschaften bleibt so nichts als die nachrangige Modernisierung, also eine auf den Westen ausgerichtete, politisch bewußt durchgeführte kulturelle und soziale Umstrukturierung, die den Verlust eigener kultureller Identitäten fast zwangsläufig zur Folge hat.

Die europäische Herrschaft über die Moderne macht es auch muslimischen Intellektuellen schwer, ihre eigene Zivilisation anders zu interpretieren als aus dieser europäischen Sicht. Das europäische Primat der Moderne fordert so islamische Intellektuelle heraus, entweder ihre Übernahme des Projekts Moderne zu rechtfertigen oder eben diese Übernahme vehement zu kritisieren. Sie scheinen nachgerade dazu sozial determiniert, da doch, so die gängige Theorie, die Intellektuellen als Gruppe selbst wieder ein Produkt der Großen Entlehnung aus Europa seien und mithin »europäisch«, also im Gegensatz zur eigenen Kultur denken müßten.[4]

Diese beiden Rezeptionsmöglichkeiten der europäischen Moderne finden sich im Konflikt zweier intellektueller Lager wieder, der seit einigen Jahren mit aller Schärfe ausgetragen wird: Das eine Lager bestimmen die muslimischen Intellektuellen, die sich als Sachwalter der Moderne (hadata / mu'asara) verstehen.[5] Sie akzeptieren die Moderne als universelle Kultur, an der auch die islamischen Gesellschaften teilhaben sollten; die europäische Identität der Moderne wird aber nicht in Frage gestellt. Sie erweitern die napoleonische Besetzung Ägyptens zu einem Bruch, der jede Neubegründung der islamischen Kultur im Islam selbst auf immer verhindert habe. Bereitwillig greifen sie die zeitgenössische Debatte um die Postmoderne (ma bada l-hadata) auf, da sie darin ein gemeinsames Anliegen aller Intellektuellen und aller modernen Kulturen sehen.[6] In dieser vor allem in Nordafrika schon länger populären Debatte[7] meinen sie einen Ausweg aus dem Dilemma zu sehen, das durch die Negation der eigenen Geschichte und der anrüchigen positiven Beurteilung der westlichen Moderne bestehe.

Das andere Lager teilen sich die Vertreter der Authentizität (asala), die eine Modernitätskritik allein aus der Fundamentalbegründung der islamischen Geschichte herleiten wollen.[8] Sie sehen in den historisch idealisierten »Fundamenten« der islamischen Zivilisation – und nicht notwendigerweise der islamischen Religion – den Bezugspunkt für eine Kollektividentität[9], die radikal gedacht als Negation der Moderne wirken soll. Ziel eines kulturellen Emanzipationsprozesses sei die Wiedererlangung der kulturellen Autonomie vom Westen und die Zurückweisung der Moderne auf Europa. Europa solle – so könnte man die Position dieses Lagers umschreiben – selbst für die Entsorgung der Moderne verantwortlich sein. Die Debatte um die Postmoderne wird konsequent als eine europäische Debatte um die gescheiterte Moderne verstanden. Hier treffen sich islamische Intellektuelle des authentizistischen Lagers mit manchen neokonservativen Kritikern der Moderne in Europa: Beide Seiten betrachten sich als Teil einer postmodernen Kritik an der Moderne.

Die Auseinandersetzung um Moderne und Authentizität wird mit spitzer Feder geführt; politisch ist sie bislang nur kaum wirksam geworden. Auf verschiedenen Schriftstellerkongressen und sogenannten Konferenzen über das islamische Denken prallten beide Lager aufeinander.[10]

Kritik an der Tradition

Der Diskurs über die Moderne stärkte zwei Axiome, die auch im Westen als Grundaussagen über die islamische Welt angesehen werden. Das erste Axiom besagt, daß die Moderne außerhalb Europas beziehungsweise des Westens immer nur als eine Brüche und Verwerfungen verursachende Modernisierung der Tradition verstanden werden kann. Der kulturelle Bruch zwischen Tradition und Moderne sei folglich ein von Europa induzierter Prozeß gewesen. Das zweite Axiom ist der Baustein für die Beurteilung der islamischen Tradition selbst. Es besagt, daß die islamische Tradition nichts anderes sei als der Islam selbst, der in der islamischen Frühzeit, also etwa zwischen 610 und 850 Wirklichkeit geworden sei. In dieser Zeit seien die Fundamente der islamischen Zivilisation gelegt worden, die je nach politischem Standort positiv oder negativ bewertet werden. Beide Axiome konstruieren folglich ein polares Gefüge, das Kritikern wie Apologeten des einen oder anderen Lagers gemein ist. Lediglich die Wertbesetzung ist unterschiedlich.[11]

Diese Konstruktion der islamischen Geschichte reicht bis in die vierziger und fünfziger Jahre des 19. Jahrhunderts. Seitdem hat sich der Diskurs über Moderne und Authentizität so stark verfestigt, daß die Erzählungen über den Ursprung beider Positionen, also bezüglich der europäischen kulturellen Lehensherrschaft über den Orient und die Determinierung des Islams aus der Frühzeit, zur historischen Wahrheit geworden sind. Die seit Jahrzehnten sowohl in akademischen wie in publizistischen Kreisen geführte Auseinandersetzung um diese Axiome haben zu deren faktischer Bewahrheitung geführt. Sie strukturieren die zeitgenössischen kulturellen und politischen Auseinandersetzungen genauso wie die westliche Sicht der islamischen Gesellschaften. Der Diskurs über den Islam und die Moderne hat so eine historische Wahrheit geschaffen, an der kaum noch jemand zweifelt, eben weil sie zur Zeit sehr zweckdienlich ist. Kaum jemand stellt etwa den Tatbestand der kulturellen Lehensabhängigkeit des Orients vom Okzident in Frage. Die Geschichte islamischer Gesellschaften im 19. Jahrhundert wird nur noch in Ausnahmefällen an die des 18. Jahrhunderts angebunden, sondern nur noch als Ergebnis der europäischen Intervention gewertet[12]. Und kaum jemand fragt sich, wie denn die napoleonische Expedition nach Ägypten zum Symbol und zum Faktor eines epistemischen Bruchs geraten konnte, der die islamische Welt heute in zwei Lager teilt.

Islamische Intellektuelle[13] im engeren Sinne, also diejenigen, die in einem islamischen politischen Kontext wirken, haben sich schon recht früh darum bemüht, zwischen Authentizität und Moderne zu vermitteln. Die Vermittlung gründete auf einer einfachen Annahme: Der Islam sei die eigentliche Moderne. Oder überspitzt gesagt: Der Islam vollende die Moderne. Eine solche Phrase mag zunächst paradox erscheinen, meinen doch gerade die Kritiker der islamischen Politik, daß der Islam unvereinbar mit der Moderne sei. Hinter dieser Phrase aber verbirgt sich eine sehr islamische Denktradition, die das Fundament des islamischen Selbstverständnisses berührt. Schon koranisch wird der Islam als Vollstrecker eines historischen Prozesses verstanden: »Heute habe ich euch eure Religion vervollständigt« heißt es in einem Vers[14], der gemeinhin als die letzte Offenbarung an den Propheten Muhammad angesehen wird. Darin wird die historische Mission des Islams deutlich: Im Islam sollen sich alle anderen Religionen auflösen, da der Islam den definitiven Abschluß der göttlichen Offenbarung bedeute. Der Islam hebt somit jede andere Religion auf, er ist Religion an sich.

Diese Eigentümlichkeit teilt der Islam natürlich mit jeder anderen Offenbarungsreligion, die sich ja immer als die letzte der Religionen versteht. Der Islam, der die jüngste und radikalste Offenbarungsreligion darstellt, akzentuiert diesen Anspruch besonders: Er versteht andere Religionen nicht als falsche Religionen, sondern nur als Verfälschungen der göttlichen Offenbarung. Er negiert frühere Religionen nicht, sondern löst sie in sich selbst auf.

Diese Sicht wurde in den letzten Jahrzehnten auch auf neue Formen islamischer Identität bezogen. Seit dem 18. Jahrhundert sind auch die islamischen Kulturen einem starken Ideologisierungsprozeß unterworfen, der zu einer tiefgreifenden Veränderung des Verständnisses vom Islam geführt hat. Als Ideologie – und das ist die grundsätzliche Gemeinsamkeit aller islamischen Politik – konkurriert der Islam nicht mehr mit Religionen, sondern mit Ideologien, also zum Beispiel mit dem bürgerlichen Liberalismus oder mit sozialistischen und kommunistischen Ideologien. So wie schon früher die religiöse Konkurrenz Islam – Christentum – Judentum als ein hierarchisches System von göttlicher Offenbarung, die im Islam ihren Abschluß gefunden habe, gedeutet wurde, verstehen die meisten islamischen Intellektuellen den Islam als Abschluß eines ideologischen Prozesses, der in Europa nur unvollständig durchgeführt worden sei. Der Islam vervollständige die Ideologien und mache sie überflüssig. Das heißt aber auch, daß der Islam (als Ideologie) andere Ideologien nicht negiert, sondern in sich aufnimmt: Der Islam wird zur Ideologie an sich.

Mit dem Niedergang der ideologischen Weltsichten in den achtziger Jahren gaben auch islamische Intellektuelle den Anspruch auf, die islamische Ideologie als Vervollkommnung aller Ideologien überhaupt zu propagieren. In Analogie zur generalisierenden Debatte um die Moderne schufen sie eine neue Konkurrenzebene: Islam und Moderne stünden sich jetzt so gegenüber wie früher Islam und Sozialismus oder vordem Islam und Christentum. Und wieder wird die Moderne nicht als Negation des Islams gesehen, sondern als dessen Vorläufer. Alles Nichtislamische sei notwendig modern, alles wahrhaft Islamische hingegen vervollkommne die Moderne. Islam und Moderne bildeten mithin keine Antithese, sondern nur eine historische Kette: Die Moderne werde zwangsläufig im Islam münden.[15]

Eine solche Sicht verlangt, daß der Diskurs über den Islam an den über die Moderne angeglichen wird. Folglich wird der Islam ebenso generalisiert wie das Konzept der Moderne. Das religiöse wie das neuere ideologische Moment des Islams treten in den Hintergrund zugunsten eines universalistischen Verständnisses, das den Islam zum Zivilisationsprojekt machen soll.

Die Zuordnung des Islams zur Moderne ist keineswegs homogen. So wird die Rolle der Religion in der Moderne sehr unterschiedlich bewertet. Viele islamische Intellektuelle sehen die Gefahr, daß der Islam als Religion hinter dem Zivilisationsanspruch zurücktrete und so für die breitere Bevölkerung nicht mehr zugänglich werde. Durch eine Überbetonung des Zivilisationsgedankens (tamaddun islami) werde eine Bresche zwischen dem Bedürfnis nach Religiosität in der Bevölkerung und dem elitären Denken der Intellektuellen geschaffen. Die kulturellen Eliten müßten weiterhin auch als Anwälte der Religion auftreten, so der bekannte indische Gelehrte Abu l-Hasan Ali an-Nadwi. Religion sei immer eine Privatsache zwischen Mensch und Gott, die durch die Gelehrten beschützt werden müsse. Durch eine Überspitzung des Zivilisationsgedankens werde die private Religiosität des Muslims vergesellschaftet und damit aufgehoben.

Radikale Verfechter des Zivilisationsgedankens – hier seien als Beispiele der 1977 verstorbene iranische Soziologe Ali Schari'ati und der ägyptische Philosoph Hasan Hanafi genannt – kritisieren aus einer geschichtsphilosophischen Sicht die Wertigkeit des Religiösen als eigenständigen Sinn des Islams. Dies würde, so etwa Schari'ati, dem islamischen Konzept der absoluten Einheit alles Seienden zuwiderlaufen. Den Islam radikal als Einheit zu denken verlange, auf eine Unterscheidung zwischen Religion und Zivilisation zu verzichten. Der Islam sei der Wille der Geschichte zur Vervollkommnung des Menschen in der Gesellschaft. Mit der islamischen Vervollkommnung ende die Geschichte. In diesem endgültigen Zustand sei die Trennung zwischen dem Göttlichen und dem Irdischen aufgehoben, und Gott werde sich in der Gesellschaft selbst manifestieren.

Islamische Kultur in der zivilen Gesellschaft

Diese spezifische teleologische Bestimmung des Islams wird nur von wenigen islamischen Intellektuellen kritiklos geteilt. Allgemein wird die Gefahr gesehen, daß eine solche hegelianische Interpretation der islamischen Moderne in den islamischen Gesellschaften nicht rezipiert werden könne, da sie zu elitär sei und zu wenig die realen Diskurse über den Islam berücksichtige. Um Öffentlichkeit und damit Einfluß zu erlangen, sei es notwendig, die Art des Sprechens über den Islam an die gesellschaftlichen Kulturen anzupassen. Der islamische Diskurs wiederum sei durch die politischen Gegebenheiten bestimmt; um also Einfluß auf die Politik nehmen zu können, sei es notwendig, die gängigen Weisen, über den Islam zu sprechen, zu akzeptieren. Diese pragmatische Lösung ist heute sicherlich auch die prominenteste. Mit ihr wird die Tatsache akzeptiert, daß in der politischen Öffentlichkeit heute diejenigen das Sagen haben, die in populistischer Weise ideologische Kategorien propagieren, die den Islam zu einer alles umfassenden Lösung machen sollen. Unter der Parole »Der Islam ist die Lösung« (al-Islam huwa al-hall) können Kategorien ausformuliert werden, welche die Bewahrheitung der gesellschaftlichen Entwicklung bestimmen. Zu diesen Kategorien zählen unter anderem:

- die symbolische Verwendung des Begriffs schari'a (islamisches Recht),
- die Bewahrheitung des gesellschaftlichen Ideals durch den Verweis auf die islamische Frühzeit,
- die Konstruktion des Korans wie der »reinen muhammadanischen Prophetentradition« (as-sunna al-nabawiya al-muhammadiya al-mutahhara) als außerzeitliche textlich verbürgte Wahrheit,
- die Wertigkeit des Religiösen allein dann, wenn sie in der Öffentlichkeit praktiziert wird, wenn Religion also politisch ist.

Durch die rhetorische Verzahnung solcher Kategorien entsteht ein neues sinnstiftendes Konzept »Islam«, das sich kulturell den Bedingungen in bestimmten Teilen der nahöstlichen Gesellschaften eingepaßt hat. Der Islam bleibt auch hier eine Kultur, die ein Netzwerk sozialer Beziehungen bestimmt, das wiederum über Kommunikation vermittelt wird und über das in gewissem Umfang Einigkeit besteht. Das Netzwerk, das ein solcher Islam ausdrückt, verbindet jene gesellschaftlichen Gruppen, denen in den letzten Jahrzehnten jede Partizipation an gesellschaftlichen Entscheidungsprozessen vorenthalten wurde. Unter der Herrschaft von Einparteienregimes und Militärdiktaturen, die nicht von ungefähr einen großen bürokratischen Apparat aufgebaut hatten, waren große Teile der Bevölkerung zwar funktional in den Staat integriert, nicht aber sozial oder kulturell. Die Menschen, die in den Bürokratien arbeiteten, konnten in keiner Weise eine ihrer funktionalen Stellung entsprechende soziale Stellung erringen. Was blieb, war ihre eigene Traditionslosigkeit, die ihr Leben in den funktionalen Betonghettos kennzeichnete. Ohne jede kulturelle oder soziale Infrastruktur ausgestattet, lebten sie getrennt von jedem Entscheidungsprozeß.

Es war daher ein Merkmal aller islamischen Bewegungen, die funktionale Bestimmung des Menschen durch eine entsprechende politische Hoheit ergänzen zu wollen. Die soziale Realität verlangte, ideologisch die Tatsache zu berücksichtigen, daß dem funktionalen Dasein in den Verwaltungen, Schulen und Universitäten ein neuer symbolischer Sinn zugeordnet werden muß. Dieser kann gerade dadurch erlangt werden, daß sich die Betroffenen selbst den funktionalen Zusammenhang ihrer Lebenswelt aneignen und kulturell auszudrücken versuchen. Aus der Schule soll so eine islamische Schule, aus der Universität eine islamische Universität werden. Das Attribut »islamisch« drückt den Anspruch auf Aneignung deutlich aus. Denn die reale staatliche Hoheit über den Ausbildungssektor wird als anonym verstanden; bekannt dagegen scheint die tradierte islamische Symbolik, die nun funktional eingesetzt wird. Durch die Islamisierung des sozialen Netzwerks wird eine neue Kommunikation hergestellt, die sehr symbolisch erscheint. Hierzu gehören sowohl die neue islamische Kleidung wie eine spezifische islamische Sprache und die öffentlichen Bekundungen der kollektiven Zugehörigkeit zum Netzwerk, das als Gemeinschaft (dschama'a) gesehen wird. Wichtig ist hierbei der Konsens, der unter den Mitgliedern der Gemeinschaft erzielt wird. Er beschränkt sich meist auf einige wenige Kategorien, deren intellektuelle Interpretation eben schon angesprochen worden ist.

Zur Geschichte islamischer Politik

Islamische Politik im weitesten Sinn des Wortes hat so deutlich einen zivilen Charakter. Sie ist der Protest gegen ein funktionales Dasein und fordert Partizipation oder, noch radikaler, die herrschaftliche Hoheit über den Staat, der das funktionale Dasein bestimmt. Es geht also um die Wiederaneignung von Souveränität und Geschichte durch islamische Citoyens, die damit die politische Trennung von Gesellschaft und Staat aufheben wollen. Daher betonen fast alle islamischen Intellektuellen das Konzept der Souveränität (hakimiya)[16], die den Citoyens zurückgegeben werden solle. Die Legitimität zur Souveränität erreichen sie durch den Verweis der hakimiya auf Gott, der seinerseits den Bürger als seinen Stellvertreter (halifa) eingesetzt habe. Theoretisch wird der Unterschied zwischen Gott als Souverän und den Bürgern als dessen Stellvertretern bei den meisten islamischen Intellektuellen strikt eingehalten. Gemeint ist sicherlich zuvorderst die Aufwertung des Bürgers gegenüber dem Staat, legitimiert durch die Aneignung des historischen islamischen Willens, der den Menschen zur politischen Führung bestimmt habe.

Innerhalb der islamischen politischen Öffentlichkeit hat sich bislang kein allgemeiner Konsens über die Frage herausgebildet, wie die Souveränität beschaffen sei und welche Folgen hieraus für die gesellschaftliche und staatliche Ordnung abzuleiten seien. Die Debatte um die islamische Souveränität hatte schon im 18. Jahrhundert die islamischen Bürger bewegt. Sie leiteten die hoheitlichen Rechte des Menschen aus den Grundidentitäten Gottes als »Schöpfer« (Legislative), Herrscher (Exekutive) und Richter (Judikative) ab und definierten eine analoge Identität des Menschen.[17] Offen blieb, wie die herrschaftliche Gewalt in der Gesellschaft zu verteilen sei. Im 19. Jahrhundert betonten islamische Intellektuelle das Prinzip der Gewaltenteilung, auch wenn einzelne Gelehrte wie der bekannte ägyptische Autor Rifa'a Rafi' al-Tahtawi (gestorben 1873) die Gewaltenteilung dem aufgeklärten Absolutismus unterordnen wollten.[18]

Nach 1870 schuf die koloniale Situation in den meisten islamischen Ländern völlig neue Verhältnisse: Viele islamische Bürger fühlten sich von »ihrem« Staat kulturell getrennt. Zunächst in Teilbereichen der Herrschaft wie etwa im Recht oder in der Erziehung versuchten sie, Hoheit zurückzuerlangen oder bestehende Hoheit zu verteidigen. Nach 1900 konstruierten sie einen islamischen Makrokosmos, in dem sie ihre bürgerliche Identität gegenüber den kolonialen Staaten aufrechtzuerhalten suchten. Hier, im virtuellen Raum des Islams, fanden sie die Möglichkeit, ihre bürgerliche Identität zu artikulieren, auch wenn die Einflußnahme auf reale staatliche Herrschaft gering war. Ein Merkmal dieses Makrokosmos war der Bezug auf die Gesamtheit der islamischen Gemeinde (umma), welche die islamischen Intellektuellen politisch vertreten wollten. Hier konnten sie die Souveränität ausüben, die ihnen in den kolonialen Staaten vorenthalten war.

Der islamische Makrokosmos, der in der sogenannten islamischen Kongreßbewegung bewahrheitet wurde[19], war ganz entsprechend der bürgerlichen Tradition der Gewaltenteilung konstruiert: die Versammlungen als Ort der (moralischen) Gesetzgebung, die lokalen Vertretungen als Organe einer Exekutive und das islamische Gelehrtentum als Judikative. Als in den zwanziger und dreißiger Jahren islamische Gruppen außerhalb der Kongreßbewegung politisch aktiv wurden (seit etwa 1928 die ägyptischen Muslimbrüder), waren islamische Intellektuelle gezwungen, innerhalb der realen Staaten politische Positionen zu beziehen, die den Prozeß des Auseinanderdriftens von Staat und Gesellschaft ausdrücken konnten. Je fortgeschrittener dieser Prozeß war, desto radikaler wurde die politische und kulturelle Reintegration gefordert. Die Radikalität bestimmte schließlich, ob das bürgerliche Prinzip der Gewaltenteilung noch aufrechtzuerhalten war. In den dreißiger Jahren konnten populistische Programme, die die Aufhebung der Gewaltenteilung zugunsten eines islamischen Führerstaates forderten, weit mehr Anhänger mobilisieren als bürgerlich-demokratische Programme. In diesen islamischen Formen des Faschismus wurde der Islam zu einer Erlösungsideologie, zu einer »Bewegung« (haraka), die den einzelnen Parteigängern Macht, Herrschaft und Gewalt versprach. Die theoretischen Grundlagen der islamischen Rechten waren – wie nicht anders zu erwarten – von geringem Niveau. Intellektuelle Debatten waren nicht gefragt, sondern Aktion und Propaganda. Erst nach dem Zweiten Weltkrieg fand die islamische Debatte um Staat, Gesellschaft und Herrschaft zu dem Niveau zurück, das zu Beginn des 20. Jahrhunderts geherrscht hatte. Das Scheitern des islamischen Populismus der Rechten erlaubte islamischen Intellektuellen, erneut die Frage der Herrschaft aufzugreifen. Allmählich wurde ein breites

Spektrum politischer Positionen entworfen, das von anarchistischen Aktionsprogrammen über sozialistische Interpretationen und bürgerliche Konzepte bis zu rechtsradikalen und rassistischen Ideologien reichte.

Eine islamische Citoyenneté

Zu Beginn der siebziger Jahre gelang den islamischen Gruppen der große Durchbruch. Immer deutlicher profilierten sie sich als die einzigen wirklichen politischen Vertreter der zivilen Gesellschaft und konnten nach und nach andere ideologische Richtungen in sich aufnehmen. Unter anderem gestützt auf saudi-arabisches Ölgeld schufen sie sich eine eigene journalistische Öffentlichkeit, welche die Profilierung darüber hinaus vorantrieb. Der zivile Protest richtete sich weiterhin gegen die Trennung von Staat und Gesellschaft, die symbolisch in der Formel »Trennung von Religion und Staat« aufgegriffen wurde. Der Anspruch der zivilen Gesellschaft auf Integration in den Staat fand eine ebenso symbolische Entsprechung in der beliebten Floskel »Islam ist Religion und Staat« (al-Islam din wadaula)[20]. Religion (din) steht hier für den Souveränitätsanspruch der islamischen Citoyens, der aus der islamischen Dogmatik selbst abgeleitet wird. Ein solcher Religionsbegriff steht den amerikanischen Konzepten einer »Zivilreligion«[21] recht nah.

Der Rekurs auf das Religionssymbol hatte zwei schwerwiegende Folgen für die islamischen Citoyens gehabt: Zum einen verhinderte er eine kritische Anerkennung der zivilen Gesellschaften in nahöstlichen Staaten durch westliche Betrachter, die eine bürgerliche Opposition innerhalb islamischer Kulturen aus eingangs genannten Gründen nicht für möglich hielten. Die Nichtanerkennung der islamischen Citoyenneté durch den Westen als Avantgarde einer jeden Citoyenneté führte dazu, daß islamische Intellektuelle sich immer deutlicher gegen die internationale Souveränität des Westens aussprachen und für eine kulturelle Trennung vom Westen plädierten.

Zum anderen wurde durch den Rekurs auf die Religion ein neuer religiöser Diskurs des Islams geschaffen, der die Religion tatsächlich zum bestimmenden ideologischen Inhalt machte. Der islamische Glaube wurde zum Bestandteil des politischen Programms, obwohl sich Glauben und bürgerliche Rationalität gegenseitig auszuschließen scheinen. Der neue religiöse Diskurs rekonstruierte den Islam als Religion, gleichwohl jetzt Religion etwas völlig anderes bedeutete als noch zum Beispiel vor dreihundert Jahren. Jetzt dominierte der politische Vollzug der Religion. Der symbolische Rahmen der Religion, selbst ihr transzendentaler Bezug unterlagen dem Interesse der Bürger, die Abtrennung vom Staat aufzuheben. Die Macht des Wortes Religion erwies sich nun als Hindernis in zweifacher Hinsicht: Zum einen untergrub es die Anerkennung durch den »nichtreligiösen« Westen, zum anderen erlagen islamische Gruppen der Macht der Religion selbst. Da Religion als unabänderliche Tatsache der islamischen Citoyenneté angesehen wurde, trat die Möglichkeit der Religionskritik in den Hintergrund. Kritik als wichtigste Konstante intellektuellen Daseins wurde einer wichtigen Selbstbeschränkung unterworfen. Dadurch spaltete sich islamische Politik wieder in zwei Bereiche auf: in den der Gesellschaftlichkeit, die der eingehenden Kritik unterzogen werden sollte, und in den der Religion, deren unabänderlicher Charakter festgeschrieben wurde. Zu der religiösen Identität gehörte jetzt auch wieder die idealistische Vorstellung, daß islamische Politik als Vollstrecker der Geschichte zu wirken habe.

Das Fehlen der Religionskritik führt zwangsläufig zu einer Beschränkung der Wirkungskraft der islamischen Citoyenneté[22]. So verwundert es nicht, daß im Rahmen der Debatte um Moderne und Authentizität auch die Frage der Religionskritik neu gestellt wurde. Islamische Intellektuelle wie der Marokkaner Muhammad Abid al-Gabiri oder der in Frankreich lehrende Islamwissenschaftler algerisch-berberischer Herkunft Muhammad Arkoun vollzogen die Neubewertung der Religion im Rahmen der französischen Debatte um die Postmoderne nach und verlangten, von der anachronistischen Religionskritik der Aufklärungstradition Abstand zu nehmen und Religion als kulturellen Diskurs völlig neu zu bewerten.[23]

Hier paßte sich die Diskussion um den Islam als Religion wieder der neuen Kritik der Moderne an.

Die Mannigfaltigkeit der politischen, philosophischen und religionsgeschichtlichen Kritiken islamischer Intellektueller an dem Zustand der zeitgenössischen islamischen Citoyenneté ist beeindruckend. Es ist aber gleichzeitig bedrückend zu sehen, daß diese Kritik kaum Eingang in die wirklichen politischen Auseinandersetzungen findet. Die islamische Öffentlichkeit wird mehr denn je von solchen politischen Gruppen beherrscht, die kein Interesse an einer Kritik der islamischen bürgerlichen Identität haben, da sie jede Kritik als Machteinbuße interpretieren müssen. Die von diesen islamischen Gruppen konstituierte Öffentlichkeit ist nicht nur finanziell von potenten Staaten wie Saudi-Arabien oder Iran abhängig und daher zensuranfällig, sondern übt einen bestimmenden Einfluß auf den islamischen Diskurs aus. Der Islam erscheint hier flach, intellektuell niveaulos und dogmatisiert. Die Stärke einer solchen Öffentlichkeit rührt auch von der Tatsache her, daß die Nichtanerkennung der islamischen Citoyenneté durch die westliche Öffentlichkeit die Selbstaffirmation islamischer Intellektueller bestärkt hat, die oft darin mündet, daß jede nominelle Analogie zum Westen ausgemerzt werden müsse, seien es Demokratie, Menschenrechte, Gewaltenteilung oder die Moderne selbst. Das Scheitern westlicher Politik und westlicher Anerkennungsbereitschaft hatte einen Höhepunkt im zweiten Golfkrieg erreicht, als islamische Intellektuelle scharenweise zu populistischen islamischen Positionen überwechselten und dabei sogar auf Grundbausteine ihrer eigenen intellektuellen Identität wie Kritik und Ethik verzichteten.

Ob sich islamische Intellektuelle wieder als kritische gesellschaftliche Instanz durchzusetzen vermögen, hängt auch in starkem Maße davon ab, in welchem Umfang eine islamische Citoyenneté, die sich in völlig heterogenen islamischen Bürgerbewegungen darstellt, vom Westen auch publizistisch anerkannt wird. Die Pauschalisierung der islamischen intellektuellen Kultur als »Fundamentalismus« oder ihre Identifizierung mit anachronistischen Bezügen zum Frühislam durch den Westen dagegen drohen die Unabhängigkeit der intellektuellen Kritik in islamischen Gesellschaften zu ersticken.

Azmi Bishara

Religion und Politik im Nahen und Mittleren Osten

Die westliche Wahrnehmung islamisch geprägter Gesellschaften lebt von Schematisierung. Komplizierte soziale Phänomene – wie die politische Religiosität – werden mit einfachen Etiketten bedacht (»Fundamentalismus«) und brauchen dann nicht mehr untersucht zu werden. Gängige Formeln – etwa: »Politik und Religion sind im Islam identisch« – werden kritiklos ständig wiederholt, ohne sie im sozialen und historischen Kontext zu interpretieren. Überhaupt wird über den Islam und den islamischen »Fundamentalismus« fast ausschließlich geistes- und religionsgeschichtlich gesprochen. Damit werden sie aus realhistorischen Zusammenhängen herausgelöst und enthistorisiert, zugleich aus ihren gesellschaftlichen Bezügen und Existenzbedingungen gelöst und damit ideologisiert.

Es soll in diesem Beitrag nicht darum gehen, die einzelnen Elemente des westlichen Feindbildes vom Islam zu identifizieren, sondern vielmehr darum, bestimmte Argumentationsmuster einer kritischen Würdigung zu unterziehen. Dabei werden die Entstehungs- und Existenzbedingungen von »Fundamentalismus« – des politischen Islams – und allgemein das Verhältnis von Religion und Politik im Nahen Osten im Mittelpunkt stehen. Zuerst werde ich eher theoretisch vorgehen, im zweiten Teil stärker den gesellschaftlichen Kontext betonen.

Das Konzept des Fundamentalismus hat seine historische Wurzel in einer Gruppe protestantischer Kirchen, die in den Vereinigten Staaten der zwanziger Jahre gegründet wurden. Chiliastische Bewegungen, die dort in den dreißiger Jahren des 19. Jahrhunderts entstanden, bilden deren historischen Hintergrund. Die »Encyclopedia Britannica« beschreibt diese Sekten als »eine bunte Gruppe theologisch konservativer Gemeinden, die die völlige und wörtliche Inspiration durch die Heilige Schrift als auch ihre absolute Autorität in Sachen Glaube und Tat betonen. Sie predigen, daß es allein durch radikale Bekehrung und Verpflichtung zu Jesus, dem Erlöser, möglich sei, das ewige Leben zu erreichen.«

Dieser Begriff des »Fundamentalismus« veränderte mehrmals seine Bedeutung. Schließlich wurde er zur populären Bezeichnung für alle religiösen Bewegungen, die eine Rückkehr zu fundamentalen

Prinzipien ihrer jeweiligen Religion suchen. Außerdem wird der Fundamentalismusbegriff oft benutzt, um politisch-religiöse Bewegungen zu bezeichnen, die ihr Land nach religiösen Vorstellungen regieren möchten. Hier ist nicht der Ort, die umgangssprachlichen und wissenschaftlichen Verwendungen des Begriffes zu untersuchen. Aber es kann kein Zweifel daran bestehen, daß er inzwischen als Erklärung für derartig viele Phänomene dient, daß er gar nichts mehr erklärt – vor allem da es sich um Phänomene in verschiedenen Gesellschaften mit ganz verschiedenen historischen Hintergründen handelt.

In einer Aufsatzsammlung mit dem Titel »Fundamentalismus in der modernen Welt« stellt der Herausgeber, Thomas Meyer, die Konzepte von Fundamentalismus und Aufklärung gegenüber und definiert den Fundamentalismus als Ablehnung von Aufklärung und Modernisierung.[1] Er unterscheidet zwischen vier Arten des Fundamentalismus und schließt einen »wissenschaftlichen Fundamentalismus« ein. Weiter ist er der Meinung, daß Fundamentalismus und die Furcht vor der Modernisierung universale Phänomene seien. Auf diese Weise wird der »Fundamentalismus« zweifellos zu einem Sammelbegriff für sehr verschiedene Phänomene wie Romantizismus, politische Religiosität, religiöser Konservatismus, religiös gefärbte Politik etc. Ein anderer Autor teilt die ganze Welt in einen »aufgeklärten« und in einen »fundamentalistischen« Teil ein. Die islamischen Nationen wären danach fundamentalistisch.[2]

Demgegenüber will ich folgende Erscheinungen deutlich voneinander trennen:

- Politik, die sich religiöser Begriffe oder Mythen zu politischen Zwecken bedient, also religiös verbrämte Politik;
- religiösen Konservativismus, der sozial oft von einem religiösen Establishment getragen wird;
- Volksreligion oder Volksreligiosität, die man auch als Alltagsreligiosität bezeichnen könnte und die weitgehend unabhängig von politischen oder theologischen Debatten existiert; und
- politische Religiosität, die in gewissem Sinne die Umkehrung der religiös gefärbten Politik ist.

Nur in bezug auf diesen letzten Punkt, den der politischen Religiosität, würde die Verwendung des Fundamentalismusbegriffs überhaupt Sinn machen.

Im Gegensatz zur vorherrschenden Tendenz meine ich, daß politische Religiosität bzw. politisch-religiöse Bewegungen zweifellos moderne Bewegungen sind. Sie sollten nicht nur als Reaktion oder Antwort auf »die Moderne« (die selbst nicht so klar definiert ist) gesehen werden, sondern auch als ein kulturelles und soziales Phänomen, das selbst »modern« ist. Außerdem sollte politische Religiosität nicht mit einem Romantizismus verwechselt werden, der die Wiederherstellung der verlorenen Harmonie zwischen dem Individuum und dem Kollektiv oder zwischen dem Kollektiv und der Natur anstrebt, einer Harmonie, die durch den Individualisierungsprozeß, durch kapitalistische Industrialisierung und andere Faktoren für immer zerstört wurde.

Politische Religiosität sollte nicht mit Volksreligion, Volks- oder Alltagsreligiosität verwechselt werden, auch nicht im Kontext islamisch geprägter Länder. Beide über einen Kamm zu scheren verwischt nicht nur deren Unterschiede, sondern behindert auch die Analyse all dessen, was interessant und eigenartig an ihrem Zusammentreffen ist. Mit anderen Worten: Die historischen und sozialen Bedingungen sollten von Interesse sein, die das Zusammentreffen von politischer Religiosität – einem normalerweise doktrinären, elitären Phänomen – und Volksreligion herbeiführen. Ein solches Zusammentreffen kann die politische Stabilität in Ländern, die sich in einem Modernisierungsprozeß befinden, gefährden. Das ist aber nicht unvermeidlich, im Gegenteil. In der Regel besteht ein Antagonismus zwischen den elitären politisch-religiösen Bewegungen und dem Alltagsglauben der einfachen Menschen. Die Aussage des Gründers der Moslembruderschaft in Ägypten, Hassan al-Banna, kann nur in diesem Kontext verstanden werden: »Unsere Aufgabe ist tatsächlich nichts anderes als eine Offensive gegen weitverbreitete Sitten und die Überwindung traditioneller Bräuche.«[3]

Die häufig zu beobachtende Tendenz, unterschiedliche Phänomene zu verwechseln oder begrifflich zusammenzufassen, entsteht aus dem Wunsch nach einfachen Lösungen. Sie trübt den Blick und führt dazu, daß diejenigen historischen, sozialen und politischen Prozesse nicht verstanden werden können, die im Zusammenhang mit dem stehen, was oft »islamischer Fundamentalismus« genannt wird. Nicht selten gewinnt man sogar den Eindruck, daß manche Autoren einem Verständnis dieser Prozesse ausweichen.

Für den an der Sache Interessierten nicht weniger fatal ist der ahistorische Ansatz, der in vielen Beschreibungen des »politischen Islams« in halbjournalistischen Büchern gepflegt wird. Dieser Ansatz lenkt die Aufmerksamkeit auf die »Geschichte« – oft in der Form, viele Geschichten zu erzählen –, während die Historisierung von Konzepten oder die Historisierung der Gegenwart vermieden wird. Nicht die historischen Entstehungsbedingungen der Gegenwart werden untersucht, sondern die Geschichte als fertig und abgeschlossen betrachtet und gegen die Gegenwart gekehrt, so daß sich deren Analyse erübrigt.

Rigide Dogmen gibt es selbst in den Studien von Orientalisten. Es handelt sich um festgefügte Vorstellungen, die außerhalb jedes historischen Bezugs belassen werden und so Vorurteile gegenüber dem Islam schaffen. Ein Beispiel dafür ist die These, daß der Islam automatisch und notwendigerweise ein gemeinsames System von »Religion und Staat« sei, Religion und Politik seien untrennbar verbunden, eigentlich identisch. Der Islam würde sich von anderen monotheistischen Religionen dadurch unterscheiden, daß er ein umfassendes System von Verhaltensregeln und Gesetzen festlege, das jeden Aspekt des politischen und sozialen Lebens nach den Regeln der Verehrung Gottes ordne. So schreibt zum Beispiel ein Wissenschaftler, daß »Islamismus – der aus konzeptueller Sicht dem Fundamentalismus gleichkommt – kein völlig neues Phänomen in der moslemischen Welt (sei). Er war unterschwellig schon immer vorhanden.« Und das ist natürlich deshalb wahr, weil der Islam »anders« ist. Schließlich verbinde er Religion immer mit dem Staat, erhebe Anspruch auf Allgemeingültigkeit und darauf, das menschliche und gesellschaftliche Leben ordnen zu wollen.[4]

In einem typischen Buch des weitverbreiteten Genres halbjournalistischer Literatur über Fundamentalismus, das im Westen seit den späten siebziger und frühen achtziger Jahren zur Mode wurde, behauptet ein anderer Autor, daß »es in der Natur jeder Hauptreligion liegt, sich periodisch zu erneuern. Der Islam aber ist etwas Besonderes, weil er mehr als eine Religion ist. Er bildet ein vollständiges soziales System, das alle umfaßt, die den Islam akzeptiert haben. Er ist tatsächlich Zivilisation, die für alle Zeiten und Orte gilt.«[5] Dieser Autor argumentiert meist allgemein und ahistorisch. So ist auch seine Definition von »Fundamentalismus«: »der Begriff für die Bemühungen, die Grundsätze eines religiösen Systems zu definieren und ihnen zu folgen«.[6]

Interessanterweise sind solche Einstellungen und Aussagen auch typisch für die Literatur der heutigen islamistischen politischen Bewegungen. Hassan al-Thurabi, der Führer der Moslembruderschaft im Sudan, hält den Tag in der ersten Hälfte des 7. Jahrhunderts, an dem der Islam gegründet wurde, für den Ausgangspunkt der islamischen politischen Bewegung. Es gibt so gut wie keine Gruppe oder Untergruppe des politischen Islams, die nicht an den Glaubenssätzen der Religion festhält und sich nicht als die Weiterführung des ursprünglichen, reinen Islams des Propheten Mohammed sieht, so als wäre der Prophet der Anführer einer modernen religiösen Partei. Es gibt so gut wie keinen politisch-islamischen Philosophen, der nicht die »Verschiedenheit« und »Besonderheit« des Islams aufgrund seines Gesamtsystems sozialer Regelungen vertritt. Gegen solche Auffassungen führen Kritiker im Westen ebenso wie liberale islamische Denker und säkulare Moslems einen zähen Kampf. Ihr Hauptargument ist, daß Fundamentalismus nicht mit dem Islam identifiziert werden darf und daß beide nur in ihren sozialen und historischen Bezügen verstanden werden können.

Der politische Islam ist ein modernes politisch-religiöses Phänomen, das den Säkularisierungsprozeß und die Modernisierung der islamischen Gesellschaft seit dem Ende des 19. Jahrhunderts begleitet. Er verbindet authentische lokale Elemente und Modernismus, um Identität und Sinn zu stiften. Das ist nicht einfach ein Festhalten an Tradition oder eine Reaktion auf die Modernisierung. Die politisch-religiösen Bewegungen haben sich mit der Zeit weiterentwickelt und verändert, angefangen mit dem Kampf um die Politisierung des Islams und dessen Anpassung an die Modernität über ein Stadium des Kampfes gegen die »korrumpierenden« Einflüsse des Modernismus im Schatten des westlichen Kolonialismus bis zum Kampf gegen die modernen säkularen Ideologien in postkolonialen, unabhängigen Staaten. Innerhalb der politisch-religiösen Bewegungen gibt es große Meinungsunterschiede und Konflikte. Dabei geht es um die Definition und die Bedeutung des Islams, die Definition und Bedeutung des modernen Staates und die Methoden der politischen Aktion, die zu einer Vereinigung von Religion und Staat führen sollen. Also Meinungsverschiedenheiten, die das gemeinsame Ziel einer Einheit von Religion und Staat überschatten.

Der Wunsch nach einer solchen Einheit zumindest im Kopf derer, die für den politischen Islam eintreten, entstand, nachdem die Trennung von Religion und Staat vollzogen war. Diese Trennung hat es gegeben, auch wenn sie dem Modell der europäischen Säkularisierung nicht präzise entsprach. Das Verhältnis zur Modernität unterscheidet die politische Religiosität von religiösem Konservatismus, der nicht unter dieser Trennung leidet. Der konservative Ansatz vertritt entweder die bewußte Erhaltung der Einheit von Religion und Staat oder hat freiwillig oder gezwungenermaßen deren Trennung akzeptiert. In beiden Fällen ist er im wesentlichen defensiv und folgt einer Strategie des Rückzugs und der Umgruppierung. Seine Methode (als Verteidigungsmechanismus) ist, die Realität als gespalten zu betrachten und zu akzeptieren, die Einheit des konservativen Bewußtseins bleibt so bewahrt. Man zieht sich auf die stabilen Grundsätze der religiösen Tradition zurück und verbindet das mit einer neutralen Betrachtung oder sogar aktiven Kooperation mit der gespaltenen Realität.

Maxime Rodinsons Kampf gegen den traditionellen philologischen Orientalismus und seinem Eintreten für eine historische Islamwissenschaft[7] haben sich viele andere Wissenschaftler angeschlossen, vor allem solche, die mit moslemischem oder arabischem Hintergrund an westlichen Universitäten aktiv waren. Ein Beispiel ist Edward Said mit seinem Buch »Orientalism«.[8] Mit dem Versuch zu beweisen, daß der Aufstieg und Niedergang des Islams nicht deduktiv aus seinen Doktrinen abgeleitet werden kann und daß es keine eindeutige islamische Entwicklungsrichtung gibt – keinen Homo islamicus –, leistete Rodinson eine wichtige Arbeit. Selbstverständlich kann man ebensowenig von einer einzigen universalen Einheit »islamische Welt« sprechen wie von der »christlichen Welt«. Der heutige Islam ist ein ganz anderes soziales Phänomen als der Islam des Mittelalters – selbst wenn der moderne politische Islam das Gegenteil behauptet. Die kulturellen, politischen und sozialen Elemente der Religion verändern sich noch mehr als ihre Glaubenssätze.

Selbst diese sind ja nicht so beständig, wie man zu »glauben« meint. Politische Ideologie kann nur innerhalb eines konkreten sozialen Kontextes erklärt werden. In der europäischen Geschichte war es meistens so, daß Ideologie zu einem wesentlichen Teil der inneren sozialen Dynamik wurde. Im Orient stehen Ideologien im Grunde genommen immer in Wechselwirkung mit ausländischen Ideologien und können deshalb nicht als reine Funktion lokaler gesellschaftlicher Prozesse in Vergangenheit und Gegenwart erklärt werden.

Diese Feststellung gilt nicht nur im Hinblick auf säkulare Ideologien im Osten wie den arabischen oder afrikanischen Nationalismus oder Sozialismus. Der moderne Islam, einschließlich des politischen Islams, ist nicht ausschließlich ein lokales Produkt, sondern auch das Resultat eines andauernden Konfliktes und Dialogs mit sich selbst und mit dem »anderen«, mit dem Westen und insbesondere mit dem westlichen Kolonialismus in allen seinen Formen.[9] Ein wichtiger Unterschied zwischen Islam und säkularen Ideologien liegt in der Tatsache, daß der Islam eine feste traditionelle und soziale Basis in der Volksreligion, in der Alltagsreligiosität hat. Trotzdem ist die vorhandene soziale Basis des traditionellen Islams kaum mehr als eine potentielle Grundlage für den politischen Islam. Sie dient auch nicht nur ihm. Sie kann ebenso säkulare, nationalistische Bewegungen untermauern, die islamische Mythen ausnutzen, um die Unterstützung der Massen zu gewinnen. Nasser, Qaddafi, Saddam Hussein und sogar Assad haben den politischen Islam auf die eine oder andere Weise bekämpft, während sie die islamisch geprägte Alltagsreligiosität für ihre Zwecke benutzten. Es ist möglich, daß der moderne Arabische Nationalismus gescheitert ist, weil es ihm nicht gelungen ist, eine feste Brücke zu den Ideologien der Volkstradition zu bilden. Doch die Aufklärung dieses Zusammenhangs kann nur durch die Untersuchung des konkreten Entwicklungsweges des Arabischen Nationalismus sowie durch eine Analyse des ökonomischen und sozialen Scheiterns der arabischen Regimes gelingen. Auf jeden Fall ist es unmöglich, die Beschreibung einer politisch-religiösen Ideologie – etwa des Islamismus – direkt aus der Religion abzuleiten.

Die politisch-religiöse Ideologie des Islamismus ist das Ergebnis des Zusammenspiels von vier Faktoren:

- der Religion und Tradition;
- der konkreten sozio-politischen Situation;
- dem Ausmaß und dem Typ der Säkularisierung; und
- der Interaktion mit anderen Kulturen – im Falle des Islams der Begegnung mit der kolonialen Kultur des Westens als einem Ausdruck der Moderne.

Der Göttinger Politikprofessor Bassam Tibi wendet zwei Hauptkonzepte an, um das Aufeinandertreffen der westlichen und der islamischen Kultur zu analysieren, ein Zusammentreffen, das zum Grundelement des politischen Islams als modernem Phänomen geworden ist. Das erste Konzept ist das der Anomie, das er von Durkheim via Maria Mies übernahm, die es zur kulturellen Anomie erweiterte. Mies beschreibt kulturelle Anomie als ein Phänomen, das entsteht, wenn zwei kulturelle Systeme miteinander in Konflikt geraten, eines der beiden Systeme dominant wird, die Mitglieder des unterlegenen Systems dies erkennen und ihrerseits Dominanz anstreben, aber durch strukturelle Faktoren daran gehindert sind.[10]

Das zweite Konzept ist das der Akkulturation oder der Kultur, die aus dem Zusammentreffen zweier Kulturen entsteht, wobei eine unter Anomie leidet. Nach Bassam Tibi ist politischer Islam eine Gegen-Akkulturation oder ein kulturelles Zurückblicken, das heißt, eine moderne islamische Reaktion auf die Synthese zweier Kulturen, die aufgrund besonderer ökonomischer und kultureller Gründe gescheitert ist.[11] Allerdings ist Bassam Tibi entgangen, daß die kulturelle Anomie eine weitere mögliche Folge hat, die er selbst repräsentiert: einen Haß auf die eigene kulturelle Identität und das damit verbundene, übersteigerte Bedürfnis, im hegemonialen akademischen Diskurs im Westen akzeptiert zu werden.

Tibi unterscheidet zwei Hauptgründe für die erneute Politisierung des Islams: »die Identitätskrise, unter der die islamischen Völker leiden,« und »die sozio-ökonomische Krise und ihre unvermeidbare Begleiterscheinung der Verarmung, die einen fruchtbaren Boden für religiöse Ideologien der Erlösung liefert. Der Islam bietet sich als Identität und wegen des Versprechens zukünftigen Wohlstandes als Rettung an.«[12]

Meiner Meinung nach entstand die erneute Politisierung des Islams jedoch in erster Linie im Zusammenhang mit seiner Trennung von der Politik, in dem Moment, in dem die Spaltung zwischen dem Sozio-politischen und dem Privaten innerhalb der Religion aufkam. Tibi und viele andere Wissenschaftler beschreiben die Bedingungen, die das Zusammentreffen zwischen dem elitären politischen Islam und der Volksreligion, das heißt, zwischen der islamistischen Elite und den »einfachen Gläubigen« oder »den Massen« herbeiführen. Sie konzentrieren sich auf dieses Zusammentreffen und übersehen die erstaunliche Dauerhaftigkeit der einfachen Glaubenssätze der

Alltagsreligiosität. Diese widerstehen in erstaunlichem Maße der Assimilation oder der Durchdringung durch die moderne Kultur (Akkulturation). Die Stabilität der Alltagsreligiosität führt dazu, daß die einfachen Leute, selbst wenn sie mit dem politischen Islam oder dem Arabischen Nationalismus in Berührung kommen, nicht »fundamentalistisch« werden.

Ein weiterer, wenn auch weniger häufiger Irrtum entsteht durch eine zu allgemein gefaßte und vereinfachte Definition des »Fundamentalismus«. Er besteht darin, daß die konservativen Ulema (Experten in Sachen der Religion; der Islam gibt vor, keinen institutionalisierten Klerus zu haben) mit dem modernen politischen Islam verwechselt werden. So definiert beispielsweise H. Munson den Fundamentalismus als einen Begriff, der »mittlerweile jeden einschließt, der darauf besteht, alle Aspekte des Lebens, auch die sozialen und politischen, einer Reihe heiliger Schriften unterzuordnen, die als unfehlbar und unveränderlich gelten«.[13] Folgte man einer solchen Definition, dann müßten alle religiösen Konservativen und jedes religiöse Establishment, im Christentum, Judentum wie im Islam, mit allen religiös-politischen Bewegungen über einen Kamm geschoren werden.

Aber wie schon bemerkt, nimmt der religiöse Konservatismus eine defensive Haltung gegenüber der Modernität ein. Das religiöse Establishment kann mit dem Regime, das Religion und Staat praktisch getrennt hat, kooperieren oder sich ihm widersetzen. Es wird erst in dem Moment politisch-religiös, wenn es zur Offensive übergeht, das heißt, wenn es danach strebt, die Macht zu ergreifen oder das Regime auf irgendeine Art zu verändern. Konservative, die die Trennung von Religion und Staat, die gespaltene Realität akzeptieren, stellen keine politisch-religiöse Bewegung dar.

Außerdem sind wirklich islamistische Bewegungen normalerweise in unterschiedlichem Maße dem religiösen Establishment gegenüber feindselig eingestellt, und manchmal auch gegenüber dessen Theologie. Sie predigen die Rückkehr zur Schrift ohne die Vermittlung der Theologie. Ihre Feindseligkeit nimmt zu, wenn das religiöse Establishment die Regierung zum Beispiel durch religiöse Entscheidungen legitimiert. So bezeichnet beispielsweise ein Wissenschaftler die Reaktion der ägyptischen Ulema auf die Modernisierung als defensives Verhalten, das dem Überlebensinstinkt entspringt. Ohne Zustimmung der herrschenden Elite akzeptieren die

Ulema keine Veränderungen. Sie sind unfähig, welche einzuleiten oder zu propagieren. Entscheidungen über Fragen, die Veränderungen begünstigen, treffen die Ulema widerwillig.[14] Aber dieses Verhalten gilt eben nur für den traditionellen Islam der Ulema, nicht für die politische Religiosität der Islamisten.

An dieser Stelle soll betont werden, daß diese Arbeit sich nicht mit dem schiitischen politischen Islam befaßt oder mit dessen politischer Konsolidierung im Iran. Der iranische schiitische Islam wird von einem Klerus und den Ulema geführt, und zwar vor dem besonderen Hintergrund des Schiitentums und den speziellen Bedingungen im Iran, wo der Schah in direkte Konfrontation zum religiösen Establishment geriet.

Es soll auch darauf hingewiesen werden, daß vieles von dem Verhältnis zwischen den politischen und den religiösen Eliten abhängt. Im Schatten des Kolonialismus war das religiöse Establishment oft gezwungen, sowohl mit dem politischen Islam als auch mit der nationalistischen Bewegung zusammenzuarbeiten. Das war der Fall in Ägypten und in Algerien vor der Unabhängigkeit. Aber in der Zeit Nassers machte das religiöse Establishment absichtlich oder gezwungenermaßen gemeinsame Sache mit dem Regime gegen den politischen Islam. Trotz dieser Einschränkungen könnte man sagen, daß fast jede moderne politisch-islamische Bewegung mit dem religiösen Establishment – wenn auch unterschiedlich stark – in Konflikt geraten ist, genauso wie mit der Volksreligion. Dasselbe trifft übrigens auch für jüdische politisch-religiöse Bewegungen in Israel zu, die weder mit der Volksreligiosität noch mit konservativer Orthodoxie übereinstimmen. Nach den weitverbreiteten und sehr allgemeinen Definitionen des Fundamentalismus gehören Gush Emunim (extremistische Bewegung israelischer Siedler in den besetzten Gebieten) und die Ultraorthodoxen zum selben Lager. Tatsächlich aber ist Gush Emunim eine politisch-religiöse Bewegung, während die ultraorthodoxen Strömungen konservative Religion repräsentieren. Sowohl im Islam als auch im Judentum kann es aber durchaus ein Zusammentreffen zwischen der Alltagsreligiosität, dem religiösen Establishment und politischer Religiosität geben.

Zusammenfassend läßt sich folgendes festhalten: Erstens: Als Folge der Trennung zwischen Religion und Staat entstanden zwei extreme Tendenzen – eine Form von Religion, die eine Rückkehr zur Politik anstrebt, und eine Art Politik, die auf eine Rückkehr zur

Heiligkeit ausgerichtet ist. Zweitens: Diese beiden Phänomene sind modern und stehen im Gegensatz zueinander. Drittens: Politische Religiosität darf weder mit Religion verwechselt noch kann sie daraus abgeleitet werden. Viertens: Politische Religiosität sollte einerseits von der Volks- oder Alltagsreligiosität und auf der anderen Seite vom religiösen Establishment und von religiösem Konservatismus unterschieden werden. Dies ist unter anderem deshalb sinnvoll, weil es nur so möglich ist, ihr eventuelles Zusammen- oder Nicht-Zusammentreffen näher zu untersuchen. Fünftens: Die Modernität politisch-religiöser Bewegungen im Islam drückt sich in der besonderen Weise aus, mit der sie auf das Zusammentreffen mit moderner Kultur reagieren.

Ich werde nun versuchen, die Bedeutung der Konzepte zu klären, die im politischem Islam sowie von einigen Orientalisten verwendet werden und die den Islam im wesentlichen als eine politische Religion darstellen. Nach diesen Annahmen wären Politik und Religion im Islam nicht zu trennen oder sogar identisch. Ich will die historische Entwicklung einiger dieser Begriffe untersuchen, ohne den Anspruch zu erheben, einen Überblick über die Geschichte des Islams zu liefern.

Die Historisierung der Konzepte

Angesichts der sturen Ablehnung vieler Orientalisten und politisch-islamischer Bewegungen, den Islam in seiner historischen Perspektive zu sehen, kam Reinhard Schulze zu dem Schluß, daß eine historische Perspektive sich negativ auf die Ideologie oder den ideologischen Hintergrund dieser beiden Gruppen ausgewirkt hätte.[15] Einige Wissenschaftler beginnen ihre Untersuchung der Entwicklung der politisch-religiösen Doktrinen der modernen islamistischen Bewegungen mit den Arbeiten des pakistanischen moslemischen Philosophen Sajid Abul-Ala Maududi (1903-1979). Von besonderer Bedeutung ist sein erstes Buch »Der islamische Dschihad«, aber auch »Islamische Regierung«, sein wichtigstes Werk, das in den Jahren 1939-1941 veröffentlicht wurde. In beiden kristallisierte sich sein religiös-politisches Denken heraus. Der israelische Wissenschaftler Emmanuel Sivan widmet einen großen Teil seines Buches »Islamische Eiferer«[16] den Ideen Maududis. So wie es Sivan beschreibt, hatten die Ideen Maududis tatsächlich einen tiefgreifenden Einfluß. Sie gelangten durch Sayyid Qutb nach Ägypten.

Ich kann mich in diesem Beitrag nicht näher mit dem politischen Denken Maududis und Qutbs befassen. Aber um die Beziehung zwischen Religion und Staat im islamischen Denken besser zu verstehen, soll der Historisierung ihrer Grundkonzepte besondere Aufmerksamkeit geschenkt werden. Ein solches Verständnis wird helfen, die Beziehung zwischen Nationalismus und Islam besser zu begreifen, insbesondere im arabischen Kontext. Der Ausgangspunkt Maududis ist die neue Jahiliya – ein dunkles Zeitalter, bzw. ein Zustand der Unwissenheit. In der islamischen Geschichte ist dieses Konzept verwendet worden, um die Situation auf der arabischen Halbinsel vor der Entstehung des Islams unter der Führung des Propheten Mohammed zu beschreiben. Nach Maududi ist die Jahiliya keine historische Periode, sondern eine besondere kulturelle, soziale und psychische Situation, die dann gegeben ist, wenn Menschen sich vom Wege Gottes entfernen. So kann die Jahiliya auch heute existieren und eine viel größere Gefahr mit sich bringen als während der Entstehungszeit des Islams. Denn heute ist die Ignoranz innerhalb der moslemischen Gesellschaft vorhanden und somit unsichtbar, hinter dem formalen Islam verborgen. Die neue Jahiliya ist komplexer als die alte. Sie beinhaltet sowohl überkommenen Aberglauben und abergläubische Bräuche, die aus Jahrhunderten der Entfremdung vom ursprünglichen Glauben stammen, als auch die importierte Jahiliya, die sich aus säkularen Ideen des Westens und moralischer Degeneration ableitet – mit einem Wort: aus der Situation kultureller Anomie.

Maududi sieht den Ausweg aus dieser Situation in einer Rückkehr zur Hakimiya Allah, zur Herrschaft Gottes, die die Quelle jeder politischen und sozialen Ordnung in der moslemischen Gesellschaft darstelle. Die Schari'a, die islamischen religiösen Gesetze des Korans, und die Sunna, die Worte und Taten des Propheten Mohammed, sollen die Quelle der sozialen Ordnung sein. Diese Konzepte wurden Schlüsselworte der modernen politisch-islamischen Ideologie. Die vielen Bücher Maududis wurden ins Arabische übersetzt und seine Ideen weiterentwickelt, vor allem im Hinblick auf den Übergang von der Jahiliya zur Hakimiya und der Frage, ob dieser evolutionär oder revolutionär sein solle. Dabei kam es zu beträchtlichen Meinungsverschiedenheiten. Erlaubt die Schari'a eine Rebellion gegen einen moslemischen Herrscher? Was ist der Dschihad? Welche Rolle spielt er im Übergang zu einer Gesellschaft der Gläubigen, die auf dem Modell der idealen islamischen Gesellschaft basiert, die in der Periode des Propheten und der ersten vier Kalifen existierte? Diese und andere Fragen stehen im Mittelpunkt der Debatte, in der der Islam – zumindest für Maududi, Qutb und ihre Schüler – zu einer rückwärtsgewandten Utopie wird, einer Orientierung am verlorenen Goldenen Zeitalter, das nicht nur von Harmonie und Gerechtigkeit zeugt, sondern von göttlicher Harmonie und Gerechtigkeit.

Eine hervorstechende Tatsache ist allerdings einigen Gelehrten des politischen Islams entgangen. Maududis Ausgangspunkt war die Situation der moslemischen Minderheit in Indien, die sich zugleich von Indien trennen und vom britischen Kolonialismus befreien wollte. Diese politische und soziale Voraussetzung war nicht weniger entscheidend bei der Herausbildung seiner Gedanken als die Idee einer neuen Jahiliya. Für meine Argumentation reicht diese Tatsache aus. Auf die tatsächliche sozioökonomische Situation im Pakistan (bzw. im Indien) der dreißiger und vierziger Jahre brauche ich nicht einzugehen. Selbstverständlich hätte die Herausbildung einer neuen Nation, die sich von der indischen unterscheidet, auf dem basieren können, was den Moslems eigen war, das heißt auf dem Islam. Aber selbst dies hätte aus dem Islam nicht per se ein vollständiges soziopolitisches System gemacht.

Bevor die Arbeiten Maududis von Qutb in Ägypten aufgegriffen wurden, herrschte dort eine andere Art des politischen Islams, vor allem in der Moslembruderschaft. Sie wurde durch eine dritte Variante politischen Islams inspiriert, dessen Wurzel im 19. Jahrhundert liegt. Das Konzept der neuen Jahiliya war noch unbekannt, ebenso das Konzept der Hakimiya. Die Ideen Maududis wurden erst während der grausamen Auseinandersetzungen zwischen der Moslembruderschaft und dem nationalistischen Regime Präsident Nassers übernommen, das nicht zögerte, ausgewählte religiöse Vorschriften und Entscheidungen der Ulema gegen sie zu benutzen.

Als 1929 Hassan al-Banna in Ägypten die Moslembruderschaft gründete, sprach er vom Islam sowohl als Religion als auch als Staat, aber er befürwortete eine evolutionäre Form der Erziehung und eine allmähliche soziale Veränderung (was ihn nicht davon abhielt, auf

Gewalt zurückzugreifen, wenn er sie für angemessen hielt). Er verzichtete darauf, die moslemisch geprägte Gesellschaft als eine Jahiliya zu bezeichnen. Er sprach vom religiösen Gesetz als einer Quelle der Gesetzgebung und rief zur Wiederherstellung der Herrschaft der Kalifen auf. Diese war in der Türkei vier Jahre vor der Gründung seiner Bewegung zusammengebrochen. Aber er verwendete nicht den Begriff der Herrschaft Gottes, Hakimiya. In seinem Denken mußte die Nation eine islamische Nation, aber sie sollte kein Ersatz für die lokale nationale Identität sein. Al-Banna betonte die Wichtigkeit der arabischen Einheit als ein Mittel zur islamischen Einheit. Somit begleitete ein »moderater« Nationalismus seine »moderate« politische Religiosität.

Der moderne politische Islam bezieht sich immer wieder positiv auf die Zeit der ersten Kalifen. Nizam al-Kilafa (die Herrschaft des Kalifats) ist ein Begriff, der häufig in politisch-religiösen Bewegungen gebraucht wird. Die Geschichte der Institution des Kalifats ist aus zwei Gründen von besonderem Interesse für unser Thema. Erstens: Ihre Abschaffung nach der Revolution Atatürks in der Türkei nach dem Ersten Weltkrieg brachte Bewegungen hervor, die zu ihrer Wiederherstellung aufriefen, das heißt, für eine Rückkehr zur »Harmonie« zwischen Religion und Staat waren. Zweitens: In den Augen des politischen Islams war diese Abschaffung der Beginn einer neuen Ära von Nationalstaaten, die an die Stelle der islamischen Nation trat, die unter der osmanischen Herrschaft bestanden hatte.

Das erste Kalifat der islamischen Geschichte war als Nachfolge des Propheten und nicht Gottes gedacht. Der Vers im Koran, der das Wort Kalif beinhaltet, bezieht es auf Adam, den Gott als seinen Erben auf Erden bezeichnet hatte. Danach sind also die Menschen Gottes Erben auf dieser Welt. Dieser Koranvers bietet tatsächlich eine Möglichkeit für humanistische Islaminterpretationen. Auf der anderen Seite gibt es weder im Koran noch in der Sunna eine Vorschrift zur Regelung der Wahl des Kalifen oder über die Funktionen des Kalifats als Regierungsinstitution. Von den ersten vier Kalifen (im politischen Islam das Goldene Zeitalter) starb nur einer eines natürlichen Todes, die Herrschaft der beiden letzten war durch soziale und politische Unruhen gekennzeichnet. Der dritte Kalif, Othman ibn Afan, der während seiner Herrschaft die erste Revolte der Provinzen erlebte (vor allem in Ägypten), war der erste, der erklärte, die Institution des Kalifats sei mit göttlichem Recht verbunden. Als eine Delegation seiner Gegner aus Ägypten ihn darum bat zurückzutreten, antwortete er (so die Überlieferung): »Ich werde dieses Gewand, mit dem mich Gott gekleidet hat, nicht abwerfen.«[17]

Trotz alledem erscheint die Zeit der ersten vier Kalifen, einschließlich Othmans, im kollektiven Gedächtnis des Islams als Periode der Harmonie, einer Identität zwischen Religion und Staat – als
eine Periode, in der göttliche Gerechtigkeit vorherrschte. Diese Kalifen benutzten den Islam nicht als politische Theorie; sie schufen ihn.
Der Islam als Rechtfertigung der Regierenden beginnt mit dem
Bruch der moslemischen Gemeinschaft und dem Kampf um die
Macht. Als das moslemische Reich sich später in einen Staat verwandelte, der von einem König (dem Kalifen) regiert wurde, der sein Amt
seinen Nachkommen übergab, bemerkte Moawija I., der erste omajjadische Kalif: »Die Erde ist Gottes Eigentum … und ich bin der Kalif
Gottes. Was ich nehme, gehört mir, und was ich dem Volk lasse,
bleibt meine Entscheidung.«

Auf diese Weise beginnt auch im Islam das Gottesgnadentum mit
der Einführung der Monarchie. Als »Harmonie« vorherrschte, war
eine Herrschaft Gottes (Hakimiya Allah), deren einzige politische
Bedeutung tatsächlich die von Gott ermächtigte Herrschaft ist, nicht
notwendig. Auch unter der Bedingung der Einheit von Staat und Religion liegt bereits im Gebrauch der Religion als Instrument des Staates der Keim der Säkularisierung.

Seit 929 – christlicher Zeitrechnung – und für einen relativ langen
Zeitraum danach wurde die moslemische Welt gleichzeitig von drei
Dynastien regiert, die alle das Kalifat für sich beanspruchten: den
Abbasiden in Bagdad, den Fatimiden in Ägypten und den Omajjaden
in Andalus (Spanien). Ab 935 war die Kompetenz der Kalifen auf die
Bestätigung der Vollmachten der tatsächlichen Herrscher der Provinzen beschränkt, in denen die Institution des Sultanats entstanden
war. In diesen Provinzen übernahm der jeweilige Sultan den Status
des wahren Königs, wogegen der Kalif nur dem Namen nach ein König und ohne wirkliche Macht war. Das blieb so, bis die Mongolen
1258 Bagdad eroberten und das Kalifat zerstörten. Nach dem Sieg
der Mongolen wurde der Kalif zu einer Art Papst, der den Sultanen,
den wirklichen Herrschern, Legitimation verlieh. Das soll die einzigartige Natur des Kalifats, das Religion und Staat miteinander verschmolz, nicht negieren. Vielmehr möchte ich das Allgemeine in der
Identität von Religion und Staat im Islam hervorheben. Das Beson

dere und das Allgemeine sind Momente eines einzigen konkreten historischen Phänomens. Eine Betonung der einzigartigen Charakteristika des Kalifats, sowohl als es reale Macht besaß als auch nachdem es sie verloren hatte, verwandelt es aber in einen Mythos. Tatsächlich war es die konkrete islamische Verkörperung der institutionellen Identität von Religion und Staat.

Die Mameluken Ägyptens versuchten das Kalifat zu übernehmen. Die Osmanen, die die Nachfolge des abbasidischen Reiches antraten, forderten, daß die gesamte »moslemische Nation« dem Kalifat Istanbuls Loyalität erweisen sollte. 1922 setzte der Nationalrat der Türkei den Sultan MohammedVI. ab; zwei Jahre später wurde die Institution des Kalifats vollständig abgeschafft.

Seit der Beseitigung dieses Symbols der Identität von Religion und Staat hat der politische Islam nie aufgehört, die Wiederherstellung dieser Regierungsform zu fordern – und somit auch die Einheit der islamischen Nation. Ja'afer al-Numeiri im Sudan, Zia ul-Haq in Pakistan und das saudische Regime sind offensichtlich an der Wiederherstellung der verlorenen »Harmonie« zwischen Religion und Staat gescheitert. Es sind oder waren despotische Regimes, die sich religiöser Ideologie bedienten. Besonders interessant ist die Bewertung der Beziehung zwischen Religion und Staat in Saudi-Arabien durch einen moslemischen Wissenschaftler: »Trotz seiner fundamentalistischen Neigungen verwandelt sich Saudi-Arabien in einen Staat mit einer Zivilregierung. Der Staat hat seine Zuständigkeit auf Bereiche ausgedehnt, die vorher mit Religion und dem religiösen Establishment verbunden waren. Selbst die Ulema sind Anhängsel des öffentlichen Dienstes geworden; die Gesetze des Landes regeln ihre Arbeit. Aufgrund der exklusiven Natur der Regierung und ihrer vollständigen Kontrolle des nationalen Reichtums sowie wegen ihres Bestrebens, die eigene Unabhängigkeit zu sichern, darf keine unabhängige religiöse Autorität existieren oder mit der Regierung um die Loyalität der Bürger konkurrieren. Deshalb hat der Staat seine Autorität auf den religiösen Sektor ausgedehnt und bedient sich der Ulema zu Legitimationszwecken.«[18]

Saudi-Arabien war und bleibt der wichtigste Unterstützer und Finanzier der nicht-radikalen politisch-islamischen Bewegungen (wie der Moslembruderschaft), insbesondere derer, die gegen Nationalismus oder »arabischen Sozialismus« des nasseristischen Typs kämpfen.

In diesem Kontext finde ich die Behauptungen des bekannten Orientalisten Bernard Lewis sehr merkwürdig, daß der Islam eine Trennung zwischen Religion und Staat nicht akzeptieren kann und daß für moslemische Konservative Gott allein der Herrscher sei.[19] Ahmad Ibn Hanbal, der führende Vertreter der strengsten der vier islamischen Rechtsschulen, zitierte den folgenden Spruch des Propheten: »Alles, was mit eurer Religion zu tun hat, bringt zu mir, aber in euren weltlichen Angelegenheiten seid ihr die Experten.«[20]

Das Wiederaufleben der Forderung nach Untrennbarkeit von Regierung und religiösem Gesetz im Islam begann mit der Repolitisierung religiöser Symbole durch die modernen politisch-religiösen Bewegungen als Teil ihrer Suche nach Identität in einer Welt, die sich in einem rasantem Tempo veränderte. Die Konfrontation mit der Moderne erzeugte Konzepte und Konnotationen, die auf Formeln der Vergangenheit projiziert und in den Wassern der Harmonie des verlorenen Goldenen Zeitalters gereinigt wurden. Auf diesem Weg verwandelte sich der politische Islam in eine retrospektive Utopie.

Ein weiterer wichtiger Bezugspunkt des politischen Islams ist die Ableitung der angestrebten »Herrschaft Gottes« aus dem Koran. Eine Betonung der Heiligen Schriften ist in entsprechenden Kreisen im Islam, im Judentum und im Christentum üblich, wie Hava Lazarus-Yafeh bemerkt hat[21], aber die erste Verwendung des Konzepts durch eine islamische politische Gruppe wird der Hawarej Sekte zugeschrieben (im siebten Jahrhundert war eine politische Gruppe auch eine religiöse). Die Hawarej prägten die Devise »La hukm illa lilla« (es gibt keine Hukm außer Gott). Im modernen Arabischen hat Hukm die Bedeutung »Regime« oder »Verwaltung« angenommen, und dies hat rückwirkend die entsprechenden Passagen im Koran gefärbt. Deshalb wird, wenn im Koran das Wort Hukm benutzt wird, dieses immer als »Regierung« gedeutet. Im Arabisch des Korans hat das Wort Hukm ursprünglich keinerlei Bedeutung oder Konnotation von »Regierung«.

Der liberale moslemische Richter und Denker, der Ägypter Mohammed Sa'id al-Ashmawi, hat anhand vieler Suwwar (Abschnitte des Korans)[22] nachgewiesen, daß im Koran Hukm »Prozeß« oder »Schlichtung« bedeutet. Er griff zu einem uralten Interpretationsprinzip des Korans zurück: dem Kontext oder der Ursache bzw. dem Anlaß einer Sure. Es geht um die Antwort auf die Frage: Warum hat Gott seinen Propheten mit dieser Sure inspiriert? Erst später entstand ein Interpretationsprinzip, das den Kontext ignorierte: »Der Sinn liegt in der Allgemeinheit des Ausdrucks und nicht in der Konkretheit seiner Ursache.«

Al-Ashmawi und andere Exegeten fanden, daß der Kontext in fast allen Suwwar, in denen der Begriff Hukm erscheint, ein Urteil oder eine Schlichtung ist. In der Haltung des modernen politischen Islams gegenüber dem Wort Hukm ist nicht nur die Bedeutung falsch, auch die Gründe für seine Verwendung im Koran werden außer acht gelassen. Bemerkenswerterweise bedeutet im gesprochenen Arabisch Hakim bis heute »Richter«.

Das zweite Wort, das im modernen Arabisch »Regierung« oder »Regime« bezeichnet, ist Nizam (Ordnung, System). Dieses Wort kommt im Koran nicht vor. Mit anderen Worten, wenn die islamischen politischen Bewegungen heute von Nizam Hukm Islami (islamisches Regierungssystem) sprechen, beziehen sie sich auf eine Ordnung, die nie existierte, weder im Koran noch in der Sunna. Die ausdrückliche Forderung nach sozialem und politischem Leben im Sinne des Nizam Islami ist modernen Ursprungs[23] und spiegelt eine Spaltung zwischen Bewußtsein und Realität, die den frühen Moslems gänzlich fremd war.

Der Richter Ashmawi und andere liberale religiöse Denker in heutigen moslemischen Ländern treten in die Fußstapfen des Scheichs Ali Abdul Razeq der al-Azhar Universität (eines Zentrums des theologischen Denkens). Insbesondere beziehen sie sich auf sein Buch »Al-Islam wa-asul al-hukm« (»Der Islam und die Prinzipien der Regierung«), 1928, das von politisch-islamischen Kreisen sehr verleumdet wurde. Dieses Buch stellt die erste systematische Formulierung einer umfassend säkularen Sicht des Verhältnisses zwischen Religion und Staat durch einen moslemischen Kleriker im modernen Zeitalter dar. Seine Hauptpunkte sind folgende:

1. Es gibt keine dem Islam eigene Methode der Regierung.
2. Für die Herrschaft des Kalifats gibt es in den religiösen Bestimmungen keine Grundlage; weder im Koran noch in der Sunna. Das bedeutet, daß sich religiöse Glaubenssätze nicht auf politische Herrschaft anwenden lassen.
3. In der islamischen Geschichte wurde die »Wahl« der Kalifen normalerweise mit Gewalt oder durch erbliche Nachfolge vollzogen.

4. Der Islam ist eine universale Religion und kann deshalb weder die Grundlage für eine regionale Regierung bilden noch in einer regionalen Regierung seine Grundlage haben.
5. Die Verwaltungs- und Regierungsfunktionen des Propheten Mohammeds waren keine integralen Bestandteile seiner prophetischen Mission.[24]

Es ist kein Zufall, daß das säkulare Buch dieses Klerikers zur Zeit der Gründung der Moslembruderschaft veröffentlicht wurde. Zur selben Zeit prägte ein ägyptischer Gelehrter den Ausdruck al-Islam din wadawla (»der Islam ist Religion und Staat«).[25] Säkularität und politische Religiosität sind verschiedene Resultate desselben Prozesses. Der Säkularisierungsprozeß hatte die religiöse Sphäre schon damals gespalten: in einen Teil, der über die Repolitisierung des Islams zur Politik zurückkehren wollte, und einen anderen, der der Verpflichtung treu blieb, den Islam als eine Religion zu leben, die die Angelegenheiten von Gesellschaft und Staat nicht regeln kann.

In der moslemischen und vor allem in der arabischen Welt und in Pakistan hat eine komplexe und erbitterte Debatte über die Verwendung religiöser Gesetze (Schari'a) als Hauptquelle der Gesetzgebung Säkularisten, Liberale (religiöse und andere) und Linke gegen die politisch-islamischen Bewegungen aufgebracht. In diesem Punkt haben die politisch-religiösen Bewegungen es geschafft, die Unterstützung des religiösen Establishments zu gewinnen. Aber auch hier existiert ein Konflikt innerhalb der islamischen Bewegungen im Bezug auf die Verwendung der Schari'a: Soll sie wörtlich genommen werden oder nur als eine Quelle für die Gesetzgebung? Welche der vier Schulen der Auslegung der Schari'a soll verwendet werden? Über solche und ähnliche Fragen bestehen Meinungsverschiedenheiten.

Seit dem Beginn der islamischen Geschichte hat der Begriff der Schari'a weitreichende Veränderungen durchgemacht. Im Koran bedeutet er »Weg« oder »Pfad«, später »Prinzipien des Korans und der Sunna, die die Angelegenheiten der moslemischen Gesellschaft regeln«. Heute wird Schari'a aber in der Praxis meist verwendet, um alle islamischen Fiqh zu bezeichnen, das heißt alle Auslegungen und Theologien, die sich um den Koran und die Sunna entwickelt haben. Im Gegensatz zum Koran und zur Sunna wird Fiqh als Produkt des Menschen betrachtet, als ein kulturelles Unternehmen, das sich als eine Funktion historischer Gegebenheiten in verschiedenen sozialen Kontexten entwickelte.

Liberale ägyptische Wissenschaftler, selbst solche, die religiöse Bestimmungen als Quelle der Gesetzgebung oder als besonderes Erbe unterstützen, das eine Rolle in der Formierung der Gesellschaft zu spielen hat, argumentieren, daß die moslemische Religion keine der Gesetzgebung und des Gesetzes sei, im Gegensatz zum Beispiel zum Judentum, in dem Halakhah die kulturellen Beziehungen bis ins kleinste Detail regelt. Der Koran hat 6000 Ayah (Verse). Davon befassen sich 700 mit religiösen Vorschriften, die das Ubadat und das Mu'amalat (d. h. die Angelegenheiten zwischen Mensch und Gott und zwischen den Menschen untereinander) regeln. Nur 200 davon sind wirkliche Gesetze. Sie gelten für die Bereiche des Ehelebens, des Erbrechts und des Strafgesetzes. Die Gültigkeit einiger dieser Koranstellen wird durch andere aufgehoben, so daß insgesamt nicht mehr als 80 Verse existieren, die tatsächlich Gesetzesbestimmungen enthalten. Aus diesen 80 Textstellen muß sich das islamische Recht ableiten und seine Inspiration beziehen, die moderne Gesellschaft und ihre Probleme zu regeln.

Was passierte, als der Staat versuchte die Schari'a anzuwenden, nachdem die beiden Sphären von Politik und Religion schon getrennt waren? Neben dem schiitischen Iran haben auch andere Länder die Schari'a als Hauptquelle der Gesetzgebung übernommen. Im Sudan wurde sie vom Diktator Ja'afer al-Numeiri angeblich wörtlich übernommen, genau zu der Zeit, in der das sozio-ökonomische Regime im Sudan die Bevölkerung an den Rand des Verhungerns gebracht hatte. In Pakistan wurde die Schari'a ebenfalls als die Hauptquelle der Gesetzgebung genommen, insbesondere während der Diktatur Zia ul-Haqs. Dort waren auch Strafen vorgeschrieben, die in der Tat keine Verbindung zum Koran oder zur Sunna haben, sondern aus späteren Perioden des moslemischen Reiches abgeleitet sind. In Saudi-Arabien wurde die Schari'a von Anfang an zum einzigen Gesetz erklärt, aber auch dort ist es für islamische Gruppen schwierig, die Hakimiya Allah auszumachen. Besonders irritierend ist das luxuriöse Leben der Herrscher, die im Grunde die Anführer der herrschenden Clans sind.

Selbst in Ägypten, das eine moderne und aufgeklärte Regierungstradition hat, besagt Artikel 2 der Verfassung von 1971, daß die Prinzipien der islamischen Schari'a »eine Hauptquelle der Gesetzgebung« sind. Zu dieser Zeit versuchte Sadat seine mangelnde Legitimation zu verstärken, eine Massenbasis für sein Regime gegen die Nasseristen aufzubauen und dazu islamistische Kräfte zu instrumentalisieren. Als 1980 eine neue Verfassung in Kraft gesetzt wurde, war es schwierig geworden, diesen Prozeß zu stoppen. Der Artikel wurde dahingehend modifiziert, daß die Prinzipien der islamischen Schari'a »die Hauptquelle der Gesetzgebung« seien. Die Schari'a ist nicht das Wesen der islamischen Religion, sondern ein historisches Produkt der nicht vollzogenen Trennung von Religion und Staat im moslemischem Reich, also eines Zusammenspiels zweier Momente in einer Einheit. Der Versuch, sie als überhistorisches Phänomen in der Gegenwart anzuwenden, hat zu dramatischen Fehlschlägen und sogar Katastrophen geführt, zum Beispiel im Sudan und in Pakistan.[26]

Die Schari'a beinhaltet keine definierte politische oder konstitutionelle Theorie. Während der Geschichte des Islams waren die Ulema in zwei Hauptrichtungen geteilt: Die einen erarbeiteten Fatwas (religiöse Entscheidungen), um die Handlungen des jeweiligen Herrschers zu rechtfertigen, meistens rückwirkend. Ein anderer Zweig distanzierte sich von den Angelegenheiten des Staates und befaßte sich mit den Gesetzen des Ehelebens und ähnlichem. Die ersten Anzeichen dafür, daß die Religion zur Privatsache wurde, sind zu dem Zeitpunkt zu finden, als religiöse Gesetze auf den Bereich von Ehefragen beschränkt wurden. Sogar das häufig zitierte Buch von al-Mawirdi aus der Schlußphase der abbasidischen Periode, »Al-Ahkam al-Sultaniyah«, enthält keine politische Theorie, sondern eine Beschreibung der Situation zur Zeit der abbasidischen Herrschaft. Diese Beschreibungen bieten Verallgemeinerungen, die das Vorgehen der Abbasiden sowie die Art ihrer »Wahl« rückwirkend rechtfertigen. Der Theologietypus dieser Periode ist durch die Ablehnung von Rebellion (Fitna) und das Bevorzugen eines schlechten Herrschers anstelle gesellschaftlicher Anarchie, die Fitna mit sich bringt, gekennzeichnet.

»Theorien« dieser Art sind zur Zeit der Umwandlung des Kalifats in einer Vielfalt dynastischer Regime entstanden. Schon zu Beginn der omajjadischen Periode entstand eine islamische Ideologie, die ungerechte oder sogar sündhafte Regime rechtfertigte: al-Miarjaa (die Verschiebung). Nach diesem Konzept besteht Religion aus Glaube und aus Handlungen. Der moslemische Gläubige bleibt Teil der moslemischen Gemeinschaft, selbst wenn er Sünden begeht. Für seine Sünden wird er in der nächsten Welt büßen. Das gilt ebenso für einen sündigen Herrscher; er ist der Gemeinde der Gläubigen (der Nation) nicht rechenschaftspflichtig, sondern nur dem Ewigen Richter am Tag des Jüngsten Gerichts.

Die islamische Theologie vermittelte so zwischen Gott und der weltlichen Macht; darin unterschied sie sich nicht von anderen Theologien. Zu Lebzeiten des Propheten Mohammed und während der Periode der ersten vier Kalifen war eine solche Vermittlung nicht notwendig, da der Herrscher die Theologie schuf: Es war sein Verhalten, das die Theologie bildete, oder diese war eine Erklärung seines Verhaltens (zumindest im Gedächtnis der moslemischen Gemeinschaft – aber für unsere These ist es irrelevant, ob es historisch so war oder nicht). Als sich die islamische Gesellschaft unter dem dritten Kalifen, Othman, spaltete, fing die abstrakte Identität zwischen Religion und Staat an, sich in eine »konkrete Identität« (Hegel) zu verwandeln. Identität ist dadurch konkret, daß sie eine Unterscheidung enthält, die einen potentiellen Widerspruch in sich birgt. Religion im Dienste des Staates ist keine zufällige, sondern konkrete Identität, da sie schon einige Risse vorweist. Die Privatisierung von Religion war schon in ihrer Verbannung in den Ehebereich enthalten, genauso wie das ideologische Potential der Theologie bereits die Trennung von Religion und Staat in sich birgt.

Die islamische Nation und der Arabische Nationalismus

Wie hat sich die Beziehung zwischen dem politischen Islam und dem Arabischen Nationalismus entwickelt? Ich werde mit einigen kurzen Bemerkungen über das Konzept der al-Umma (Nation) im Islam beginnen. Die ursprüngliche Bedeutung von al-Umma al-Islamlya ist »Gesellschaft/Gemeinschaft von Gläubigen«, wobei dies eher den Sinn von Gemeinschaft als von Gesellschaft hat. Erst in der modernen Zeit, als Umma im Arabischen in der Bedeutung von »Nation« verwendet wurde, erhielt es diese Konnotation. Sie wurde dem Begriff dann auch in der klassischen islamischen Literatur übergestülpt, als wäre die Gemeinschaft der Gläubigen in Medina oder im islamischen Reich ein Nationalstaat im modernen Sinne gewesen. Diese Denkrichtung erfuhr unerwartete Unterstützung, als Pakistan 1947 als erster moderner Staat auf der Basis religiöser Zugehörigkeit gegründet wurde. Ein Jahr später, bei der Gründung des Staates Israel, war der politische Islam von der Selbstdarstellung des Zionismus als einer säkularen Nationalbewegung nicht besonders beeindruckt. Israel war für sie ein zweites Beispiel der politischen Einheit einer religiösen Nation oder Umma.

Der moderne Arabische Nationalismus entwickelte sich im 19. Jahrhundert im Osmanischen Reich. Er begann seinen Kurs als eine organisierte arabische Nationalbewegung mit dem Kampf gegen das Osmanische Reich in der Revolte von 1916. Als Resultat der internationalen Kräfteverhältnisse nach dem Ersten Weltkrieg entstand aber kein Nationalstaat, er konnte sich also nicht im europäischen Sinne des Wortes als politische Einheit organisieren.

Stellen die Araber eine Nation dar? Macht sie ihr Streben nach politischer, nach staatlicher Einheit – ein Traum, der nie verwirklicht wurde – zu einer Nation? Unzählige wissenschaftliche Debatten sind um diese Frage geführt worden, ähnlich den Debatten, ob es eine deutsche Nation gebe und welcher Natur sie sei. Dabei ist die Existenz eines arabischen Nationalismus nicht umstritten, eines Nationalismus, der sich auf der Basis einer gemeinsamen Sprache und territorialer Kontinuität entwickelt hat, einer kollektiven Geschichte, die im Gedächtnis weiterlebt. Und es gibt einen gemeinsamen Glauben an die Existenz einer arabischen Nation. Am 12. März 1945 wurde der postkolonialen Realität in der Gründung der Arabischen Liga eine Form gegeben, die sowohl die Teilung der arabischen Welt durch englische und französische Kolonialisten als auch ihre Einheit aufrechterhielt.

Die Konfrontation zwischen dem Arabismus und dem Islam in seinen offenen und versteckten Formen existiert seit den ersten Eroberungen arabischer Moslems außerhalb der arabischen Halbinsel und der Bekehrung nicht-arabischer Völker, die Teil des Reiches wurden, zum Islam. Diese Konfrontation hat sich auf sehr verschiedene Art und Weise manifestiert. In der islamisch-arabischen Kultur existierte ein Widerspruch zwischen den universalistischen Ansprüchen des Islams und seiner arabischen Eigenheit und Herkunft sowie seinem Beitrag zur Herausbildung der arabischen Identität. Die Dynamik, die dieser Widerspruch entwickelte, brachte eine äußerst kreative kulturelle Synthese neben harten Kämpfen und Konflikten hervor, in denen die verschiedenen nicht-arabischen Moslems im

Namen der Gleichheit für alle Moslems gegen die arabische Herrschaft im Reich kämpften.

Der irakisch-iranische Krieg der achtziger Jahre restaurierte ein Bewußtsein über den Konflikt zwischen »Arabismus« und Schu'ubiya (einer Vielzahl anti-arabischer Bewegungen und Philosophien, die in Persien während des islamisch imperialen Zeitalters entstanden), da beide Regierungen zu Zwecken der politischen Propaganda alte Mythen aus den Tiefen kollektiver Erinnerung benutzten. Der Kampf zwischen den beiden Ländern um die Kontrolle der Golfregion, in der zwei Drittel der gesamten Ölreserven der Welt liegen, ist offensichtlich etwas völlig anderes als der Kampf zwischen Arabismus und den Schu'ubiya im Kontext des islamischen Reichs. In der Regel benutzen arabisch-nationalistische Führer islamische Mythen, weil das islamische Reich als das Goldene Zeitalter der arabischen Nation angesehen wird. Der Konflikt mit Israel – insbesondere nach der Eroberung Ost-Jerusalems – beflügelte den Gebrauch islamischer Mythen. Aber selbst ohne die Palästina-Frage zu berücksichtigen, ist es offensichtlich, daß es sogar säkularen arabischen Spitzenpolitikern schwerfällt, sich als säkular zu bezeichnen, so wie es sich Kemal Atatürk, der Gründer der modernen Türkei, in seinem Kampf gegen das Kalifat und das islamische Establishment erlaubt hatte.

Wie sieht die Beziehung zwischen Arabismus und Islam im modernen Zeitalter also aus? Arabische Historiker halten es für schwierig, die Quelle des modernen Arabischen Nationalismus zu bestimmen. Ist er in der ganzen arabischen Welt zur gleichen Zeit als Resultat der Konsolidierung einer städtischen Mittelschicht entstanden, die aus den Kontakten mit dem Westen und dem Modernismus hervorging? Oder hatte er spezifischere Ursprünge: Bilad al-Scham (Syrien, Libanon, Palästina)?

Die ersten Konfrontationen zwischen Arabern und dem Osmanischen Reich, die als solche gesehen wurden, brachen in Großsyrien gegen die Veränderungen aus, die im Osmanischen Reich nach der türkisch-nationalistischen Revolte von 1908 stattfanden. Sie richteten sich gegen den Versuch, dem Reich eine unverkennbar türkische Färbung zu geben (tatrik).

In ihrer modernen Form sind türkischer und Arabischer Nationalismus in der Tat Zwillinge; sie wurden in derselben Zeit geboren: als sich eine moderne städtische Mittelschicht in beiden Völkern herausbildete, die lokale Interessen und eine Tendenz zur westlichen Bildung entwickelte und der europäische Nationalismus einflußreich wurde. Beide Nationen entwickelten ihre nationalistischen politischen Bewegungen, während die islamische Einheit sich auflöste und die islamische Umma geleugnet wurde. Der arabisch-nationale Kampf begann mit der Forderung nach lokaler Autonomie, entwickelte sich aber rasch zu Positionen, die zur Abspaltung vom Reich und zur Etablierung eines arabischen Staates aufriefen.

Moslemische Historiker, die dem politischen Islam auf die eine oder andere Art nahestehen, geben christlichen Denkern in Syrien die »Schuld« an der Geburt des Arabischen Nationalismus. Sicherlich liegt in dieser Behauptung ein wahrer Kern; die christliche Intelligenz in Syrien suchte tatsächlich eine Gemeinsamkeit mit der moslemischen Mehrheit, um den Kampf gegen das islamisch-osmanische Reich voranzutreiben. Die christlichen Intellektuellen waren außerdem dem westlichen Einfluß stärker ausgesetzt, auch dessen nationalistischen Ideologien. Trotzdem gab es unter den Gründern des Arabischen Nationalismus auch viele Moslems. Darunter waren sogar Geistliche, wie Abdul Rahman al-Kawakbi, und später auch säkulare Persönlichkeiten wie Sat'a al-Husri. Die moslemischen wie die christlichen Intellektuellen machten denselben Prozeß durch, aber bei den Christen manifestierte er sich aufgrund besonderer Umstände deutlicher.

Zwei klare Strömungen können in der arabischen Ideologie unterschieden werden. Die erste entwickelte eine nationalistische Richtung, die vom Islam unabhängig ist und sich höchstens als kulturelles Erbe auf ihn bezieht. Die zweite betrachtet demgegenüber die Religion als ein wichtiges Element der arabisch-nationalistischen Ideologie. Die frühen Befürworter des Arabischen Nationalismus wurden wesentlich von der westlichen liberalen Tradition (die sie ins Arabische übersetzten) beeinflußt und erarbeiteten ihre eigene liberale, nationalistisch-politische Sichtweise. Erst nach dem Beginn der Konfrontation mit dem »demokratischen Westen« und nachdem diese als eine Konfrontation mit dem Kolonialismus wahrgenommen wurde, entwickelte sich das arabisch-nationalistische Denken in die Richtung eines romantischen Nationalismus im Sinne al-Husris.[27]

Bis zum Ausbruch des Konflikts mit den Kolonialmächten – Frankreich in Nordafrika, Syrien und dem Libanon; England in

Ägypten, Palästina und im Irak – hatte sich der Arabische Nationalismus schon in eine Ideologie mit verschiedenen Strömungen entwickelt. Ab diesem Zeitpunkt kam er mit der Volksreligiosität und dem religiösen Establishment in Berührung. In Nordafrika, wo es weder große christliche Minderheiten noch einen Kampf gegen das moderne Osmanische Reich gab, entstand eine interessante Beziehung zwischen dem Arabischen Nationalismus und dem Islam, bei der der Islam eine wichtige Rolle spielt. In Ägypten hingegen finden wir ein ausgeglicheneres Bild. Das Land genoß formale Unabhängigkeit. Die nationalistische Bewegung behielt während der Periode des anti-britischen Kampfes ihren liberal-demokratischen Charakter.

Zwei Strömungen des politischen Islams entwickelten sich parallel dazu. Die erste rief zu Reform und Modernisierung des Islams auf und kooperierte mit der nationalistischen Bewegung, wohingegen die zweite einen politischen Islam außerhalb der nationalistischen Bewegung entwickelte und für die Wiederherstellung islamischer Einheit und ihres Symbols – des Kalifats – einzutreten begann. Aber selbst diese Strömung betrachtete die nationale Unabhängigkeit als einen notwendigen Schritt auf dem Weg zum islamischen Staat.

Die säkular-nationale Ideologie verbreitete sich in den arabischen Ländern nach der Befreiung vom Kolonialismus vor allem in den fünfziger und sechziger Jahren, als Regime an die Macht kamen, die den Arabischen Nationalismus offensiv vertraten und die Idee der arabischen Einheit auf ihre Fahne schrieben.

Es ist nicht meine Absicht, hier eine ausführliche Analyse der arabisch-nationalistischen Ideologie vorzunehmen oder die Wandlungen dieser Regimes zu untersuchen. Ich will lediglich feststellen, daß der neue Arabische Nationalstaat seine Haltung gegenüber der Religion verändert hat. Militante Regimes betrachteten organisierte religiöse Kräfte als eine potentielle Bedrohung der neuen staatlichen Institutionen, die unter der Kontrolle der Offizierskaste entstanden waren und sich unter der Führung der neuen Mittelschichteliten konsolidierten. »Der Staat versuchte, den Islam zugleich vom politischen Feld fernzuhalten und ihn in der Sphäre der Gemeinde, der Bildung und des Privaten zu erhalten. Auf diese Weise sollte seine breite öffentliche ideologische Beziehung zum Staat selbst, als auch zu sozialer Erfahrung auf nationaler Ebene blockiert werden.«[28]

Der Arabische Nationalismus stand während kurzer Zeiträume seiner Geschichte den religiösen Angelegenheiten neutral gegenüber. Er trennte Religion vom Staat – aber ohne das klassische europäische Modell zu übernehmen. Es besteht allerdings kein Zweifel daran, daß das Konzept der »arabischen Nation« (und selbst der Arabische Nationalismus) einen Säkularisierungsprozeß durchlaufen hat. Dieser Prozeß vollzog sich auf drei Ebenen: der

- des historischen Ursprungs des Konzepts im Kampf gegen das moslemische Osmanische Reich;
- des sozialen Subjekts, das den abstrakten Begriff in konkrete soziale Kämpfe umsetzte: die Bourgeoisie und die Intellektuellen mit ihren Bestrebungen nach nationaler Unabhängigkeit;
- des politischen Subjekts selbst: Araber, sowohl Moslems als auch Christen, wurden von anderen Moslems durch die nationalistische Ideologie getrennt; der Islam wurde zu einem Bestandteil ihrer nationalen Identität – und nicht umgekehrt.

Die Säkularisierung des Begriffs »Umma« trug zur Tendenz der politischen Religiosität bei, das Konzept der »islamischen Nation« zu repolitisieren und als ein politisch-religiöses Ganzes zu sehen, das im Widerspruch zur arabischen Nation als einer politisch-nationalen Einheit steht. Das führt zu Zusammenstößen zwischen extremistischer politischer Religiosität und extremistischem Nationalismus: die »Heiligsprechung« von Werten in der säkularen Politik – wenn sich etwa säkulare Politiker religiöser Mythen bedienen – prallt mit der Repolitisierung der Werte in der religiösen Sphäre zusammen. Die verschiedensten Formen des Konflikts zwischen modernem Arabischen Nationalismus und politischem Islam, von vorsichtigem Mißtrauen bis zur offenen Feindseligkeit, sind möglich. Al-Bishri, ein wichtiger ägyptischer moslemischer Philosoph, griff die Säkularität als wesentlichen Unterschied zwischen den beiden Ideologien heraus: »Man kann sagen, daß der Hauptunterschied zwischen politischem Islam und Arabischem Nationalismus (...) die Säkularität ist; meiner Meinung nach gibt es keinen wichtigeren Unterschied zwischen den beiden Strömungen.«[29]

Der Widerstand gegen den Arabischen Nationalismus, als dieser zur Zeit Nassers seinen Höhepunkt erreichte und mit Konzepten wie dem arabischen Sozialismus, der Nationalisierung wichtiger Wirtschaftsbereiche und der Führung der Blockfreienbewegung assoziiert wurde, stammte hauptsächlich von konservativen Kräften in der arabischen Welt. Eine relativ lange Zeit schienen die feudal-stammesgebundenen Regimes die Verteidiger des Islams gegen die säkulare arabisch-nationalistische Ideologie zu sein. Ironischerweise waren es genau diese konservativen Regimes, die klimiya (Regionalismus oder Lokalpatriotismus) gegen die arabische Einheit verteidigten, die ebenfalls Verfechter des Islams waren, der im politischen Islam eine universalistische Ideologie ist. Und es waren gerade die nationalistischen Regimes, die den Spaltungen der arabischen Welt die Einheit entgegensetzen wollten.

Auf dem Höhepunkt dieses Konflikts (1966) organisierte Saudi-Arabien die Islamische Konferenz-Organisation (ICO), die alle Länder mit moslemischer Mehrheit einschließen sollte. Zuerst lehnte Nasser die Beteiligung ab, änderte aber seine Meinung nach der vernichtenden Niederlage im israelisch-arabischen Krieg 1967. Ein solches Verhaltensmuster ist symptomatisch für die heutige Beziehung zwischen dem Islam und dem Arabischen Nationalismus: Einer gewinnt auf Kosten des anderen.

Der Krieg von 1967 schuf eine neue politische Ordnung in der Region. In der arabischen Welt wurde der Sieg Israels als Niederlage des Pan-Arabismus aufgefaßt. Für einige Jahre schien der Arabische Nationalismus als Ideologie der Vergangenheit anzugehören. Das spiegelte sich ebenso in der ägyptozentrischen Haltung Sadats und seiner Berater wider, die für einen eigenen Kurs Ägyptens eintraten, wie im Aufstieg Saudi- Arabiens zu einer wichtigen Kraft in der arabischen Welt und in der zunehmenden Macht des politischen Islams als einer ideologischen Alternative.

Die Krise des Arabischen Nationalismus als Ideologie, die Lösungen für die ökonomischen und sozialen Probleme der Zeit nach der Unabhängigkeit liefern sollte, ging der Niederlage von 1967 aber bereits voraus und war möglicherweise eine ihrer Ursachen. Meiner Meinung nach beeinflußte diese Krise allerdings nicht das Gefühl nationaler Identität der breiten Mehrheit der Bevölkerung, das weiterhin mit der Volksreligiosität koexistierte. Bei den arabischen Intellektuellen hingegen sind ein Polarisierungsprozeß und die Entwicklung neuer Strömungen zu beobachten, die sich zunehmend auf Fragen der politischen Struktur des arabischen Staates beziehen, etwa demokratische Regierungsformen, wirtschaftliche Unabhängigkeit und ähnliche Probleme. In diesem Kontext vollzieht sich seit den siebziger Jahren die Entwicklung einer kritischen Beziehung zum islamischen Erbe bis hin zu einem möglichen Bruch mit ihm.

Wie entwickelte sich die Haltung des politischen Islams gegenüber dem Aabischen Nationalismus? Emmanuel Sivans Qannaei ha-Islam (Übersetzung des englischen Titels: »Der radikale Islam: Mittelalterliche Theologie und moderne Politik«) enthält eine detaillicrte Beschreibung der Haltung politisch-islamischer Bewegungen gegenüber dem Arabischen Nationalismus, insbesondere in den sechziger und siebziger Jahren. Er zitiert Sa'id Hawa, einen der prominentesten Führer der Moslembruderschaft in Syrien, der Arabismus als säkulare Religion definiert: »Eine Verbindung mit dem Nationalismus als solchem ist eine ganz natürliche Sache. Aber wenn jemand gefragt wird, Was sind deine Grundsätze?, und er antwortet: ›Ich bin Araber‹ – dann verdient das strengste Verurteilung. Er hätte sagen sollen, daß er Moslem, Christ oder Jude ist. Die ethnische Identität eines Mannes sollte keinen Einfluß auf seinen Glauben, seine Meinungen und Bräuche haben. Dieser katastrophale Fehler macht aus dem Nationalismus einen Ersatz für den Islam.«[30]

Dieser Standpunkt ist typisch für das Denken der modernen islamischen politischen Bewegungen zu einem relativ späten Zeitpunkt, aber er war es zu keinem Zeitpunkt für die Gemeinschaft der Gläubigen als Ganzes.

Die radikalen islamischen Bewegungen – besonders die in Ägypten und Syrien –, zu deren herausragenden Führern Sa'id Hawa gehört –, leisten durch die Verbreitung einer Vielzahl von Broschüren, Büchern und Plakaten eine umfangreiche Propagandaarbeit gegen die sogenannte »Anbetung des Staates«, die sich im Grüßen der Fahne, patriotischen Liedern und Besuchen am Grab des unbekannten Soldaten usw. niederschlage. Im Nahen Osten wird jeder Beobachter den großen Unterschied zwischen dem Verhalten dieser Strömungen in der arabischen Welt und dem der politisch-religiösen Bewegungen in Israel in bezug auf deren Haltung nationalen Symbolen und Werten gegenüber erkennen. Es ist bemerkenswert, daß ein großer Teil der Publikationen dieser islamistischen Bewegungen dem Staat Israel eine Mischung aus Haß und Respekt entgegenbringt, weil sie ihn als religiösen jüdischen Staat betrachten.

Die meisten Historiker datieren den Beginn der modernen Ära der islamischen Geschichte mit der napoleonischen Invasion in Ägypten, auch wenn diese eigentlich nur in Ägypten den Beginn der modernen islamischen Geschichte markiert. Aber angesichts des geistigen Einflusses Ägyptens und seiner gewichtigen Bedeutung in der arabischen Welt und vor dem Hintergrund der tiefgreifenden Veränderungen, die das Osmanische Reich zu Beginn des 19. Jahrhunderts erschütterten, teile ich diesen Standpunkt. Der islamische Aufschwung während der langen und tiefen Krise des Osmanischen Reiches fiel mit der Konfrontation mit dem Modernisierungsprozeß und dem Import westlicher Ideen zusammen. Obwohl es üblich ist, diesen Prozeß in Stadien und Phasen zu unterteilen, werde ich mich auf eine andere Art der Klassifizierung konzentrieren, um die programmatischen Unterschiede zu betonen.

(1) In die erste Phase fällt die Strömung des Wiederauflebens des Islams, die man »fundamentalistisch« in der ursprünglichen Bedeutung des Wortes nennen könnte, weil sie eine Rückkehr zu den reinen Glaubenssätzen des Islams anstrebte. Ihre Merkmale sind der Kampf gegen Aberglaube und Legenden, die Ablehnung jeglicher Vermittlung zwischen Mensch und Gott durch Heilige oder Heiligenverehrung, und insbesondere eine strenge Interpretation des Korans und der Sunna. Zu dieser Strömung gehörten Bewegungen wie die der Wahabiten auf der arabischen Halbinsel, die von Bin Abdul Wahab (1703-1791) gegründet worden war. Nachdem der Saud-Clan sich ihr angeschlossen hatte, konnte er den größten Teil der arabischen Halbinsel für sich gewinnen.

In den höher entwickelten kulturellen Zentren trat eine andere Strömung in Erscheinung. Diese rief zur Reorganisation des Reiches auf (die Sultane Selim II. und Mohammed II. in Istanbul und der moderne Staat Mohammed Alis in Ägypten, 1805-1848).

Die erste Strömung entstand am Rand des Osmanischen Reiches, in kulturell und ökonomisch zurückgebliebenen Regionen, weit abgelegen von den städtischen Zentren. Die Strömungen des zweiten Typs sind durch den Versuch gekennzeichnet, institutionelle Reformen einzuleiten und die Verwaltung des Reichs oder seiner Teile im Sinne einer Einheit von Religion und Staat zu modernisieren. Dies waren möglicherweise die letzten Versuche, den Islam in diesem Zusammenhang wiederzubeleben.

(2) Das zweite Stadium des islamischen Wiederaufschwungs begann mit bedeutenden ägyptischen Denkern wie Jamal al-Din al-Afg'ani (1839-1896) und seinen Schülern, Mohammed Abdu (1849-1905) und Mohammed Rashid Rida (1865-1935). Diese Den-

ker starteten ein beeindruckendes Unternehmen, das sich dem Wiederaufleben des Islams und seiner Anpassung an die Moderne widmete und die Tür für liberalere Auslegungen (ijtihad) des Korans und der Sunna öffnete. Al-Afg'ani rief zur islamischen Einheit unter dem Dach eines modernen aufgeklärten Islams[31] auf. Schon gegen Ende des 19. Jahrhunderts hatte al-Afg'ani verstanden, daß die Modernisierung den dominanten kulturellen Faktor im Osmanischen Reich – den Arabischen Nationalismus – nicht außer acht lassen durfte. Er wendete sich an den osmanischen Kalifen, um Arabisch, die Sprache des Islams, zur offiziellen Sprache des Reichs zu machen.[32] Ungefähr zur selben Zeit rief Scheich al-Kawakbi, einer der Vorreiter des arabisch-nationalistischen Gedankens, dazu auf, den türkischen Kalifen durch einen arabischen zu ersetzen. In Ägypten entwickelte sich ein reformierter Islam, der Arabismus als einen seiner Bestandteile ansah; in Syrien entstand ein Arabischer Nationalismus, der den Islam als einen seiner Bestandteile betrachtete. Die Entwicklungslinie, die von al-Afg'ani zu Rashid Rida führt, zeigt eine Tendenz zur Überpolitisierung des Islams, zu einer detaillierteren Beschäftigung mit sozialer Organisierung. Zeigt zunehmendes Engagement für die internen Probleme der ägyptischen Gesellschaft, die Widersprüche zwischen der Entwicklung moderner Institutionen sowie moderner Bildung und konservativer Tradition, konservativen religiösen Institutionen und religiöser Bildung, die vollständig von den Tendenzen der modernen Bildung abgeschnitten waren.

Die nationale Bewegung, die sich der britischen Besatzung widersetzte, übernahm einen liberalen, säkularen Ansatz (die Wafd-Partei), während der Übergang von Mohammed Abdu zu Rashid Rida eine Tendenz zu einem strengeren politischen Islam mit sich brachte. Rashid Rida begann sich intensiver auf religiöse Vorschriften und Kommentare der Schule Ibn Teimiyahs zu beziehen, des islamischen Philosophen des 14. Jahrhunderts, der als erster den Dschihad gegen einen moslemischen Herrscher erlaubte und den Dschihad gegen Ungläubige zu einem religiösen Grundsatz machte. Natürlich bezog sich Rida auf Ibn Teimiyah in einem weniger militanten sozialen Zusammenhang; aber verfolgt man diese intellektuelle Entwicklungslinie bis heute, dann läßt sich das Wiederaufleben des gesamten Vermächtnisses Teimiyahs durch Sayyid Qutb (in den sechziger Jahren) und durch die islamistischen Gruppen (die Jama'at) in den siebziger und achtziger Jahren feststellen. Die Entwicklungslinie von al-

Afg'ani zu Rashid Rida geht in die Richtung einer Überpolitisierung und Militanz des politischen Islams. Während sich al Afg'ani anfangs kopfüber in die Modernität stürzte, endete Rida in abgeschlosseneren und strengeren Islaminterpretationen. Als sich die Säkularisierung der Gesellschaft intensivierte, spielten beim Wiederaufleben des Islams Kompromisse mit der Modernität keine große Rolle.

(3) Zur gleichen Zeit, am Ende der Ära al-Afg'anis, Abdus und Ridas wurde in Ägypten die Moslembruderschaft gegründet. Dies kündigte den Beginn der Geschichte des politischen Islams als organisierter politischer Bewegung an. Die Organisation erreichte ihre größte Popularität in den vierziger Jahren. Sie beteiligte sich 1948 am Krieg gegen Israel, die Bedeutung ihrer Unterstützung der Revolution von 1952 ist umstritten. Die Moslembrüder kamen hauptsächlich aus der unteren Mittelschicht, vor allem aus ägyptischen Kleinstädten und auch aus der ländlichen Bevölkerung, die in die Städte migriert war. Die Organisation fand ihre Basis vor allem unter den Opfern des Modernisierungsprozesses. Aber auf ihrem Höhepunkt schaffte sie es, alle Ebenen der ägyptischen Bevölkerung zu durchdringen. Sie organisierte eine Untergrundbewegung (al-Jihaz al-Siri), die parallel zu ihr arbeitete, aber sie propagierte keine Gewalt oder Dschihad im gewaltsamen Sinne des Wortes als Mittel, um die Islamisierung der Gesellschaft und des Staates herbeizuführen. Die Geschichte der Moslembruderschaft ist reich an Spannungen zwischen der politischen Führung und der militanteren Untergrundführung. In den vierziger Jahren kam es zu ernsten Gewaltausbrüchen in ihrem Kampf gegen das Wafd-Regime. Die Organisation bildete eine Allianz mit dem Königshaus gegen die liberalsäkulare Wafd-Partei, aber mit zunehmender Stärke geriet sie auch mit dem König in Konflikt. Ihr Führer fiel dieser Konfrontation 1949 zum Opfer, nachdem die Organisation verboten worden war.

Die Beziehungen zwischen der Moslembruderschaft, der konservativen Monarchie und dem liberalen Nationalismus lassen einen gewissen zyklischen Ablauf erkennen. Der Hof benutzte die Bruderschaft gegen die liberale Wafd, bis sie so stark war, daß sie zu einer Bedrohung für die Monarchie wurde. Sadat benutzte die moslemischen Bewegungen in seinem gewaltsamen Kampf gegen die nasseristische Linke. Aber als sie zu stark wurden, brach ein Kampf zwischen ihnen und Sadat aus. Das heißt, ein säkulares Regime kann Religion oder sogar das religiöse Establishment für seine politischen

Zwecke instrumentalisieren, aber wenn es das gleiche mit politisch-religiösen Bewegungen versucht, sieht es anders aus. Dann ist die Instrumentalisierung wechselseitig: In den politisch-religiösen Organisationen gibt es Politiker, die das Regime ebenso benutzen, wie das Regime sie benutzt.

In den Schriften des Gründers und Führers der Bruderschaft, Hassan al-Banna, finden wir die Devise, daß Islam »Kult und Führerschaft, Religion und Staat, Spiritualität und praktische Anwendung, Gebet und Dschihad, Herrschaft und Gehorsam, Koran und Schwert« sei.[33] Al-Banna war bereit, mit dem Arabischen Nationalismus zu kooperieren oder die Idee der arabischen Einheit aus einer gesamtislamischen Perspektive zu akzeptieren. Allerdings galt das nur aus der Position einer organisatorischen Unabhängigkeit heraus, das heißt, nicht als Bestandteil der nationalen Bewegung. Bis heute hält die Bruderschaft ihr fanatisches Bestehen auf Unabhängigkeit aufrecht, sogar nachdem der politische Islam sich institutionalisiert hat. Das gilt selbst bei Völkern, die einen Kampf um nationale Befreiung führen, wie dem palästinensischen.

In seinem Brief an die fünfte Tagung der Moslembruderschaft brachte al-Banna seine Meinung über den Arabischen Nationalismus zum Ausdruck: »Die nationale Befreiung ist eine Phase im Prozeß der menschlichen Entwicklung in Richtung Universalismus. Jedes nationale Wiedererstehen, jede nationale Einheit und jede regionale Einheit sind ein Schritt auf dem Weg zur ersehnten Universalität. Universalität, Humanität ist das erhabene Endziel unserer Reformen. Die Welt wird es zwangsläufig erreichen. Jedes Zusammenschließen von Nationen und jedes Vermischen von Rassen und Völkern, jedes Bündnis der Schwachen... all dies bereitet den Weg für den universalistischen Gedanken, der nationale Schu'ubiya ersetzt, an die Menschen in der Vergangenheit glaubten.«[34] Die Versuche, zwischen Arabischem Nationalismus und dem Islam durch die Trennung von Religion und Nationalismus einen Kompromiß zu schaffen, hielten nicht lange. Als eine Fraktion der Moslembruderschaft 1977 al-Bannas Brief veröffentlichte, wurde folgende Randbemerkung angefügt:

»Zur Zeit des Erwachens von nationalen und patriotischen Bewegungen hielten es einige moslemische Prediger für möglich, eine Verständigung mit diesen Bewegungen zu erreichen. Die praktische Erfahrung hat gezeigt, daß diese zwei Doktrinen nie zusammenkommen können, weil der politische Islam eine für die ganze Menschheit bestimmte universalistische, göttliche Religion ist, wohingegen jene Dogmen rassistisch sind und von Menschen in dieser Welt geschaffen wurden.«[35]

Der Traum von einem Kompromiß zwischen den politisch-religiösen und den nationalen Bewegungen wurde mit dem Aufkommen von Regimes beendet, die offen für eine nationalistische Ideologie eintraten. Die Wandlung der nationalistischen Ideologie zur Herrschaftsideologie drängte die Religion an den Rand der politischen Bühne. Und damit konnten sich die Konservativen auf den Kompromiß mit den Islamisten einlassen, entweder aufgrund einer bewußten Entscheidung oder einfach aufgrund der Entwicklungen. Die politische Religiosität strebte jetzt einen Staat an, und damit wurde der Kampf zu einem Kampf um die Macht.

Als Folge des Putsches vom Juli 1952 wurden 1954 in Ägypten alle Parteien außer der Moslembruderschaft verboten. Im selben Jahr kam es jedoch zum Ausbruch eines ernsten Konfliktes zwischen der Bruderschaft und dem Revolutionsrat, der nach einem Attentat auf Nasser gewaltsame Formen annahm. Innerhalb der Bruderschaft kam es zu einem heftigen Streit über ihre Beziehung zur säkularen Regierung, der zu einer Serie von Abspaltungen führte. Das Regime Präsident Nassers verfolgte die Moslembruderschaft mit rücksichtsloser Gründlichkeit, besonders auf dem Höhepunkt seiner Popularität zur Zeit des Krieges von 1956. Die Nationalisierung des Suez-Kanals, landwirtschaftliche Reformen, das Aufbrechen des westlichen Monopols bei Waffenlieferungen, die Industrialisierung der Wirtschaft durch den Aufbau eines großen öffentlichen Sektors und andere Maßnahmen hatten der Regierung großen Rückhalt in der Bevölkerung verschafft. Für längere Zeit schien der politische Islam geschlagen. Das war die Epoche des Arabischen Nationalismus.

Die restlichen Mitglieder der Moslembruderschaft flohen in Nachbarländer und gingen eine offene Allianz mit dem saudischen Regime ein. Die Moslembruderschaft brauchte lange, um sich von Nassers durchschlagend populärer Politik für die arabische Einheit und von ihrem Ruf als Verbündete des saudischen Regimes und Widersacher des Arabischen Nationalismus zu erholen.

Die Situation veränderte sich in gewissem Maße in den siebziger Jahren, als Sadat die Mitglieder der Moslembruderschaft aus den Gefängnissen entließ und der Organisation erlaubte, eine Zeitschrift herauszugeben und öffentlich aufzutreten. Nach der Niederlage von 1967, die von der Bruderschaft als göttliche Strafe für die Sünde des Arabischen Nationalismus interpretiert wurde, verschärfte sich die interne soziale Krise, die die Regimes des arabischen Sozialismus (eine Variante des Arabischen Nationalismus) bedrohte. Konservative Kräfte in diesen Ländern starteten eine intensive Kampagne, um ihre Regimes zu verändern. Auch in Syrien ging die Moslembruderschaft Verbindungen mit der Bourgeoisie (vor allem mit den Kaufleuten aus Damaskus, Hamat und Aleppo) und mit den Landbesitzern ein, die unter der Agrarreform gelitten hatten. Der arabische Sozialismus hatte tatsächlich eine verzerrte Form von Staatskapitalismus mit seinem großen bürokratischen Apparat geschaffen und steckte in einer ernsten Krise. Er hatte zu einem hohen Preis eine wirtschaftliche Infrastruktur aufgebaut, aber diese war gelähmt und stagnierte.

Die Regimes, die ihre radikaleren Vorgänger nach der Niederlage von 1967 ablösten, machten alles nur schlimmer. Sie erlaubten dem politischen Islam zu agieren und verschafften ihm sogar eine Basis in der Bevölkerung. Es kam zu einem raschen Übergang von einem verzerrten Staatskapitalismus zu einer Mischwirtschaft aus verzerrtem Staatskapitalismus und einer verzerrten Marktwirtschaft mit einer wirtschaftlichen Öffnung zum Weltmarkt. Die Folge war ein Prozeß der Verarmung, der die Gesellschaft tief erschütterte, Migration von den Dörfern in die Städte auslöste, Arbeitslosigkeit verursachte und eine neue Klasse schuf, die zwischen dem Weltmarkt und den lokalen Verbrauchern vermittelte. Diese »Neureichen«, wie sie in der arabischen Welt genannt wurden, bildeten eine Klasse, die sich aus denen zusammensetzte, die wirtschaftliche Vorteile aus der Zerstörung des öffentlichen Sektors gezogen hatten, etwa aus der Privatisierung des Außenhandels, des Maklergeschäfts, der Unternehmen und der Bauindustrie. Diese Klasse war der Öffentlichkeit noch stärker entfremdet als die militärische Bürokratie, die zumindest eine Ideologie bereitgestellt und beschränkte ökonomische Reformen durchgeführt hatte. Sie benötigte eine Legitimationsideologie. Unter den gegebenen Umständen konnte das nur der Islam sein.

Gleichzeitig gab es im Volk ein massives Wiederaufleben des Islams in bezug auf Kleidung, Besuch der Moscheen und ähnliches. Die Regimes hatten zwar eine Ideologie abgelegt, waren aber unfähig, dazu eine Alternative anzubieten. Nun versuchten sie, dieses Versäumnis auszugleichen, indem sie mehr Sendezeit für religiöse Programme in staatlichen Rundfunk- und Fernsehsendern gaben, indem sie selbst religiöse Mythen intensiver für politische Zwecke nutzten, Geld in religiöse Einrichtungen investierten und Moscheen bauten. Das war nur Öl im Feuer, und der Großbrand ließ nicht lange auf sich warten. In den späten siebziger Jahren inszenierte die Moslembruderschaft einen Putsch in Syrien, der scheiterte, im Sudan setzte Numeiri die Schari'a durch, und Zia ul-Haq putschte 1977 in Pakistan, unterstützt durch die Jam'aa al-Islamiya. Im Libanon und in Nordafrika breiteten sich die islamistischen Bewegungen aus. Die iranische Revolution markierte den Gipfel der zunehmenden Macht des politischen Islams und gab dem politisch-religiösen Erwachen in der ganzen islamischen Welt eine neue Dimension.

Jeder Versuch, die islamische politische Religiosität der Gegenwart aus dem Islam selbst als einer »politischen Religion« ableiten zu wollen, ist von vornherein aufgrund seines rein ideologischen Vorgehens zum Scheitern verurteilt. Der politische Islam als modernes Phänomen kann nur im Zusammenhang mit dem modernen Milieu der bestehenden islamisch geprägten Gesellschaften verstanden werden. Dabei muß die Analyse Wirtschaft, Politik und Kultur im weitesten Sinne mit einbeziehen. Die modernen politisch-religiösen Bewegungen sind das Ergebnis eines verzerrten Säkularisierungsprozesses der islamischen Gesellschaften, einer ökonomischen Krise, die in einem verzerrten Kapitalismus endete, und des kulturellen Zusammentreffens mit der Modernität im Schatten einer Identitätskrise.

Islamische politische Religiosität heute: das Beispiel Ägypten

In den frühen achtziger Jahren wurde die interne Struktur der islamischen Bewegung äußerst kompliziert. Gruppen und Untergruppen, Parteien und Fraktionen verbreiteten sich in allen Ländern des Nahen und Mittleren Ostens. Manchmal wurde derselbe Name von mehreren Organisationen unterschiedlichen Typs verwendet – so zum Beispiel »Islamischer Dschihad«. Selbst in den Augen der Vertreter der Strömungen des politischen Islams sind die Vermehrung und Ausdifferenzierung der islamischen Bewegungen ein Symbol sowohl des Erfolgs als auch des Scheiterns. Die Gründung der vielen verschiedenen Gruppen rührt nicht nur von unterschiedlichen Bedingungen und Charakteren oder von Verschiedenheiten der Kultur und Klassen, sondern auch von der Tatsache her, daß ungleiche und teilweise sich widersprechende soziale, wirtschaftliche und politische Ansprüche und Erwartungen durch den Islam gerechtfertigt werden. Es ist nicht abzustreiten, daß dies einen gewissen Erfolg für den politischen Islam darstellt. Allerdings haben in letzter Zeit islamische Intellektuelle damit begonnen, Kritik am Kurs des politischen Islams und seiner Unfähigkeit zu üben, klare Lösungen für die Probleme von Entwicklungsländern anzubieten.[36] Die Vielfalt bedeutet auch mangelnde Einheit. Selbst diejenigen, die sich im Besitz der absoluten Wahrheit glauben, demonstrieren, daß es eine solche nicht gibt: Dies zeigt sich am deutlichsten in ihren unterschiedlichen und manchmal sogar widersprüchlichen Interpretationen der Schari'a.

Befindet sich der politische Islam heute in einer Krise? Ich denke schon, zumindest in seiner bisherigen Form. Aber wir dürfen daraus nicht schließen, daß er bankrott wäre. Wir sind Zeugen seiner sensationellen Erfolge im Maghreb (Algerien und Tunesien), und er hat es auch in Jordanien, in der Westbank und im Gazastreifen sowie unter der arabischen Minderheit in Israel geschafft, sich mit der Volksreligiosität zu verbinden. In all diesen Fällen ist schon eine Veränderung festzustellen, es ist eine interessante Synthese oder ein Kompromiß mit dem Arabischem Nationalismus und der Modernisierung zu beobachten. Die Leistungen des politischen Islams beim Regieren des Sudans, Pakistans und des Irans sind allerdings nicht gerade ermutigend, nicht nur was Meinungsfreiheit und Demokratie angeht oder im Hinblick auf die moderne säkulare Auffassung des politischen Islams als kultureller Rückzug ins Mittelalter, sondern vor allen Dingen in seinem Umgang mit sozialen Fragen.

Auf der anderen Seite verwandelte die Radikalisierung der islamistischen Organisationen in den späten siebziger und frühen achtziger Jahren sie wieder in elitäre Bewegungen, vergrößerte ihre inneren Differenzen und die Distanz der radikalen Gruppen zur Gemeinschaft der Gläubigen, also zur Volksreligiosität. Deshalb benutzen die radikalen Gruppen in den letzten Jahren wieder Methoden, die sie den Massen näherbringen, wie die Hetze gegen Minderheiten, etwa Christen. Allerdings werden von der Zunahme ethnischer Spannungen und ähnlicher Konflikte letztlich nur die Konservativen profitieren, die – im Gegensatz zu den Islamisten – in der Lage sind, einen sozialen Kompromiß vorzuschlagen.

Die Vielzahl der Gruppen des politischen Islams, die sich in den frühen siebziger Jahren in Ägypten entwickelte, hatte zwei Hauptquellen:

- die Spaltungen in den Reihen der Moslembruderschaften nach ihrer Konfrontation mit Nasser, die schon in ägyptischen Gefängnissen begonnen hatten;
- die Jama'aat, islamische Gruppen ägyptischer Studenten, die sich mit Unterstützung der Regierung, die eine breite Basis im Kampf gegen den Nasserismus suchte, an ägyptischen Universitäten organisierten. In diesem Zusammenhang sollte man sich an die Einführung der kostenlosen Schul- und Hochschulausbildung durch die arabischen sozialistischen Regimes erinnern, eine Innovation, die den unteren Klassen die Universitäten öffnete.

Die Gruppe al-Takfir wa'al-hijrah wurde von Gefängnisinsassen gegründet; ihre Mitglieder brachen jeden Kontakt mit der Moslembruderschaft innerhalb des Gefängnisses ab und wollten jegliche Verbindung zu modernen Erscheinungen aufgeben. Mitglieder der Jama'at al-Muslimin (Moslemische Gesellschaft) lebten in Höhlen und in den Bergen Südägyptens und schufen eine eigentümliche Kultur, die den totalen Gehorsam ihrem Führer gegenüber beinhaltete, und bereiteten sich auf den Dschihad gegen die ungläubige Gesellschaft vor. Die Gruppe sorgte für Schlagzeilen, als sie den ägyptischen Minister für Religion, Scheich al-Dahabi, entführte und tötete. Die Radikalität der Methoden dieser Organisation bei ihrer »Rückkehr zum reinen Islam« ist nicht besonders typisch. Aber die Vorstellung von der ungläubigen Gesellschaft, die Jahiliya, und die Rechtfertigung eines Dschihad innerhalb der moslemischen Gesellschaft gegen einen moslemischen Herrscher verbreitete sich unter den studentischen Befürwortern des politischen Islams und auch in der Moslembruderschaft, besonders auf dem Höhepunkt der Folterungen ihrer Mitglieder in Nassers Gefängnissen. Dschihad gegen den zionistischen Feind hat diese jungen Männer nicht besonders beeindruckt, seit sie ihr Hauptziel in der Befreiung der moslemischen Gesellschaft von der Herrschaft der Gottlosen sahen. Diese Aufgabe mußte zu Ende geführt werden, bevor sie ihre Aufmerksamkeit auf den äußeren Feind lenken konnten.

Wie erwähnt, sind die Ursachen dieser Konflikte schon in einem frühen Stadium der Entwicklung der Moslembruderschaft angelegt. Bereits in den vierziger Jahren vertrat eine Splittergruppe, die sich Schabab Mohammed (die Jugend Mohammeds) nannte und auf die Lehren des radikalen moslemischen Philosophen des 14. Jahrhunderts, Ibn Teimiyah, berief, ausdrücklich gewaltsame Aktionen. In den siebziger Jahren nahmen die gewalttätigen Tendenzen in den Randgruppen des politischen Islams stark zu. Ali Mustafa spaltete sich 1973 ab und gründete die Dschihad-Organisation. Im selben Jahr gründete der Palästinenser Salah Sariyah eine radikale Organisation in Kairo, die versuchte, die militärtechnische Hochschule zu übernehmen, Teil eines Planes, das Regime zu stürzen. Am Vorabend seiner Exekution gründete ein Staatsanwalt in Alexandria eine Organisation (1975), die ihn befreien sollte. 1979 vereinten sich drei Gruppen zum Islamischen Dschihad, der die Ermordung des Präsidenten Sadat durchführte.[37]

Die zahlreichen Untersuchungen der sozialen Herkunft der Mitglieder dieser Organisationen brachten Ergebnisse, die auch für ähnliche Gruppen außerhalb Ägyptens typisch sind:

- Die Aktivisten kommen aus der unteren Mittelschicht.
- Sie haben eine Hochschulausbildung, meistens in Naturwissenschaften, den technischen Fachbereichen, Medizin oder ähnlichen Fächern.
- Obwohl sie zur Zeit ihres Beitritts zur Organisation in Städten leben, kommen sie vom Land.[38]

Das überrascht nicht. Zuerst einmal ist die untere Mittelschicht diejenige Bevölkerungsklasse, die den Modernisierungsprozessen, der Einführung des Kapitalismus und den entfremdenden Einflüssen der Säkularisierung am schutzlosesten ausgesetzt ist. Ihre Mitglieder sind verarmt und verbittert und haben den Glauben an die bestehende gesellschaftliche Ordnung verloren. Zweitens liefert die Hochschulausbildung einen zusätzlichen, wichtigen Grund für die Zunahme dieser Verbitterung: den Wunsch nach der Verbesserung der eigenen sozialen Stellung. Eine naturwissenschaftliche Hochschulausbildung schafft Vertrautheit mit den wissenschaftlich-technologischen Aspekten der Modernität, ohne gleichzeitig Zugang zu deren geistigem Inhalt und die Werkzeuge bereitzustellen, sich mit der Moderne intellektuell auseinanderzusetzen. Die von der unteren Mittelschicht angenommene Modernisierung ist rein technisch. Was sie für den Geist der Moderne hält, zeigt sich in den verkümmerten Erscheinungsformen der Moral der Neureichen. Drittens werden der Übergang vom Dorf in die Stadt und damit die Modernisierungstendenzen als Anonymität, Entfremdung und Identitätsverlust erlebt. Junge Erwachsene, die ihre Dörfer verlassen haben, leben meist in Slums am Rande der Metropolen. In diesen Vorstadtslums, deren Verfall selbst ein Ausdruck des Identitätsverlustes ist, finden die Migranten in den Moscheen eine freundliche Aufnahme und beginnen sich zu organisieren.

Strukturelle Hindernisse halten diese verbitterten Studenten von der Integration in die wohlhabenden Klassen ab, die die Früchte der Modernisierung ernten. Aber die Modernität selbst – die höhere Bildung, die Nachfrage nach politischer Organisation – stellt ihnen die Mittel für den Kampf gegen den Status quo bereit. Sie beziehen eine offensive Position, gewappnet mit einer rückwärtsgewandten Utopie – einer Utopie, die auf die Vergangenheit schaut, um der entfremdeten Gegenwart zu entfliehen.

Diese Flucht wird nicht als Rückzug, sondern als Angriff geführt. Ihre Befürworter sind keine Konservativen, sondern eher ein besonderes Produkt der Modernität – moderne Individuen mit gespaltenem und entfremdetem Bewußtsein, aufgeklärte Personen, die von der »Aufklärung« entfremdet sind. Sie leben in der Stadt und doch nicht in der Stadt, da ihr Zuhause das Dorf ist, das die ländliche Vertrautheit verloren hat, ohne den Individualismus der Stadt zu erreichen. Die alten geistigen Inhalte sind verloren, und nichts Neues ist an ihre Stelle getreten. Für sie ist die politisch-islamische Utopie stabiler, reiner und gerechter denn je. Im Schatten dieser Utopie des politischen Islams erscheint die materielle Notlage als Tugend. In ihren Augen ist Bescheidenheit besser als die Gelage der wohlhabenden Klassen der Großstadt. Das Leiden, das mit ihrem niederen sozialen Status Hand in Hand geht, wird mit dem der verfolgten Minderheit der Gläubigen in Mekka verglichen, die schließlich die Jahiliya überwanden und die Gerechtigkeit Gottes auf Erden in der Ära des Propheten und der ersten vier Kalifen verwirklichten.

In seinem Buch »Die Funktion der Religion« weist der deutsche Soziologe Niklas Luhmann auf zwei Funktionen von Religion hin: das Undefinierte zu definieren, besonders in Zeiten von Identitätskrisen, und Enttäuschungen aufzufangen.[39]

In den Vorstädten der großen Städte der ganzen arabischen Welt hat Religion diese zwei klassischen Rollen gespielt. Aber Luhmanns Analyse kann verfeinert werden: Solange Religion Enttäuschungen nur auffängt, bleiben wir im Bereich der Volksreligiosität. Die politische Religiosität geht zur Offensive über. Es ist möglich, daß während des Verarmungsprozesses, der die ländlichen Migranten in die Städte drängt, und durch die Aufgabe von Werten durch gebildete Mitglieder der technischen Berufe die Volksreligiosität die Enttäuschungen nicht mehr ausreichend dämpfen kann. In diesem Stadium entfremden sich die jungen Erwachsenen der Volksreligion und schließen sich der politischen Religiosität an.

Zum Selbstverständnis der Mitglieder islamistischer Gruppen gehört ein besonderer Haß auf die Vereinigten Staaten und alles, was sie repräsentieren (wie man während der Golfkrise beobachten konnte, als die Konfrontation mit den USA und der Widerstand gegen ihre Politik im Nahen und Mittleren Osten jede Feindschaft zum Irak und der Politik Saddam Husseins in den Hintergrund drängte). Der Westen und seine »Agenten« werden für die soziale Situation verantwortlich gemacht, besonders nach der Einführung der freien Marktwirtschaft und auch wegen der wiederholten »Entehrung« der islamischen Nation durch die uneingeschränkte Unterstützung Israels. Das Trauma von 1967 spielt eine wichtige Rolle, aber die »Kapitulation« von Camp David und die israelische Präsenz in Ost-Jerusalem sind zu Symbolen der Erniedrigung der islamischen Nation geworden.

Sowohl die Opposition gegen die Vereinigten Staaten als auch die Feindseligkeit gegenüber Israel fügen der Position des politischen Islams eine arabisch-nationalistische Dimension hinzu. Trotz der Absage dieser Organisationen an Nationalismus und nationale Interessen haben diejenigen Aktionen, die sie in der arabischen Welt populär gemacht haben, gerade nationale Gefühle und Sehnsüchte berührt, wie beispielsweise die Ermordung Sadats oder die Kampagne der Hisbollah gegen Israel und die USA im Libanon nach dem israelischen Libanon-Krieg von 1982. Denn beim allergrößten Teil der Bevölkerung in den islamischen Gesellschaften des Nahen und Mittleren Ostens existiert die Volksreligiosität neben den Gefühlen der nationalen Zugehörigkeit. Die modernen Erscheinungsformen antinationalistischer, elitärer politischer Religiosität nehmen im religiösen Bereich und auf der politischen Landkarte einen Randplatz ein.

Im Falle der sich unter Besatzung befindenden moslemischen Gesellschaft sind Allianzen und Pakte zwischen politischer Religiosität und Volksreligion zustande gekommen. In den von Israel besetzten Gebieten, besonders im Gazastreifen ist ein neuer Typ des Islamischen Dschihad entstanden. Auch wenn seine geistigen Wurzeln in Kairo liegen, hat diese Organisation die Befreiung der besetzten Gebiete ganz oben auf ihre Tagesordnung gesetzt. Zu Militanz und direkten Aktionen gegen das ungläubige Regime in Ägypten kommt in der Westbank und im Gazastreifen eine zusätzliche Dimension hinzu. Hier ist der Herrscher nicht nur »Ungläubiger«, sondern auch Besatzer; Widerstand gegen den Besatzer ist Widerstand gegen den Ungläubigen. Der Islamische Dschihad findet eine gemeinsame Sprache mit der nationalistischen Bewegung und der Volksreligiosität.

Der offensichtliche Schematismus und die Oberflächlichkeit der westlichen Orient- und Islamwahrnehmung hängen eng damit zusammen, daß nicht selten auf ernsthafte sozialwissenschaftliche Analysen verzichtet wird, die eigenen, »westlichen« Analyseinstrumentarien nicht angewendet werden. Es wird nicht nach dem Zusammenhang von Religion/Religiosität und tatsächlichen gesellschaftlichen Prozessen gefragt, sondern die Politik islamistischer Bewegungen aus deren Rhetorik oder aus der religiösen Dogmatik abgeleitet. Dabei kommt es zu der leicht absurden Situation, daß viele Journalisten und »Experten« die Selbstinterpretation »fundamentalistischer« Führer als tatsächliche Beschreibung »des Islams« akzeptieren und nicht die Zeitbedingtheit dieser Meinungen oder ihre soziale Funktion zur Kenntnis nehmen.

Genau wie andere soziale und politische Bewegungen müssen aber auch der traditionelle und der politische Islam von den realen gesellschaftlichen Bedingungen ihrer Existenz her begriffen werden. Diese Methode ist eigentlich naheliegend. Sie läßt Dämonisierungen nicht zu, sondern führt zur Untersuchung von Erklärungszusammenhängen. Wer einer islamistischen Wende nahöstlicher Politik etwas entgegensetzen möchte, kommt mit pauschaler Feindbildproduktion oder anderen Formen der Geisterbeschwörung nicht weiter. Nur ein Verständnis der sozialen, wirtschaftlichen, politischen und ideologischen Voraussetzungen und Existenzbedingungen kann Ansatzpunkte bieten, das Vordringen des »Fundamentalismus« zu erschweren und zu begrenzen.

Übersetzung aus dem Englischen von Audrey Huntley und Jochen Hippler

Jochen Hippler

Der Islam, der Westen und die politische Gewalt in den internationalen Beziehungen

Der Nahe und Mittlere Osten ist eine islamisch geprägte Region. Zugleich »ist es eine Region vieler Konflikte und ein wichtiges Zentrum amerikanischer Interessen – wirtschaftlicher, militärischer und politischer«, so US-Vizepräsident Cheney im März 2002.[1] Tatsächlich ist der Nahe und Mittlere Osten von beträchtlicher Bedeutung für die USA, die Staaten Westeuropas und Japan. Die Ölvorkommen am Persisch-Arabischen Golf und die Energiereserven des ehemals sowjetischen Zentralasien, seine frühere strategische Bedeutung für die »Eindämmung« der damaligen Sowjetunion an ihrer Südflanke, der arabisch-israelische Konflikt der letzten Jahrzehnte, Migrationswellen aus muslimisch geprägten Ländern nach Europa sind einige Stichworte. Zwei Golfkriege in einem Jahrzehnt, die Entführungen westlicher Bürger im Libanon, die Geiselnahme in der US-amerikanischen Botschaft in Teheran im Zuge der schiitischen Revolution im Iran, das Problem der Unterdrückung der Selbstbestimmung der Kurden oder der in den Luftangriffen von 1986 und den UN-Resolutionen von 1991 kulminierende westliche Konflikt mit Libyen sind weitere. Auch wenn sich die Bundesrepublik bis vor wenigen Jahren bemühte, auf jede Nah- und Mittelostpolitik zu verzichten – wenn man von aktiver und teilweise aggressiver Außenhandelspolitik und der Unterstützung Israels absieht –, so steht doch fest, daß die Region für die westlichen Staaten von beträchtlicher Bedeutung ist. Zusätzlich war Afghanistan in den 80er Jahren ein zentrales Schlachtfeld in der Schlußphase des Kalten Krieges, seit Mitte der 90er Jahre rückte Zentralasien stärker ins politische Interesse, und seit dem US-Krieg gegen das Afghanistan der Taliban steht auch diese Region erneut im Zentrum der Aufmerksamkeit. Das neue Stichwort heißt hier »Terrorismus«. Auch der zähe und blutige Konflikt um Palästina sorgt dafür, daß der Nahe Osten nicht aus den Schlagzeilen verschwindet.[2]

Westliche Außenpolitik hat den Nahen Osten nie ignoriert und konnte das auch nicht. Vor dem Hintergrund der neuen Herausbildung und Fortentwicklung des alten Feindbildes »Islam« – bzw. »islamischer Fundamentalismus« – stellt sich die Frage, in welchem Maße das Verhältnis zum Islam die westliche Außen- und »Sicherheits«-Politik (ein Euphemismus für Militärpolitik) bestimmt oder geprägt hat und das heute noch tut. Haben westliche Außen- und Militärpolitiker den »Islam« oder seine als fundamentalistisch wahrgenommenen Spielarten als Bedrohung europäisch-amerikanischer Interessen aufgefaßt? Haben sie ihn als ideologische oder als materielle Herausforderung begriffen? Oder hat man ihn lange als harmlose »Folklore« der Region aufgefaßt? Und wie hat sich der Westen auf den Islam bezogen? Hat der neue »Krieg gegen den Terrorismus« hier Änderungen gebracht? Gab oder gibt es eine bewußte Politik dieser Religion und ihren kulturellen, politischen und sozialen Auswirkungen gegenüber? Haben sich die publizistischen und pseudo-wissenschaftlichen Feindbilder in den westlichen Gesellschaften, über die im ersten Beitrag dieses Buches gesprochen wurde, in der konkreten Politik gegenüber den Ländern des Nahen und Mittleren Ostens niedergeschlagen?

Oberflächlich betrachtet scheinen die Antworten leicht. Terrorismus und Geiselnahmen durch schiitische Fundamentalistengruppen im Libanon wie die *Hisbollah* oder den *Islamischen Dschihad* und die Besetzung der US-Botschaft im Iran durch eine Gruppe von Studenten »auf der Linie des Imam« (Khomeini) waren schon vor einer Generation spektakulär und rückten das Problem des »islamischen Fundamentalismus« ins Zentrum des Bewußtseins. Und in letzter Zeit wurden die Terroranschläge in den USA vom September 2001 geradezu zu einem Symbol für einen »militanten Islam«.

Aber dann gab es ja noch die »guten« Muslime, also die, mit denen man gute Geschäfte machte oder politisch eng zusammenarbeitete. Die saudische Königsfamilie ist hierfür das klassische Beispiel. In hohem Maße von religiöser Intoleranz geprägt, ist ihre »fundamentalistische« Herrschaft doch seit der Mitte der vierziger Jahre eine wichtige Stütze westlicher Politik im Nahen Osten.

Kommunismus und Islam

Für sich allein genommen erschien den westlichen Eliten der Islam als eher harmlos, selbst in seinen militanten Varianten. Tatsächlich ist es sogar so, daß es im Westen lange eine Tendenz gab, den Islam als außenpolitische Waffe zu instrumentalisieren – früher vor allem gegen den Kommunismus oder den Arabischen Nationalismus. Der Islam wurde oft als konservative Ideologie verstanden, die man kommunistisch-revolutionären Ideologien – oder dem Arabischen Nationalismus – entgegenstellen konnte. Anderson und Rashidian formulieren das rückblickend im Zusammenhang mit der CENTO (»Nahost-Pakt«, 1955), mit der durch Regierungskooperation ein Gürtel konservativer muslimischer Länder gegen die Sowjetunion mobilisiert werden sollte. Insbesondere durch die nationalistische Revolution im Irak (1958) scheiterte dieses Konzept allerdings.

Aber die teilweise Interessenüberschneidung mit islamistischen Kräften war nicht auf Einzelfälle oder historische Zufälligkeiten beschränkt. In den siebziger Jahren und bis weit in die achtziger hinein förderte die israelische Regierung in den besetzten Gebieten die Muslimbruderschaft (und deren Ableger, *Hamas*)[3] – also ausgerechnet die Strömung, die später als besonders gefährlich betrachtet wurde. Die US-Zeitschrift *Newsweek* – anti-westlicher oder anti-israelischer Tendenzen vollkommen unverdächtig – erklärte das so: »Jahrelang schienen die arabischen Fundamentalisten zuverlässige Bauern in Stellvertreterkonflikten mit hohem Einsatz zu sein. Sie widersetzten sich massiv den wichtigsten Feinden des Westens, dem Kommunismus und seinen regionalen Verbündeten, dem linken Arabischen Nationalismus. Da sie der PLO feindlich gegenüberstanden, erschienen sie für eine israelische Teile-und-Herrsche-Strategie genau passend. Und sie waren ideologisch mit dem wichtigen Verbündeten und Öllieferanten des Westens, Saudi-Arabien, auf einer Wellenlänge. ... In den siebziger Jahren begann Israel die Muslimbruderschaft als Gegengewicht zur PLO aufzubauen – und setzte das sogar noch fort, als israelische Truppen im Libanon mit schiitischen Radikalen zu kämpfen begannen.«[4]

Ähnlich verhielt es sich mit der westlichen Politik gegenüber Pakistan. Dem pakistanischen Militärdiktator Zia ul-Haq verzieh man alles: Unterdrückung, Menschenrechtsverletzungen, die Verwicklung von Schlüsselbeamten und Generalskollegen in den Drogenhandel, selbst die Arbeit an einer »islamischen Atombombe«, die zehn Jahre nach seinem Tod 1998 getestet wurde. Auch daß der Diktator zur Verbreiterung seiner politischen Basis ein islamistisch-fundamentalistisches Programm verfolgte, die islamistischen Parteien massiv förderte und sogar in die Regierung aufnahm – alles kein Problem. Die USA brauchten in der Schlußphase des Kalten Krieges Pakistan als Operationsbasis für den Krieg in Afghanistan gegen die Sowjetunion.

Ein anderes Beispiel für den flexiblen Umgang mit islamistischen Regimes ist natürlich Saudi-Arabien. Das Herrschaftssystem dieses Landes ist in hohem Maße von religiöser Intoleranz gekennzeichnet, stärker noch als das im Iran. Im Iran haben Christen und Juden eigene Sitze im Parlament – in Saudi Arabien ist es nicht einmal erlaubt, eine Kirche zu errichten. Wenn es so etwas wie einen verknöcherten Fundamentalistenstaat gibt, dann ist es Saudi-Arabien.

Die saudische Führung ist traditionell um den Export ihres Fundamentalismusmodells bemüht. Die Islamisten im Sudan oder in anderen Ländern sind mit saudischem Geld unterstützt worden, und die Kumpanei des Saudischen Geheimdienstchefs Prinz Turki al-Faisal mit Usama bin Ladin und seiner Al-Qaida war lange ein offenes Geheimnis. Selbst eine anti-israelische und sogar antisemitische Ausrichtung saudischer Politik wurde in Washington, London und Bonn/Berlin nicht weiter übelgenommen. Schließlich steht das Land fest im westlichen Lager. Religiöse Flausen sind damit die Privatsache seiner Herrscher. Insofern war es auch wenig überraschend, daß der säkulare Westen das fundamentalistische Saudi-Arabien 1990/91 präventiv militärisch gegen den säkularen Irak verteidigte.

US-Afghanistanpolitik bis zum September 2001

Bis zum Abzug der sowjetischen Truppen aus Afghanistan 1988/89 hatten die USA die Mudschahedin insgesamt und insbesondere die fundamentalistische Partei *Hisb i-Islami* des berüchtigten Gulbuddin Hekmatyar mit beträchtlichen Lieferungen an Geld und Waffen (schätzungsweise fünf Milliarden US-Dollar in den 80er Jahren) unterstützt. Damals traten US-Beamte offensiv für einen »Dschihad« gegen die Sowjetunion ein und forderten u.a. Saudi Arabien auf, ihn organisieren zu helfen.[5] Die arabischen Freiwilligen für den Krieg gegen die UdSSR kamen nach Afghanistan, um mit Unterstützung der CIA und des pakistanischen Militärgeheimdienstes ISI den »Heiligen Krieg« gegen Moskau zu organisieren – Usama bin Ladin war einer der Organisatoren und privaten Geldgeber, die die »arabischen Afghanen« über das pakistanische Peshawar nach Afghanistan brachten. Dabei wurde er vom saudischen Geheimdienstchef Turki unterstützt, der wiederum von der US-Regierung um Hilfe gebeten worden war. US-Zeitungen berichteten beispielsweise damals von einer Verabredung, daß die saudische Regierung für jeden US-Dollar an Hilfe für den Heiligen Krieg noch einmal den gleichen Betrag dazugeben würde. Damals – im Krieg gegen die Sowjetunion – waren grauenvolle Menschenrechtsverletzungen, offener Terrorismus, Drogenhandel und religiöser Extremismus kein Problem für die US-Regierung und ihre europäischen Unterstützer: es ging ja gegen den gemeinsamen Gegner, den Kommunismus. Erst als man später selbst zum Ziel solcher Praktiken wurde, hatte man etwas an ihnen auszusetzen. Der religiöse Fanatismus im islamischen Gewand war in den achtziger Jahren ein simples Machtmittel gegen Moskau: Islamischer Fundamentalismus war eine gute Sache, weil er dem Westen nützte. Das änderte sich Ende der achtziger, Anfang der neunziger Jahre: Zuerst stellte sich heraus, daß gerade der US-Protegée Hekmatyar sich im Golfkrieg auf die Seite Saddam Husseins stellte, was die USA übelnahmen und deshalb ihre Hilfe für den Fundamentalistenführer bald beendeten. Zweitens aber ging mit dem Ende des Kalten Krieges und der Auflösung und dem Zerfall der Sowjetunion das Interesse der USA (und des Restes der westlichen Welt) an Afghanistan (und Pakistan) schlagartig zurück: Afghanistan wurde für ein paar Jahre bedeutungslos, da man es als Druckmittel gegen die Sowjetunion nicht mehr benötigte. Bis zum Fall Präsident Nadschibullahs 1992 hielt man noch einen Fuß in der Tür und ein gewisses Interesse aufrecht, da man erst mit dessen Sturz die eigene Politik als erfolgreich abgeschlossen betrachtete (Nadschibullah galt wegen seiner Unterstützung durch Moskau als »prosowjetisch«). Danach verlor man völlig das Interesse, als wäre Afghanistan von der Landkarte verschwunden – die Afghanen zahlten den Preis dafür unter anderem in der Zerstörung ihrer Hauptstadt Kabul durch die Kämpfe Hekmatyars gegen die anderen Mudschahedinparteien.

Einige Jahre später erwachte das US-Interesse erneut – zwar nicht an Afghanistan selbst, aber an den reichen Energievorkommen der Region des ehemals sowjetischen Zentralasiens, die sich als die zweitgrößten der Welt – nach denen am Persisch-Arabischen Golf – erwiesen. Damit wurde diese abgelegene Ecke der Weltpolitik zurück auf die Bühne der Großmachtkonkurrenz geholt.[6]

Die USA brachten sich bei ihrer Politik allerdings bald in eine selbst geschaffene Sackgasse. Man wollte die enormen Gas- und Ölreserven etwa Turkmenistans, Usbekistans und Kasachstans nutzen, das Problem bestand aber im Transport der Energie zu den Märkten. Man benötigte ein Pipeline-Netz, das die Förderregionen mit Häfen bzw. Verladestationen verbinden würde, um das Gas und Öl von dort mit den Großtankern der Energiekonzerne abtransportieren zu können. Das Problem der USA bestand nun im Trassenverlauf der Pipeline. Die technisch einfachste und billigste Variante wäre eine Route durch den Iran zum Persischen Golf bzw. zur Straße von Hormuz gewesen. Diese Route kam aber aus politischen Gründen nicht in Frage: Washington wollte den Iran isolieren, eine solche Pipeline hätte ihn aber nicht nur wirtschaftlich stärker mit seinen zentralasiatischen Nachbarn verbunden, sondern ihm sogar beträchtliche Einnahmen für die Durchleitung beschert. Die zweite Route – schon länger, komplizierter und teurer – wäre durch Rußland verlaufen und möglicherweise bis zur türkischen Mittelmeerküste verlängert worden. Auch diese Streckenführung kam politisch nicht in Betracht, weil man eine strategisch so wichtige Pipeline nicht über russisches Gebiet führen wollte – der russische Einfluß auf seine ehemaligen zentralasiatischen Republiken könnte sich noch erhöhen. Als letzte Möglichkeit blieb nur eine Streckenführung durch Afghanistan: über Herat und Kandahar ins pakistanische Pipelinenetz in Belutschistan, von dort zum Indischen Ozean (etwa nach Karachi) oder langfristig vielleicht gar bis nach Indien. Dabei war in den 90er Jahren das Problem offensichtlich, daß die Streckenführung einer Pipeline durch ein chronisches Bürgerkriegsgebiet eine sehr riskante Angelegenheit ist: Saboteure könnten sie schon mit geringem Aufwand lahmlegen, bei Kampfhandlungen wäre sie immer gefährdet. Deshalb erstaunte es kaum, daß die Clinton-Administration ab 1996 (der Einnahme Kabuls durch die Taliban) die Taliban als möglichen Partner entdeckte: Was immer diese Miliz sonst für Interessen verfolgte, was immer für eine Religionspolitik sie betreiben mochte – sie konnte Stabilität und Sicherheit in Afghanistan gewährleisten, so das Kalkül, und damit die Pipeline ermöglichen, die man zur Erschließung der zentralasiatischen Energiereserven für den Weltmarkt brauchte. Dieses Interesse traf sich mit dem Pakistans, das endlich an die hoffnungsfroh betrachteten, neuen Märkte Zentralasiens angeschlossen werden wollte und zugleich die Lösung seiner chronischen Energieprobleme erhoffte.

Die Wahrnehmung der Taliban als ein prinzipiell positiver Stabilitätsfaktor durch die US-Regierung wurde durch zwei Entwicklungen untergraben: Einmal machte es die Medienberichterstattung über deren reaktionären Charakter – und insbesondere ihre Frauenfeindlichkeit – der Clinton-Administration schwer, ihre aufgeschlossene Haltung durchzuhalten. Besonders die Frauenbewegung in den USA wies zunehmend darauf hin, daß die Taliban keine Partner sein sollten. Zweitens belastete die Präsenz Usama bin Ladins und seiner Al-Qaida in Afghanistan zunehmend die Beziehungen zwischen den Taliban und Washington: Bereits die Anschläge auf die US-Botschaften in Uganda und Tansania 1998 und der Angriff auf das US-Kriegsschiff *Cole* (Oktober 2000) vor der jemenitischen Küste wurden Al-Qaida zugeschrieben. Schon 1998 griffen die USA als Vergeltungsakte für die Anschläge Ziele in Afghanistan (angebliche Al-Qaida Lager) und im Sudan an (eine Medikamentenfabrik, die man für eine Chemiewaffenanlage hielt), was den Flirt der USA mit den Taliban beendete. Trotzdem führte man anschließend noch geheime Gespräche über eine Abschiebung oder Auslieferung Usama bin Ladins, die allerdings ergebnislos blieben. Damit befand sich die US-Politik zur Erschließung der Energieversorgung Zentralasiens in einer Sackgasse: Man hätte zwar prinzipiell die Nutzungsmöglichkeit der riesigen Gas- und Ölvorkommen gehabt – aber die beiden naheliegenden Transportrouten schloß man selbst aus politischen Gründen aus, die dritte wurde durch die Verschlechterung der Beziehungen zu den afghanischen Taliban ebenfalls zunehmend unmöglich.

Zwischenbilanz: Der Westen und seine Fundamentalisten

Es geht den westlichen Ländern am Golf nicht um Religion, sondern um Macht und strategische Interessen. Und pro-westliche Fundamentalisten sind da um ein vielfaches besser als ein säkulares und durch den Westen nicht kontrollierbares Technokratenregime. Auch *Newsweek* ist das nicht entgangen. »Die USA, Großbritannien, Frankreich, Saudi-Arabien, Kuwait – und selbst Israel – haben alle eine lange Geschichte komplexer Verbindungen mit islamischen

Gruppen, die sie jetzt als terroristisch verurteilen. Die westlichen Nationen hatten nichts gegen den Extremismus, solange er in die richtige Richtung kanalisiert wurde.«[7]

Man hat in Washington und London – etwas weniger in Paris – immer wieder versucht, den Islam und selbst den islamischen Fundamentalismus zu instrumentalisieren, meist gegen die Sowjetunion und den Kommunismus. Wer die marxistisch-leninistische Ideologie bekämpfen wollte, fand es praktisch, dem eine andere, umfassende Ideologie entgegenzusetzen. So wie man in Mittelamerika protestantische Sekten dazu verwandte, den Marxismus und die Befreiungstheologie zu bekämpfen, setzte man – wo immer möglich – den Islam zur Bekämpfung des säkularen Arabischen Nationalismus/ Sozialismus und des Kommunismus ein.

Nach dem Ende des Kalten Krieges, setzten im Westen Tendenzen ein, den Islam als bedrohliche Nachfolgeideologie des Marxismus-Leninismus aufzubauen. Im *New York Times Magazine* können wir zutreffender- und typischerweise nachlesen: »Der Westen tendiert dazu, die wachsende politische Beliebtheit des Islams als gefährlich, monolithisch und neu zu betrachten. ... Der Aufstieg des militanten Islam hat eine heftige Debatte darüber ausgelöst, ob und was der Westen dagegen unternehmen sollte. Einige amerikanische Beamte und Kommentatoren haben den militanten Islam schon dazu ausersehen, zum neuen Feind des Westens zu werden, der genauso eingedämmt werden muß wie der Kommunismus während des Kalten Krieges.«[8]

Solche Anschauungen gibt es nicht nur in den USA. Auch andernorts wird der Eindruck erweckt, der Islam sei eine Art Nachfolgeideologie des Marxismus-Leninismus, die dem Vorgänger in fast allem gleiche. Die ehemalige britische Ministerpräsidentin Margaret Thatcher pflichtete dem bei: »Der Islamismus ist der neue Bolschewismus.«[9]

In der seriösen Wochenzeitung *Das Parlament* gab es zum ersten Jahrestag des Golfkrieges einen unsäglichen Artikel »Europas Bedrohung durch den islamischen Radikalismus«, der diese Tendenz auf den Punkt brachte: »Die neue totalitäre Idee: der islamische Fundamentalismus.«[10]

Wir wollen uns nicht damit aufhalten festzustellen, daß weder der Islam noch seine fundamentalistischen Varianten neu sind, wie der Verfasser dieses *Parlament*-Beitrages zu glauben schien. Man

könnte allerdings fragen, warum eine alte Angelegenheit neuent-
deckt und als totalitärer Gegenentwurf zum Westen interpretiert
wird. Das dürfte nämlich mehr mit einer ideologischen Lücke in der
westlichen Identität nach dem Ende des Kalten Krieges und dem Bedürfnis nach Ersatz, als mit dem Gegenstand der Betrachtung zu tun
haben.

Religion und westliche Außenpolitik

George Bush senior hat als Präsident große Reden mit dem Ausruf
beschlossen: »Gott segne Sie. Gott segne unser geliebtes Vaterland.«
Gegen Schluß seiner Amtszeit ging er sogar so weit, das Ende des
Kalten Krieges nicht allein auf seine eigene Tüchtigkeit, sondern auf
Übersinnliches zurückzuführen. »Durch die Gnade Gottes hat Ame-
rika den Kalten Krieg gewonnen.«[11]

Den Golfkrieg und den Konflikt mit Saddam Hussein hat der Präsident ebenfalls religiös überhöht: Es habe sich um einen »Kreuzzug« gehandelt. Er habe auch immer gewußt, »daß Gott auf seiner
Seite«[12] sei. Trotz der offiziellen Trennung von Staat und Religion in
den USA (und anderen westlichen Ländern) handelte es sich dabei
nicht um einzelne Ausrutscher. Bill Clinton folgte dieser Sitte von
Anfang an. Schon bei der Rede zum Amtsantritt erbat er sich göttliche Hilfe für seine Amtsführung und göttlichen Segen für sein
Land. Präsident George W. Bush junior folgte der Tradition seiner
Vorgänger bis ins Detail – auch er proklamierte einen »Kreuzzug«,
diesmal bezogen auf Afghanistan. Solche religiösen Formulierungen
von hoher und höchster Stelle haben in den USA eine lange Tradition – Säkularität hin oder her.

Schon 1898 berichtete Präsident McKinley, wie er zur Entscheidung der Annexion der Philippinen gelangt war. »Nacht um Nacht
ging ich im Weißen Haus auf und ab, bis Mitternacht. Ich sank auf
die Knie und betete zum allmächtigen Gott um Erleuchtung und
Führung.« Eines Nachts kam die göttliche Offenbarung: es komme
weder in Frage, die Philippinen den Konkurrenten Frankreich oder
Deutschland noch sich selbst zu überlassen: »Es blieb uns nichts anderes übrig, als sie (die Inseln der Philippinen) alle zu nehmen und
die Filipinos zu erziehen, zu fördern, zu zivilisieren und zu christia-
nisieren. Und durch die Gnade Gottes« – der später den Kalten

Krieg gewinnen würde – »das Allerbeste für sie als unsere Nächsten zu tun, für die Christus ja ebenfalls gestorben ist. Und dann ging ich zu Bett. Und ich schlief gut.«[13]

Göttliche Inspiration als Begründung für Außenpolitik, für koloniale Expansion – ist so etwas ein Argument gegen den säkularen Charakter der USA oder westlicher Gesellschaften allgemein? Wie steht es in solchen Fällen um die berühmte »westliche Rationalität«? Präsident Carter hatte bei seinen Bemühungen um das Camp-David-Abkommen zwischen Israel und Ägypten ebenfalls gern und oft Gott ins Spiel gebracht. »Ich glaube, daß die Tatsache, daß wir denselben Gott verehren und grundsätzlich den gleichen moralischen Prinzipien verpflichtet sind, eine Möglichkeit für die Lösung der Differenzen darstellt. Ich war immer überzeugt, daß, wenn Sadat und Begin zusammentreffen würden, sie durch diesen gemeinsamen Glauben verbunden würden.«[14]

Hier erschien der Islam einmal nicht als Bedrohung, sondern die Gemeinsamkeit zwischen Islam, Judentum und Christentum wird als Voraussetzung des Camp-David-Abkommens genannt. Soll man so etwas ernst nehmen? Sind solche Beispiele – oder die ebenso zahlreichen wie bizarren während der Reagan-Administration – Indizien für einen religiösen Charakter westlicher Politik? Vermutlich nicht. Aber sie wecken berechtigte Zweifel an dem bequemen Gegensatzpaar westlich/säkular/rational einerseits und orientalisch/islamisch-religiös/irrational andererseits. Wir sollten daran denken, daß große Worte von Politikern nicht selbstverständlich zum Nennwert genommen werden dürfen, sondern oft Legitimationszwecken dienen. Und so offensichtlich uns das für den eigenen Kulturkreis erscheint, so gern nehmen wir die religiösen Phrasen in anderen Kulturen für bare Münze – so, als handele es sich nicht um politische, sondern tatsächlich um religiöse Erklärungen.

Wechseln wir die Perspektive. Im Nahen Osten geschehen tatsächlich sehr bedrohliche Dinge: Dominanzstreben eines Staates gegenüber Nachbarstaaten, die erwähnten Gefahren des Terrorismus und die Verbreitung von Massenvernichtungswaffen. Außerdem ist der Nahe Osten eine Region, in der viele politische Erklärungen in religiösen oder quasi-religiösen Begriffen formuliert werden, noch stärker als in Washington. Ein weltlicher und nationalistischer Diktator wie Saddam Hussein, der selbst Hunderte islamischer Theologen und Prediger ins Gefängnis werfen oder umbringen ließ, hält es für angebracht, seinen Konflikt mit den USA und ihren Verbündeten öffentlich religiös zu interpretieren und einen »Heiligen Krieg« auszurufen. Unsere Kritik an westlicher Feindbildproduktion bedeutet natürlich nicht, daß es im Nahen Osten keinen Fanatismus, keinen religiösen Dogmatismus gäbe. Schließlich kritisieren wir solche Erscheinungen auch im eigenen Kulturkreis.

Es ist aber meist unsinnig, die realen und auch bedrohlichen Erscheinungen des Nahen Ostens aus religiösen Phänomenen erklären zu wollen. Nehmen wir ein etwas zurückliegendes, aber sehr illustratives Beispiel: die iranische Außenpolitik. Professor Bassam Tibi, ein in vielen deutschen Sendern präsenter Nahostexperte, schrieb in der *Frankfurter Allgemeinen Zeitung* vor einigen Jahren einen Beitrag unter der Überschrift »Verheimlichung der Außenpolitik«.[15] Seine Argumentationsmuster sind typisch für zahllose Autoren. Er beginnt seinen Artikel über die iranische Außenpolitik so: »Schiitische Muslime praktizieren ihren Glauben oft als Untergrundreligion, da sie in ihrer Geschichte von den Sunniten verfolgt wurden. Zu ihrem eigenen Schutz entwickelten sie die Praxis der *Taqiyya* oder Verheimlichung des Glaubens; sie geben also ihre Religionszugehörigkeit nach außen nicht immer zu erkennen.« Etwas später erwähnt Tibi einen Besuch des iranischen Präsidenten und seines Verteidigungsministers in China, bei dem auch eine »nukleare Zusammenarbeit zwischen beiden Ländern« erörtert worden sei. Er schreibt: »Auf Verdächtigungen, Iran arbeite an einem Nuklearprogramm für militärische Zwecke, versicherten Regierungssprecher, daß die iranisch-chinesische Zusammenarbeit auf diesem Gebiet nur friedlichen Zwecken diene. Ist dies *Taqiyya*, Verheimlichung der Außenpolitik?« Aber der Experte bleibt bei solchen Fragen nicht stehen, schließlich war im Untertitel die Antwort schon enthalten: »Iran läßt sich im Nahen Osten und in Zentralasien von der Praxis der *Taqiyya* leiten.« Und genau so wird auch argumentiert. Der Iran sei »zu seiner schon unter dem gestürzten Schah verfolgten Politik der Hegemonie am Golf« zurückgekehrt, eine zweifellos zutreffende Beobachtung. Aber dies geschehe eben heimlich, ganz in schiitischer Tradition. Dann ist von der Konkurrenz zwischen Iran und Türkei die Rede, die gerade auch in Zentralasien im Gange sei. Tibi fährt fort: »Im Gegensatz zu der für den Schiismus untypischen Chomeini-Ära mit ihrer marktschreierischen Rhetorik verfolgen die heutigen iranischen Politiker ihre Ziele im Stillen; sie kehren somit zur schiitischen Tradition der *Taqiyya* ... zurück. Sie handeln, ohne über ihre politischen Ziele zu sprechen, ganz im Sinne der Verheimlichung; das heißt, sie verheimlichen – auch in ihrer Hegemonialpolitik – ihre Absichten bis hin zur Selbstverleugnung«. Das Argument – wenn man es so nennen kann – ist deutlich: Der Iran verfolgt eine bestimmte Art der Außenpolitik, die sich aus der Religionsgeschichte, aus der Tradition der Schiiten erklären läßt. Das ist elegant, es ist bequem: Eine Analyse der Interessen des Irans und seiner Nachbarn wird dadurch überflüssig. Nach diesem – allerdings noch weiter simplifizierten – Verfahren hatte schon der Pseudoexperte Gerhard Konzelmann die Erklärung aktueller Konflikte aus dem Leben des Propheten zusammengereimt.

Der Iran verfolgt eine Hegemonialpolitik, und er tut dies diskret, heimlich. Soviel ist richtig. Aber: Was wäre die Alternative? Überall zu verkünden, daß man die Golfregion unter seine Kontrolle bringen möchte? Sein Atomprogramm öffentlich zur Schau stellen und CNN die Filmrechte einräumen?

So ziemlich alle Mächte verfolgen ihre Hegemoniebestrebungen diskret, sie verheimlichen und bestreiten sie. Und wenn nötig, lügen sie, daß sich die Balken biegen. Die USA und die Sowjetunion haben ihr Atomprogramm während und nach dem Zweiten Weltkrieg in großer Heimlichkeit betrieben. Israel hat bis heute noch nicht zugegeben, über Atomwaffen zu verfügen. Pakistan bestritt bis zum Test der Bombe im Mai 1998 ein militärisches Atomprogramm. Die sowjetische Intervention in Afghanistan diente der Sicherung des Weltfriedens und folgte – wie natürlich auch die Besetzung der ČSSR 1968 – einem brüderlichen Hilferuf. Die Eroberung der Karibikinsel Grenada durch die USA (1983) diente der »Geiselbefreiung« (auch wenn es keine Geiseln gab) und der Abwendung einer Bedrohung der nationalen Sicherheit.

Warum ist es notwendig oder sinnvoll, einer so banalen Angelegenheit, daß ein Staat seine Machtpolitik verheimlicht und beschönigt, quasi-religiöse Weihen zu verleihen? Wenn so ziemlich alle Staaten ihre Hegemonialpolitik kaschieren, wieso soll das im Fall Irans an seiner Religionsgeschichte liegen?

Bassam Tibi wird nicht müde, »den Arabern« und anderen Muslimen (in diesem Artikel in der Form: »den wortstarken Arabern«) Befangen-Sein in religiösen Denkweisen und Mangel an Säkularität zu bescheinigen und sich selbst als aufgeklärt säkular zu präsentieren. Aber hier – und nicht nur hier – schreibt er der iranischen Politik ohne Not eine religiöse Quelle zu, wo rational-säkulare Überlegungen zur Erklärung völlig ausgereicht hätten. Und anschließend kann man dann über den religiösen Charakter nahöstlicher Politik philosophieren.

Die Logik wird zum Schluß dieses so kurzen wie aufschlußreichen Artikels noch einmal deutlich. »Iran spricht nicht mehr vom Export der islamischen Revolution« – richtig. Aber jetzt lautet der Vorwurf »Verheimlichung«. Also: Proklamiert die iranische Diktatur einen Revolutionsexport – was den potentiell durchaus säkularen Aspekt offensiver Machtpolitik beinhalten kann – wirft man ihr das vor. Wird davon nicht mehr gesprochen – um so schlimmer: dann ist es Verheimlichung. Auf diese Weise demonstriert Tibi, wie man sich gegen rationale Kritik immunisiert. Die Analyse wird überflüssig: Da man ja weiß, daß die iranische Führung schiitisch ist, betreibt sie natürlich eine »schiitische Außenpolitik«. So gelingt es, politische Analyse durch religiöse und religionsgeschichtliche Ableitungen zu ersetzen, alles im Namen der westlichen, säkularen Rationalität.

Um den entscheidenden Punkt noch einmal zu betonen: Diese Kritik an einem typischen westlichen Scheinerklärungsmuster bedeutet keinerlei Sympathie für das iranische Regime und seine inzwischen gescheiterte Hegemonialpolitik. Aber auch ein brutales Regime muß mit den Mitteln der Logik analysiert werden. Und auch ein »religiöses« wie das iranische kann durchaus Dinge tun – und dies wird sogar sehr häufig so sein –, die aus rein pragmatischen oder machtpolitischen Gründen erfolgen. Bagdad und Teheran wollen beide die Golfregion kontrollieren, und die USA wollen das auch. Und alle haben dafür genug handfeste Gründe ökonomischer, politischer und strategischer Art, als daß sie noch religiöse benötigten. Zugleich würde keiner der drei Staaten das offen formulieren. Und pikanterweise haben nicht nur die Teheraner Mullahs, sondern noch stärker Saddam Hussein und George Bush senior ihren Kampf um die Vorherrschaft am Golf in religiösen Begriffen formuliert: Heiliger Krieg gegen Kreuzzug.

Das »Feindbild Islam« lebt auch davon, Akteuren im Nahen und Mittleren Osten religiöse Gründe für ihr Handeln zu unterstellen, um dann ihre streng religiöse Orientierung zu beklagen. Dieses Verfahren ist oft ein Weg, sich mit den Problemen und Argumenten der anderen nicht auseinandersetzen zu müssen.

Der Umfang des internationalen Terrorismus

Seit der Zeit der nationalistischen (palästinensischen und/oder arabischen) und schiitischen Attentate der 70er und 80er Jahre hat der internationale Terrorismus – bis zu den Anschlägen im September 2001 in den USA – schrittweise immer mehr an Bedeutung verloren.

Sieht man auf die globalen Zahlen des US-Außenministeriums, dann lassen sich zwei wichtige Punkte feststellen: Erstens sank die Zahl der Anschläge des internationalen Terrorismus während der letzten zwanzig Jahre deutlich. Hatte es etwa in den Jahren 1985-88 jährlich jeweils mehr als 600 Anschläge weltweit gegeben (in den Jahren davor zwischen etwa 490 und 565), lag die Zahl für die Jahre 1996-2000 bei durchschnittlich nur noch 338.[16]

Betrachtet man die Zahlen der Anschläge für die Jahre 1995-2000 nach Region, fällt auf, daß der Nahe und Mittlere Osten – also die Region mit dem höchsten Anteil an Muslimen – am unteren Ende der Terrorhäufigkeit lag, von Nordamerika abgesehen. Im Nahen und Mittleren Osten lagen die Anschlagszahlen des internationalen Terrorismus in diesem Zeitraum zwischen 16 und 45 (im Jahresdurchschnitt 33), während sie in Westeuropa (Schwerpunkt: Balkan) zwischen 30 und 272 (durchschnittlich 101) und in Lateinamerika (Schwerpunkt auf Kolumbien) zwischen 84 und 193 (im Durchschnitt 121) betrugen.[17]

Der Schluß besonderer Virulenz »islamischen« Terrorismus läßt sich aus diesen Zahlen nicht ziehen. Sieht man sich zusätzlich die in Westeuropa verübten Anschläge näher an, dann gab es durchaus terroristische Akte durch Täter aus dem Nahen und Mittleren Osten, allerdings in vergleichsweise geringem Umfang und oft mit nicht-religiösem Hintergrund (etwa durch Vertreter der kurdischen, säkularen PKK gegen eigene Mitglieder). Nüchtern betrachtet war der islamische Terrorismus deshalb bis zum 11. September 2001 quantitativ und qualitativ international nur von mäßiger Bedeutung – wichtig genug, um auf ihn wie auf andere Formen des Verbrechens ein strenges polizeiliches Auge zu halten, aber nach Art und Umfang kein Grund zu besonderer Aufregung. Noch im November 1998 hatte der Stellvertretende Direktor des Counterterrorist Centers der CIA – und damit der für den Terrorismus zuständige Mann des US-amerikanischen Auslandsgeheimdienstes – in einer Rede formuliert: »Auch wenn jedes durch den Terrorismus verlorene Leben wertvoll ist, so ist deren Zahl, insbesondere der amerikanischen Menschenleben, bisher glücklicherweise klein – wenn man sie etwa mit der Zahl der Toten bei Autobahnunfällen oder durch Mord vergleicht.«[18]

Nun bedeutet dies allerdings nicht, daß es im Nahen und Mittleren Osten nicht ein erschreckendes Niveau politischer Gewalt gäbe – allerdings meist interner Natur.

Ende der neunziger Jahre fanden acht von 27 größeren Gewaltkonflikten in der Region des islamisch geprägten Orients statt.[19] Typisch für die dortigen Konfliktverläufe sind Situationen, in denen im Kontext von Aufständen, Bürgerkriegen oder organisiertem politischen Widerstand eine breite Mischung von Aktions- und Operationsformen eingesetzt wird: friedliche Demonstrationen und andere Protestformen, wenn möglich eventuell sogar die Beteiligung an Wahlen, Sachbeschädigungen oder Gewaltakte mit eher symbolischer Bedeutung, organisierter gewaltsamer Widerstand bis hin zum Krieg, Einschüchterungen des Gegners und potentieller Abweichler der eigenen Seite, verschiedene Formen des Terrorismus. Nehmen wir etwa die Gewaltkonflikte des letzten Jahrzehnts in Algerien, der Türkei (Kurdistan), Israel/Palästina oder Kaschmir, dann zeigt sich in allen Fällen eine enge Verknüpfung chronischer politischer Konflikte mit verschiedensten Gewaltformen, zu denen auch terroristische Anschläge gehören.

Ursachen des islamischen Terrorismus

Es ist seltsam: Trotz des rhetorischen Getöses in vielen Medien hat es oft den Anschein, als ob zumindest in der Vergangenheit das Feindbild Islam in der praktischen Politik der westlichen Staaten keine oder nur eine untergeordnete Rolle spielte. Aufgeregte Ideologen scheinen die Außenpolitik zwar reichlich mit ihren Ratschlägen zu bedenken, aber nicht wirklich ernst genommen zu werden. Die Tagespolitik macht eher einen »pragmatischen«, wenn nicht opportunistischen Eindruck. Da gibt es dann gute und schlechte Fundamentalisten, unsere Islamisten und die anderen. Aber es gibt natürlich auch in der Außenpolitik eine Wahrnehmung des Islam – oder seiner »fundamentalistischen« Spielarten – als Bedrohung des Westens.

Im Zentrum dieser ideologischen Tendenz steht die Frage des Terrorismus, nicht erst seit dem Herbst 2001.

Der nahöstliche Terrorismus ist ein sehr kompliziertes Phänomen. Es wäre absurd zu glauben, er wäre ideologischen oder gar religiösen Quellen entsprungen. Er entstand vielmehr, weil soziale Sektoren und Bewegungen – etwa im Libanon – keine andere Möglichkeit politischer Einflußnahme mehr sahen. Ohne den israelischen Einmarsch und die lange Besetzung des Südlibanon, ohne die unbestrittene militärische und politische Dominanz Israels in diesem Zusammenhang hätte es den dortigen schiitischen Terrorismus in der dann sich herausbildenden Form nicht geben können. Diese Tatsache entschuldigt keine terroristischen Verbrechen, sondern hilft, Zusammenhänge zu begreifen. Ohne die westliche Unterstützung der israelischen Politik und ohne die westliche Intervention im Libanon 1982 bis 1984 (mit US-amerikanischen, französischen, britischen und italienischen Truppen) wären kaum so viele westliche Staatsbürger im Libanon zu Opfern von Entführungen und zu Geiseln geworden. Die libanesischen Schiiten hatten den israelischen Besatzern, den westlichen Truppen oder der Machtstruktur im eigenen Land politisch und im engeren Sinne militärisch nichts Ernsthaftes entgegenzusetzen. In »offener Feldschlacht« hätten sie nicht den Hauch einer Chance gehabt. Durch Guerillataktik, Überfälle, Entführungen, Attentate und Anschläge konnten sie ihren Feinden trotz der eigenen Schwäche sehr schmerzhafte Schläge zufügen. Auf diese Weise gelang es sogar, die US-amerikanischen und westeuropäischen Truppen nach relativ kurzer Zeit wieder aus dem Land zu treiben. Die Attentate auf das US-amerikanische, das französische und das israelische Hauptquartier im Libanon forderten Hunderte von Toten, zerstörten die Gebäude weitgehend – militärische Attakken, die mit konventionellen Mitteln nie möglich gewesen wären.

Der Kern dieser Politik hat mit »Fanatismus«, »Irrationalität« und anderen psychologischen Kategorien nichts zu tun. Es handelt sich – durchaus im westlichen Sinne – zwar um gewalttätiges, skrupelloses, aber durchaus »rationales«, nämlich auf einen Zweck gerichtetes Verhalten: mit den beschränkten eigenen Mitteln ein Maximum an Wirkung zu erzielen. Und genau das wurde erreicht: Die Westmächte verließen fast panikartig den Libanon, Israel mußte sich ebenfalls zurückziehen. Welche andere Politik hätte eine solche Bilanz ermöglicht?

Gewalt und Terrorismus sind auch im Nahen und Mittlerer Osten nicht neu, sind auch nicht erst mit dem aufkommenden Islamismus entstanden.[20] So wie es auch in Europa immer wieder religiös begründete, aber auch säkulare Gewalt gibt und gegeben hat, so auch in muslimisch geprägten Gesellschaften. In den siebziger Jahren wurde etwa der aus dem Palästinakonflikt resultierende Terrorismus (z.B. Flugzeugentführungen) nicht religiös, sondern »national« gerechtfertigt, im Zusammenhang mit »nationaler Befreiung« und dem Kampf einer Befreiungsbewegung. Die Täter waren meist Muslime, aber ihre Religion und Religiosität spielte für die Tatbegründungen praktisch keine Rolle. Heute würden die gleichen Taten mit gewisser Sicherheit auch oder völlig mit religiösen Argumenten untermauert – nicht, weil sie nunmehr aus der Religion entsprängen, sondern weil sich der politische Diskurs verschoben hat. So wie früher viele politische Probleme in der Sprache des Arabischen Nationalismus oder des Marxismus-Leninismus ausgedrückt wurden, so werden heute die gleichen Grundprobleme anders formuliert, in einen anderen Begründungskontext eingebettet – ohne daß sie deswegen notwendigerweise andere wären. Politische Bewegungen drücken ihre Forderungen, Erwartungen und Programme fast immer in einem sinnstiftenden Legitimationszusammenhang aus, der ihnen höhere Weihen etwa der »Geschichte«, der »Nation«, des »Klassenkampfes« oder eben »Gottes« gewährt. Zum Teil nehmen sie damit Stimmungen in der Gesellschaft auf, zum Teil prägen sie sie, aber auf jeden Fall dient das der Stärkung der eigenen Position durch Inanspruchnahme höherer Werte, die durchaus reale Aspekte und vernünftige Begründungen enthalten können.

Die Ursachen des Terrorismus und der anderen Formen politischer Gewalt im Nahen und Mittleren Osten sind vielfältig. Eine notwendige – aber nicht hinreichende – Grundvoraussetzung besteht in einer allgemeinen Situation der wirtschaftlichen und politischen Dauerkrise, die durch ökonomisch-soziale und politische Aspekte gekennzeichnet ist. Ein wichtiges Element besteht im Auseinanderklaffen der Erwartungen und Hoffnungen eines Großteils der Bevölkerung mit den gesellschaftlichen Realitäten. Nicht die Armut der Bevölkerung oder der Mangel an Demokratie an sich sind direkt und automatisch für politische Gewalt verantwortlich – auch extrem arme Gesellschaften können bemerkenswert friedfertig sein. Aber wenn diktatorische Verhältnisse oder Armut von der Bevölkerung nicht mehr akzeptiert werden, weil die Menschen mehr Wohlstand und Freiheit für erstrebenswert und *möglich* halten – und beides ihnen verweigert wird, dann entsteht ein Konfliktpotential mit möglicher Gewaltkomponente. Ob und in welcher Form und welchem Maße sich die Gewalt tatsächlich äußern wird, hängt von vielen Faktoren ab, unter anderem von den rechtlichen und politischen Möglichkeiten friedlicher Opposition. Gewalt wird um so wahrscheinlicher, je stärker gewaltlose Ausdrucksformen von Opposition und gewaltlose Konfliktregelungsmechanismen fehlen oder blokkiert sind. In einer ganzen Reihe von Ländern des Nahen und Mittleren Ostens bestehen chronische Krisen der Gesellschaften, die zunehmend durch Hoffnungslosigkeit und Wut geprägt sind. Korrupte und unfähige Regierungen verweigern der eigenen Bevölkerung grundlegende politische Rechte und sind zugleich nicht in der Lage, eine wirtschaftliche Zukunftsperspektive zu bieten. Massive Jugendarbeitslosigkeit, eine schamlose Spaltung der Gesellschaften in Arm und Reich (letztere oft demonstrativ pro-westlich) und ein starkes Auseinanderklaffen der öffentlichen Werte und Normen einer Gesellschaft und der sozialen Realität sind Warnsignale. Als soziale Organisatoren eines resultierenden politischen Radikalismus (und später möglicherweise dessen gewaltsamen Praktiken) kommen häufig Sektoren der Mittelschichten in Betracht, etwa die Söhne ländlicher Familien, die in großen Städten oder sogar im Ausland neue Bildungselemente erwerben (vor allem an Universitäten) – und dann keine oder keine angemessenen Arbeitsplätze finden, zugleich aber nicht zurück in ihre Dörfer können oder wollen. Das politische Konfliktpotential speist sich aus sozialer Not und Verzweifelung, aber seine Organisation wird meist nicht von den Ärmsten, sondern von Vertretern der technischen Intelligenz, Ärzten oder Rechtsanwälten getragen.

Meist spielt ein zweiter Faktor eine zentrale Rolle, um bestehendes Konfliktpotential in politische Gewalt zu transformieren: die Symbolik politischer Regionalkonflikte. Für den islamischen Kulturkreis sind das vor allem Palästina, in geringerem Maße Kaschmir (vor allem in Pakistan und Afghanistan) oder die immer noch bestehenden Sanktionen gegen den Irak. Diese Konflikte haben einen stark mobilisierenden Effekt, sie repräsentieren die Unterdrückung ganzer Völker. Insbesondere im palästinensischen Fall kann die Mobilisierung auf nationaler Grundlage (Palästinenser sind Araber) oder quasi-religiös erfolgen (Palästinenser sind meist Muslime), ihre Basis ist die Identifikation mit den Unterdrückten. Die Bedeutung dieses Mechanismus wird beispielhaft deutlich in der *Fatwa* (ein islamisches Rechtsgutachten), die Usama bin Ladin mit anderen Extremisten im Februar 1998 veröffentlichte (ohne daß der Bauingenieur Usama bin Ladin zur Abgabe solcher Rechtsgutachten formell befugt gewesen wäre), um den USA und Israel den »Krieg« zu erklären. Darin erhebt er drei substantielle Vorwürfe:

- Die Besetzung islamischer Länder, insbesondere »der heiligsten aller Orte, der Arabischen Halbinsel«, um deren »Reichtümer zu plündern, ihre Herrscher zu beherrschen« (»dictating to its rulers«) und zu anderen Zwecken durch die USA;
- Die Auswirkungen der US-Politik (»the Crusader-Zionist alliance«), des Golfkriegs und des seitdem andauernden Embargos auf die irakische Zivilbevölkerung »mit mehr als 1 Million Toten«;
- Die »Besetzung Jerusalems und die Morde an Muslimen« durch Israel, sowie die US-amerikanische Unterstützung.[21]

Bestimmte Regionalkonflikte im Nahen und Mittleren Osten können in Verbindung mit dem ohnehin innerhalb der Gesellschaften bestehenden Konfliktpotential eine explosive Mischung eingehen. Sie können politisch genutzt werden, um Konflikte und Gewaltpotential zu bündeln und ihnen eine Richtung zu geben – potentiell auch eine Richtung nach außen. Eine Vorbeugung gegen Gewaltkonflikte und Terrorismus sollte in diesem Zusammenhang also zugleich die innergesellschaftlichen Quellen und Ursachen der Gewaltpotentiale und die wichtigen, symbolträchtigen Regionalkonflikte ins Zentrum rücken: Solange die Bevölkerungsmehrheiten über keine positiven Lebensperspektiven verfügen und solange etwa der Palästinakonflikt nicht gelöst wird – solange wird die Gefahr bestehen, daß sich die Gewaltpotentiale reproduzieren. Sie können sich dann weiter auf sehr unterschiedliche Art und gegen unterschiedliche Ziele äußern, auch terroristisch.

Der aktuelle islamisch geprägte Terrorismus speist sich weiterhin aus säkularen Quellen: aus sozialen Problemen und Konflikten, Unterdrückung, Hoffnungs- und Perspektivlosigkeit. Ohne diese Quellen würde der islamistische Terrorismus über kleine Grüppchen von Spinnern nicht hinausgelangen, er würde nicht bedeutsamer sein, als es die deutsche RAF in den siebziger Jahren war: geräuschvoll, aber politisch isoliert. Die Gefahr der Überreaktion wäre noch gefährlicher als der Terrorismus selbst. Der islamistische Terrorismus ist heute nicht bedeutsam, weil er islamistisch ist, sondern weil er über eine potentielle Basis in einigen Ländern verfügt, die nicht dem Koran, sondern den sozialen Realitäten entspringt. (Wer mit einfachen Menschen in arabischen Ländern spricht, wird öfter hören, daß Usama bin Ladin ein schlechter Mensch, ja ein Verbrecher sei, mit dessen religiösen Einstellungen man nichts zu tun haben wolle – daß seine Angriffe auf die USA oder das Saudische Königshaus aber trotzdem ihre Berechtigung hätten. Sympathie genießt der Anti-Amerikanismus, nicht notwendigerweise seine religiöse Form.)

Auf dieser politischen Basis kann allerdings jede Form von Religion zu einer zusätzlichen, mächtigen ideologischen Waffe werden, auch der Islam. Sein praktischer Nutzen besteht darin, daß er nicht-westlich ist (im Gegensatz etwa zum Nationalismus, der in gewissem Maße ein westliches Importprodukt war), daß er sich auf eine ausgesprochen hohe moralische Instanz beruft (Gott), die zusätzlich prinzipiell nicht widerlegt werden kann, und daß Religion eine besonders starke emotionale Komponente enthält, die manche säkulare Ideologien nicht – oder nicht mehr – besitzen.

Der Islam – bzw. bestimmte, unorthodoxe Interpretationen des Islam – können unter manchen Umständen also dazu beitragen, terroristische Täter ideologisch zu stärken, ihre politischen Motive durch spirituelle zu ergänzen und so ihre Motivation zu erhöhen. Der Islam kann ebenfalls – wie nationalistische oder andere Ideologien – die Funktion erfüllen, Gemeinsamkeit zu stiften und so politische Koalitionsbildung erleichtern: etwa an die Gemeinschaft aller Muslime appellieren, so wie früher, und zum Teil noch immer, die Gemeinsamkeiten etwa der Araber politisch zu nutzen. Umgekehrt kann er natürlich zur Ausgrenzung eingesetzt werden, etwa von Nicht-Muslimen. Er kann also insbesondere bei der Stärkung der Gruppenidentität, der Motivierung, und bei der Definition von *In*- und *Outgroup* eine wichtige Rolle spielen. Dabei fällt auf, daß der politische Islam als Begründungskontext für Terrorismus (was die seltene Ausnahme, nicht die Regel darstellt) zuerst im jeweiligen Land, nicht international herangezogen wird: Der jeweiligen Diktatur oder Machtelite wird ihr islamischer Charakter bestritten, oft mit sehr säkularen Argumenten wie Korruption oder außenpolitischen

Vorwürfen, aber auch dem sündigen Lebenswandel der Herrscher. Das Attentat auf den ägyptischen Präsidenten Sadat war ein klassisches Beispiel. Einen internationalen Charakter nehmen solche Formen des Terrorismus meist an, wenn es etwa um die Verfolgung von Oppositionellen oder Diplomaten des eigenen Landes im Ausland geht. In eher seltenen – aber potentiell besonders gefährlichen oder blutigen Ausnahmen – sucht sich islamistischer Terrorismus westliche Ziele im Ausland, wie die Attentate des 11. September 2001 dramatisch unterstrichen.

Eine Analyse des islamisch inspirierten Terrorismus sollte ihn nicht primär unter quasi-theologischen, sondern unter politischen und kriminalistischen Gesichtspunkten untersuchen. Die religiösen Begründungen der Terroristen zum Nennwert zu nehmen, geht ihnen auf den Leim und führt in die Irre. Das religiöse Bekenntnis der Täter ist deren Privatsache – aber ihre Verbrechen sind es nicht, und die Ursachen und Quellen politischer Gewalt und ihrer terroristischen Formen liegen nicht im Verhältnis des Individuums zu Gott, sondern in den sehr irdischen Fragen wie sozialer und politischer Gerechtigkeit, Entfremdung und kollektiver Perspektivlosigkeit. Hier muß die Analyse auch des religiösen Terrorismus, und hier müssen die Gegen- und Vorbeugungsmaßnahmen zuerst ansetzen. Wer demgegenüber den islamistischen Terrorismus primär als ein Phänomen des Islam auffaßt und entsprechend handelt, spielt den Terroristen gerade in die Hände. Ihnen geht es ja unter anderem darum, eine Konfrontation zwischen »dem Islam« und »dem Westen« zu provozieren, und selbst zu den Exponenten der islamischen Seite zu werden. Genau dieses Kalkül gilt es aber zum Scheitern zu bringen, wenn man nicht noch Öl ins Feuer gießen will.

Für die meisten *politischen* Fragen ist der Glaube der Täter von zweitrangiger Bedeutung – wie es auch belanglos ist, ob die beiden George Bushs wirklich an den von ihnen proklamierten »Kreuzzug«-Charakter des Golf- und Afghanistankrieges oder an die göttlichen Ursachen des sowjetischen Zusammenbruchs glaubten. Oder, um zu einem früheren Beispiel zurückzukehren: Auch wenn die iranische Staatsführung ihre Außenpolitik selbst in einen religiösen Zusammenhang stellt und als »islamische Außenpolitik« betrachtet, bedeutet das immer noch nicht, daß der heimliche Charakter ihres Vormachtstrebens religiös fundiert ist.

Die US-Reaktion auf die Terroranschläge

Die Anschläge im September 2001 in den USA veränderten die Wahrnehmung des Terrorismus und die internationale Politik dramatisch. Er avancierte von einem unangenehmen Randproblem der Weltpolitik zu einer zentralen Frage. Zwar ist die in den ersten Monaten immer wieder zu findende Formulierung, daß nach den Anschlägen »nichts so ist wie zuvor«, eine der üblichen Übertreibungen beim Kampf um die Aufmerksamkeit des Publikums – trotzdem hat sich seit dem September 2001 vieles geändert. Neu ist, daß Verbrechen dieser Größenordnung nun auch in den Zentren des Westens und nicht nur in der Dritten Welt verübt wurden, neu ist, daß ausgerechnet die Symbole der US-amerikanischen Weltmacht zum Ziel genommen wurden – das World Trade Center und das Pentagon – und neu sind ebenfalls die Wahl der Mittel, der Grad an Planung und Vorbereitung und das Medienecho. Wenn Saddam Hussein mit westlicher – gerade auch deutscher – Technologie 5000 Kurden vergaste, fand das abseits der Weltöffentlichkeit statt – die Zerstörung des WTC mit 3000 Toten wurde demgegenüber zu einem live-übertragenen, weltweiten Medienereignis. Nicht neu ist die Zahl der Opfer, die Brutalität des Verbrechens, sind seine Rechtfertigungen. Ein solcher Terrorakt in Bangladesh oder Kamerun wäre zwar ebenso schrecklich, aber weniger folgenreich gewesen: Er stellt eine offene Kampfansage gegen die einzig verbliebene Supermacht dar, die USA. Und die USA drehen den Spieß bald um: Ihre Reaktion zielt zwar auch auf die Bekämpfung des Terrors – keine US-Regierung hätte sich schon aus innenpolitischen Gründen erlauben können, auf die Terrorakte »weich« zu reagieren. Aber sie bettet ihre Reaktion in eine globale Gesamtstrategie ein, die über die Terrorismusbekämpfung weit hinausgeht. So wie die Attentäter die Verwundbarkeit der Weltmacht, ihre Verletzbarkeit selbst im Zentrum der Macht nachweisen wollten, um sie damit zu schwächen, so führen die USA ihren neuen »Krieg gegen den Terrorismus« eben nicht primär als Maßnahme der Verbrechensbekämpfung, sondern vor allem als Strategie zur Stabilisierung und zum Ausbau der eigenen Vormachtstellung im internationalen System.

Die US-Antwort auf den Terror des 11. September 2001 zielt auf vier Ebenen: einmal auf die Zerschlagung und Bestrafung von Al-Qaida und insbesondere die Ergreifung oder Tötung Usama bin Ladins; zweitens auf den Sturz der Taliban und die Etablierung einer neuen, US-freundlichen Regierung; drittens auf den Sturz der Regierungen anderer »Schurkenstaaten«, etwa des Irak, Iran, Sudans und andere, wechselnde Ziele, bzw. Eingriffe in andere Länder und Regionen, in denen die Regierungen nur eingeschränkte oder gar keine Kontrolle haben (Somalia, Libanon, Georgien etc.), und viertens durch die Etablierung einer internationalen »Allianz gegen den Terrorismus« unter eigener Dominanz auf die Festigung der eigenen, globalen Führungsrolle.[22]

Neben der Terrorbekämpfung stellt diese Politik einen Versuch dar, die Weltpolitik neu zu ordnen: In Zentralasien und Umgebung wird die eigene Position in einem Maße und in einer Art ausgebaut, die vor den Anschlägen undenkbar gewesen wäre – etwa die Stationierung von Soldaten in Usbekistan und Pakistan. Darüber hinaus geht es der US-Regierung darum, bestimmte schwarze Schafe der Weltpolitik, die sich ihrer Führungsrolle weiterhin widersetzen und auch von einer Teilnahme an der »Globalisierung« nichts wissen wollen, zu disziplinieren oder unter Kontrolle zu bringen (Irak, Nordkorea, Sudan, Iran etc.), andere Regionen mit weißen Flecken auf der Landkarte – in denen etwa die jeweilige Regierung keine wirksame Kontrolle über ihr eigenes Staatsgebiet besitzt (Somalia, Afghanistan, z.T. Libanon oder Georgien) zu bereinigen, damit sich in den Zonen der Unregierbarkeit keine US-feindlichen Kräfte oder Terroristen zurückziehen können – und schließlich um die zeitliche Verlängerung des »uni-polaren Augenblicks« der Weltpolitik. Der Terrorismus wird durch diese Politikmischung nicht allein ein polizeiliches Problem, sondern Terrorbekämpfung eine Frage der politischen Hegemonie. Das wird – nebenbei bemerkt – von vielen anderen politischen Kräften reflektiert: Kaum eine Diktatur oder Halbdemokratie, die die Verfolgung ihrer jeweiligen Opposition nunmehr nicht plötzlich als Notwendigkeit der Terrorismusbekämpfung verkauft und sich begeistert der »Koalition gegen den Terror« angeschlossen hat: China, Usbekistan, Simbabwes Präsident Mugabe ließen es hier an Deutlichkeit nicht fehlen, aber auch prowestliche oder demokratische Regierungen wie Israel, Rußland und Indien finden es nun attraktiv, die Palästinenser, Tschetschenen und Kaschmiris noch stärker als Terroristen behandeln und verfolgen zu dürfen.[23] Auch wenn der internationale Terrorismus ein ernstes Problem ist – sein politisches Süppchen darauf zu kochen ist eine Versuchung, der viele Regierungen nicht widerstehen können. Der russische Präsident hatte dies schon seit Jahren in Bezug auf Tschetschenien versucht, aber bis zum April 2001 nur mit mäßigem internationalen Erfolg.[24]

All dies unterstreicht, daß es beim »Krieg gegen den Terrorismus« nicht allein und nicht einmal hauptsächlich um den Terrorismus geht, daß er vielmehr zur Verfolgung anderer Zwecke ausgenutzt wird. Aber es sagt zwei Dinge nicht: Die Instrumentalisierung des Terrors durch die USA und andere interessierte Regierungen bedeutet schließlich nicht, daß er nicht trotzdem ein wichtiges und schwieriges Problem wäre – und sie sagt nichts über den Zusammenhang von Islam und Terrorismus aus.

Bemerkenswert an der US-Reaktion war auch die völlig Konzentration auf Al-Qaida und insbesondere die Person Usama bin Ladins – wobei trotz des technischen Erfolges des Afghanistankrieges gerade dort Fehlschläge zu verzeichnen waren.[25] Auch die US-Regierung geht davon aus, daß Usama bin Ladin entkommen konnte. Darüber hinaus war es immer mehr als zweifelhaft, ob er als Person und seine Al-Qaida überhaupt im strengen juristischen Sinne für die Anschläge des 11. September verantwortlich sind. Der US-Experte Michael Collins Dunn hatte weniger als zwei Jahre vor den Terrorakten einen aufschlußreichen Aufsatz über Usama bin Ladin geschrieben. Darin wies er mit guten Gründen die Annahme zurück, der Terrorist kontrolliere tatsächlich die verschiedenen Terroroperationen bis hin zu einzelnen Anschlägen. »Zweifellos hat Bin Ladin eine Reihe der terroristischen Operationen, die man ihm anlastet, auch finanziert. Er hat auch dabei geholfen, islamistische Aufständische in einer Reihe von Ländern trainieren zu helfen. Ob er aber *operationelle* Kontrolle über deren Aktivitäten ausübt, ist eine andere Frage. Für zumindest einige Beobachter scheint er die Rolle eines Geldgebers und Sprechers zu übernehmen. Das spricht Bin Ladin nicht von seiner Verantwortung für die Taten anderer frei, wie es auch nicht bedeutet, daß er die ihm vorgeworfenen Taten nicht begangen hätte. Es legt allerdings nahe, daß wir ihm nicht größeren Einfluß nachsagen sollten, als er tatsächlich hat.«[26]

Während die US-Regierung und ihre politischen Sympathisanten nach den Terroranschlägen des September 2001 Usama bin Ladin als den entscheidenden Kopf und Anführer des internationalen islamistischen Terrors porträtierten, um ihre kriegerische Antwort zu rechtfertigen, dürfte eine solche Beschreibung das Problem kaum treffen: »Der Charakter des Bin Ladin Netzwerkes scheint in einer losen Verbindung verschiedener ›afghanischer‹ Gruppen der arabischen Welt, Südasiens und einigen entfernteren Gegenden zu bestehen, die zum Teil durch Bin Ladins Geld zusammengehalten werden. Er verfügt wahrscheinlich über keinerlei operationelle Kontrolle. Berichte eines von ihm ausgesetzten ›Kopfgeldes‹ für getötete Amerikaner legen nahe, daß er einfach für die Dienste anderer zahlt.«[27]

Bis zum Herbst 2001 stimmt die US-Regierung dieser Einschätzung zu. So unterschied der FBI-Direktor Louis Freeh noch im Mai 2001 zwischen »formellen Terrororganisationen«, die über ihre eigene Infrastruktur, Personal und ähnliches verfügen, und »lose verknüpften Extremisten«, zu denen er Usama bin Ladin und seine Al-Qaida zählte. Al-Qaida sei zwar gefährlich, aber »nur ein Teil« eines internationalen sunnitischen Terrornetzwerkes, zu denen »Individuen verschiedener Nationalitäten, ethnischer Gruppen, Stämme, Rassen und Mitgliedern terroristischer Gruppen« gehörten.[28]

Und zuvor hatte der Koordinator des US-Außenministeriums für Terrorismusfragen, Philip Wilcox, unmißverständlich formuliert: »Obwohl es informelle Kontakte zwischen Islamisten gibt – insbesondere im Ausland, wo ihre Führer häufig Sicherheit und Möglichkeiten zur Geldbeschaffung finden – gibt es kaum Beweise eines koordinierten internationalen Netzwerks oder einer Kommandostruktur zwischen diesen Gruppen.«[29]

Auch die US-Regierung sprach von Terrorzellen in möglicherweise bis zu 60 Ländern – und auch wenn diese Zahl vermutlich sehr großzügig aufgerundet sein dürfte: Kaum ein Sicherheitsexperte wird ernsthaft vertreten, daß diese alle Usama bin Ladins Kommando unterstehen. Nur Autonomie kann die Gruppen lebensfähig erhalten – sonst bestünde die Gefahr, durch einen einzigen Abtrünnigen oder Überläufer die gesamte Struktur zu gefährden.

Die Konzentration auf Usama bin Ladin war sachlich unsinnig und führte darüber hinaus sogar dazu, sein Ansehen in vielen muslimischen Ländern zu stärken: David gegen Goliath – so wollte sich der Terrorist darstellen, und so konnte man ihn nun auch wahrnehmen. So unsinnig diese Personalisierung auch sein mag, so ist sie doch nicht zufällig: Sie dient dazu, der breiter angelegten US-Politik in der Region nach dem 11. September 2001 eine zugkräftiges Verkaufsargument zu geben: Erst der Kampf gegen einen Teufel würde den eigenen Kriegsanstrengungen die höhere Weihe eines Kreuzzuges geben. Bemerkenswert ist auch die Betonung der Rolle Afghanistans für den internationalen Terrorismus, die ja das Schlüsselargument der US-Regierung für den Krieg gegen das Afghanistan der Taliban darstellt: Zwar führen die USA seit langem eine offizielle Liste der Staaten, die Terrorismus fördern – und sind gelegentlich ausgesprochen großzügig, welche Staaten dort aufgenommen werden (etwa Kuba). Afghanistan, auch unter den Taliban, war auf dieser Liste nie verzeichnet.

Der Nahe und Mittlere Osten – die Interessen des Westens

Das Schöne an der Politik in Washington – im Gegensatz zu Berlin – ist ihre Offenheit. Eine Weltmacht kann es sich leisten, die eigenen Interessen glasklar zu formulieren und erst in einem zweiten Schritt allerlei große Worte zu verlautbaren, die der eigenen Politik die höheren moralischen Weihen verleihen sollen. Seltsamerweise nehmen wir in der BRD durch unsere Auslandskorrespondenten in Washington meist nur den verbalen Bombast zur Kenntnis, die großen und hehren Ziele, die neuesten Weltordnungsentwürfe, die von ihren Urhebern so selten ernst gemeint sind. Wie also werden in Washington die Rahmenbedingungen der eigenen Nahostpolitik eingeschätzt?

Der damalige Direktor des US-amerikanischen Militärgeheimdienstes, Generalleutnant James Clapper, gab ein Jahr nach dem Golfkrieg vor einem Kongreßausschuß einen Überblick über die außen- und militärpolitische Interessenlage der USA. »Im Nahen Osten wird dauerhafte Stabilität schwer zu erreichen sein. Die Anstrengungen unserer militärischen Geheimdienstarbeit werden sich zum großen Teil auf den Wiederaufstieg der irakischen und iranischen Militärmacht und deren nukleare Fähigkeiten richten. In den nächsten zehn oder fünfzehn Jahren werden Iran und Irak weiterhin um die Vorherrschaft am Persischen Golf konkurrieren und sich um die Stärkung ihrer militärischen Machtmittel bemühen. Ein säkularer Staat im Irak und ein religiöser im Iran sind ihrer Natur nach im Konflikt. Diese Feindschaft wird zu Situationen führen, in denen der Krieg zu einer Möglichkeit wird. Ein neuer Krieg am Golf würde erneut die Weltölversorgung gefährden.«[30]

Die militärische Macht dritter Länder, die Weiterverbreitung von Atomwaffen und die Konkurrenz zweier – beide mit den USA verfeindeter – Regionalmächte, die die Weltölversorgung bedrohen könnten: das waren die Bedrohungsvorstellungen des Militärgeheimdienstes. Die religiöse Frage taucht hier nur indirekt auf: im Rahmen der Konkurrenz von Irak und Iran – und ihre Bedeutung ist offensichtlich bei weitem nicht so groß, daß die USA automatisch die säkulare irakische Diktatur gegen das religiös legitimierte Regime im Iran unterstützen würden. Aus den hier zitierten Worten Clappers spricht wenig Aufregung.

Dabei ist seine Einschätzung durchaus typisch für die Politik der US-Regierung. Besonders deutlich wurden die US-Interessen – die sich in diesen Fragen mit den westeuropäischen überlappten – im Zusammenhang mit dem zweiten Golfkrieg. Damals hatte US-Verteidigungsminister Cheney (heute Vizepräsident) ebenfalls die Interessenlage seines Landes am Golf – insbesondere gegenüber dem Irak – definiert: »Wenn wir der irakischen Aggression und seinem Gebietszuwachs nicht entgegentreten würden, hätte das ernste Auswirkungen auf die amerikanischen Interessen. Kurzfristig könnte der Irak die internationalen Ölmärkte manipulieren und in destabilisierende Unsicherheit stürzen, durch Drohungen gegen regionale Staaten die Ölpreise auf ein schädlich hohes Niveau zwingen und sich eine breite und starke politische Basis aufbauen. Durch die Eroberung Kuwaits kontrolliert Saddam Hussein direkt eine Produktionskapazität von fünf Millionen Faß pro Tag und gewinnt einen möglicherweise starken Einfluß auf die Produktion im Rest der arabischen Halbinsel, die noch einmal sieben Millionen Faß täglich beträgt. Das gäbe Saddam eine sehr mächtige Ölwaffe. Mit dieser Waffe könnte er ölimportierende Länder in Europa, Japan und sogar die USA – die alle zunehmend auf Golf-Öl angewiesen sind – unter Druck setzen. Langfristig würde der Irak militärisch viel stärker. Mit seinen zusätzlichen Mitteln könnte er seinen riesigen Vorrat an konventionellen und nichtkonventionellen Waffen ausdehnen – und bald auch über Atomwaffen verfügen. Seine militärische Stärke in Verbindung mit seiner größeren wirtschaftlichen und politischen Macht gäbe Saddam Hussein ein noch größeres Druckpotential gegenüber seinen Nachbarn in bezug auf die Ölpolitik und andere Fragen.«[31]

Es steht hier nicht zur Debatte, ob diese Sicht richtig oder falsch war. Schließlich geht es nicht darum, die westliche Energiepolitik am Golf und ihre Annahmen zu untersuchen, sondern den Zusammenhang zwischen ihrer Außenpolitik und bestimmten ideologischen Mustern. Und Cheney präsentiert hier eine ausgesprochen unideologische, materialistische Interessendefinition: Die Bedrohung durch Saddam bestehe für die USA – und den gesamten Westen – darin, daß 1. der Irak die Ölpreise deutlich erhöhen, 2. der Westen durch die »Ölwaffe« vom Irak unter Druck gesetzt werden könnte und 3. der Irak durch seine zunehmende militärische Macht noch weiter an Gewicht in der Region gewinnen würde.

Die westlichen Interessen am Persisch-Arabischen Golf drehen sich natürlich zum großen Teil um Öl, um die Energieversorgung. Aber dabei geht es nicht um bloße wirtschaftliche Variablen, um Menge und Preis des Ölexportes. Es geht um Macht. Es geht um die Kontrolle der Ölregion und darum, sie anderen – vor allem unfreundlich gesonnenen – vorzuenthalten. Diesem Ziel sind viele andere Interessen untergeordnet.

Aber der Nahe und Mittlere Osten besteht nicht nur aus der Golfregion. Und die westlichen Interessen sind entsprechend komplexer. Shireen Hunter hat in einem Aufsatz rückblickend zusammengefaßt, welche Bedrohungen des Westens, vor allem der USA, im Nahen und Mittleren Osten bis zum Ende der achtziger Jahre auszumachen waren.

»Traditionell resultierten die wichtigsten Bedrohungen der regionalen Sicherheit aus dem sowjetischen Expansionismus und dem regionalen Radikalismus.« Darauf aufbauend nennt Hunter mehrere Kategorien der Bedrohung westlicher Interessen. Es handelt sich um:

- Öl als politische Waffe;
- die Bedrohung konservativer, mit dem Westen verbundener arabischer Herrscher;
- die Wahrnehmung der Interessen Israels als westlichem Verbündetem in der Region;
- regionale Rivalitäten zwischen Staaten oder Bewegungen, die zu Instabilität führen könnten;
- innenpolitische und wirtschaftliche Probleme einzelner Länder oder der Region.

All diese Bedrohungen mußten natürlich zu Zeiten des Kalten Krieges immer zugleich auf die Konkurrenz zur Sowjetunion bezogen werden. Allerdings ist offensichtlich, daß sich diese Grundkonstellation westlicher Interessen seitdem nicht wirklich verändert hat – Öl, Stabilität und Israel sind weiterhin entscheidende Kriterien. Ein weiterer Punkt in der Aufzählung Hunters bezieht sich auf ideologische Fragen und berührt unser Thema direkt. Es handelt sich um die Bedrohung westlicher Interessen durch den Islam und den Arabischen Nationalismus: »Die Sichtweisen der militanten Islamisten und der radikalen arabischen Nationalisten sind in bezug auf die Regierungen und herrschenden Eliten der arabischen Golfstaaten sehr ähnlich. Die beiden Gruppen teilen auch ihre Feindschaft gegenüber dem Westen. Allerdings sind die Islamisten bis auf wenige Ausnahmen im Gegensatz zu den arabischen Nationalisten zugleich antisowjetisch.«[32]

Was Hunter uns hier in bezug auf den »militanten Islam« als Befürchtung der westlichen Außenpolitik vorstellt, ist, daß er antiwestlich eingestellt ist. Es ist wenig überraschend, daß der Westen eine solche Einstellung nicht schätzt. Es wird aber zugleich deutlich, daß der militante Islam – also islamistische Bewegungen – als weniger feindlich als der Arabische Nationalismus (etwa Nasserscher oder baathistischer Prägung) angesehen wurde. Diese Bedrohung galt als geringer, weil der Arabische Nationalismus nicht auch antisowjetisch war. Und in Zeiten einer scharfen Ost-West-Konkurrenz war gerade die Stellung zur Sowjetunion das entscheidende Kriterium für die Freund-Feind-Zurechnung. Die in vielen Massenmedien so populäre »islamische« Bedrohung taucht hier – und auch das ist durchaus typisch – als eine von sechs Bedrohungen auf, und selbst das nur knapp. Sie wird als Untergattung feindseliger Ideologien betrachtet, und dabei noch als minder gefährliche. Mit dem Verschwinden der Sowjetunion mußte hier eine ideologische Verschiebung eintreten: Der Islamismus rückte vom zweiten auf den ersten Platz der Liste »feindseliger Ideologien«, und seine Nützlichkeit als Waffe gegen einen gemeinsamen Gegner verschwand mit diesem Gegner.

Die »Achse des Bösen«

Nach dem leichten militärischen Erfolg gegen die afghanischen Taliban – der nicht mit politischer Stabilität in Afghanistan verwechselt werden darf[33] – erklärte US-Präsident George W. Bush zum Jahresanfang die drei Staaten Irak, Iran und Nordkorea zu einer »Achse des Bösen«. Dabei ist die Formulierung des »Bösen« in der internationalen Politik einerseits ungewöhnlich, da es sich um eine im Kern »moralische«, eigentlich quasi-religiöse Begrifflichkeit handelt – das Gute *versus* das Böse, das Reich des Lichts *versus* das der Finsternis, so etwas neigt dazu, die internationalen Beziehungen nicht als Arena des Konflikts und Ausgleichs von *Interessen*, sondern der eines grundlegenden Kampfes zweier gegensätzlicher moralischer Prinzipien zu deuten. Wenn es nicht um die Vermittlung von – prinzipiell selbstverständlichen und legitimen – Interessensgegensätzen ginge, sondern eben um einen Kampf zwischen Gut und Böse: dann wären auch Kompromisse schwierig oder unmöglich. Diese Moralisierung und quasi-religiöse Überhöhung von Außenpolitik mag für manche europäischen Ohren befremdlich klingen – sie ist aber nicht neu. US-Präsident Reagan hatte sie mit Leidenschaft gegenüber der Sowjetunion genutzt, etwa indem er diese explizit als »Reich der Finsternis« brandmarkte – und sich selbst so im Umkehrschluß zur Lichtgestalt ernannte. Auch andere Mitglieder der US-Regierung konnten der Versuchung einer ideologischen Überhöhung des Konfliktes nicht widerstehen. So formulierte der US-Justizminister – und christliche Fundamentalist – John Ashcroft die Mission seines Landes in der Welt: »Unsere Nation ist zur Verteidigung der Freiheit berufen – eine Freiheit, die nicht von irgendeiner Regierung oder durch irgendein Dokument gewährt, sondern uns von Gott verliehen wurde.« Ein amerikanischer Journalist hatte bereits zuvor den Minister mit den Worten zitiert: »Der Islam ist eine Religion, nach der Gott verlangt, daß man seinen Sohn für ihn sterben lassen soll. Das Christentum ist ein Glaube, nach dem Gott seinen Sohn gesandt hat, um für uns zu sterben.«[34] Diese Äußerungen waren nicht rein abstrakter Natur, sondern erfolgten im Kontext des US-amerikanischen »Krieges gegen den Terrorismus«. Da nützt es nichts, wenn andere hochrangige Politiker immer wieder versichern, »unser Krieg gegen den Terrorismus ist kein Krieg gegen den Islam«.[35] Letztlich ergab sich in der Öffentlichkeit ein sehr widersprüchliches Bild: Mal besuchte

US-Präsident Bush in New York demonstrativ eine Moschee, dann wieder sprach er mehrfach von einem »Kreuzzug«. Ähnlich widersprüchlich waren die Äußerungen auch in anderen Ländern: Während viele europäische Politiker immer wieder betonten, »Die Vereinigten Staaten von Amerika und wir als Verbündete führen keinen Krieg gegen einzelne Staaten oder Völker und schon gar nicht gegen die islamische Welt insgesamt« (Bundeskanzler Schröder)[36] wurden immer wieder auch andere Stimmen laut. Der italienische Ministerpräsident Berlusconi wurde besonders deutlich: »Der Westen ist dazu bestimmt, die Völker zu verwestlichen und für sich zu erobern. Dies ist ihm schon mit der kommunistischen und mit einem Teil der islamischen Welt gelungen. Aber es gibt einen anderen Teil dieser Welt, der vor 1.400 Jahren stehen geblieben ist.«[37]

Trotz des häufig rituellen Geredes von einem »interkulturellen Dialog« sind die anti-islamischen Konnotationen des vorgeblichen Dualismus zwischen dem Westen und dem Islam offensichtlich. Deshalb ist es wenig überraschend, daß viele Muslime trotz der offiziellen Beteuerungen des Gegenteils den Verdacht äußern, der Westen – vor allem die USA – betriebe eine systematische Politik gegen den Islam oder die muslimischen Länder.

Dieser Verdacht wurde dadurch noch genährt, daß die USA nach dem Sieg über die Taliban zunehmend Drohungen gegen andere Staaten des Nahen und Mittleren Ostens äußerten. Sie erhoben Vorwürfe, daß manche Staaten – wie Afghanistan – ebenfalls den internationalen Terrorismus unterstützen oder zumindest tolerierten und deshalb ebenfalls »zur Verantwortung gezogen« würden. Diese Drohungen mischten sich mit den bereits üblichen Angriffen gegen die »Schurkenstaaten«, die praktischerweise mit den neuen Feinden oft identisch waren. In der Diskussion in Washington über potentielle Angriffsziele wurde die Liste immer länger und bunter. In erster Reihe wurden immer wieder der Irak, der Iran und – eine Zeitlang – Somalia erwähnt, aber auch der Sudan, der Jemen, Syrien, der Libanon waren Kandidaten, dazu verschiedene palästinensische Gruppen, Libyen, die *Abu Sayyaf* auf den Philippinen, Organisationen in Kaschmir und Pakistan gehörten dazu. Auch wenn zusätzlich noch Nordkorea (und bizarrerweise gelegentlich Kuba) in die Schußlinie gerieten, so war doch kaum zu übersehen, daß der größte Teil der Ziele muslimische Länder oder Gruppen waren.

Im Zentrum der US-Aufmerksamkeit stand allerdings von Anfang an der Irak. Die offizielle Begründung bestand in dessen angeblichem oder tatsächlichem Besitz von Massenvernichtungswaffen, der allerdings unklar blieb und den Irak auch nicht von einer Reihe anderer Länder der Region (von Israel, der Türkei, Ägypten bis Syrien) unterschied – von der Tatsache einmal angesehen, daß die USA selbst über die weltweit größten Vorräte solcher Waffensysteme verfügen. Präsident Bush drohte, sich den Irak »vorzunehmen« und formulierte in bezug auf den irakischen Präsidenten Saddam Hussein: »Er ist ein Problem, und wir werden uns mit ihm befassen.« Der Kontext dieser Bemerkungen bestand darin, daß »Staaten, die mit dem Einsatz von Massenvernichtungswaffen drohen« zum Ziel militärischer, auch atomarer Angriffe Washingtons werden könnten – zu einem Zeitpunkt, an dem die US-Regierung gerade selbst die Entwicklung neuer taktischer Atomwaffen betrieb und mit ihrem Einsatz drohte. Interessanterweise – und ohne Rücksicht auf das Völkerrecht – wurde aus Washington auch immer wieder der Sturz der irakischen Regierung (einer in der Tat widerlichen Diktatur) als Ziel militärischer Aktionen genannt.

Ein Krieg zum Sturz Saddam Husseins wurde schon während der Präsidentschaft Clintons immer wieder von Leuten wie Dick Cheney, Paul Wolfowitz, Donald Rumsfeld und James Woolsey (»Wir müssen dieses Regime zerstören, das uns zerstören und seine Nachbarn terrorisieren möchte«[38]) gefordert, die sich an einer ausgewachsenen Kampagne zu diesem Ziel beteiligten. Heute sind die meisten Aktivisten dieser Bewegung hohe Amtsträger der Regierung Bush, und es überraschte deshalb nicht, daß diese Regierung von vornherein – bereits vor dem September 2001 – den Irak zum Sturz seiner Regierung ausersehen hatte. Dabei ging es in gewissem Sinn schon um die Frage von Massenvernichtungswaffen, aber doch nur in zweiter Hinsicht: Wenn der Irak so pro-amerikanisch wie die Türkei oder Israel wäre, dann wären auch B- oder C-Waffen kein wirkliches Problem. Aber für ein Land, das sich dauerhaft der US-Dominanz verweigerte, sollte so etwas nicht in Betracht kommen. (So erläuterte auch Margaret Thatcher in bezug auf den Iran und Syrien, daß diese zwar Usama bin Ladin, die Taliban und die Anschläge des September 2001 verurteilten – »Aber, sie sind beide Feinde der westlichen Werte und Interessen«.)[39]

Der Hintergrund der Politik Washingtons dürfte vermutlich präzise mit dem erhellenden Bonmot Henry Kissingers charakterisiert sein, daß »Öl viel zu wichtig ist, um es den Arabern zu überlassen«. Der Irak ist – neben dem Iran und Saudi Arabien – ein Schlüsselstaat am Persischen Golf, der noch immer wichtigsten Ölregion der Welt. Die Regierung Bush war mit der Absicht ins Amt gelangt, weniger Aufmerksamkeit als unter Clinton auf den Nahen Osten (insbesondere den Palästinakonflikt), aber mehr auf den Persischen Golf zu verwenden – und das war immer ein Euphemismus für den gewaltsamen Sturz der irakischen Regierung und die Einsetzung eines pro-amerikanischen Nachfolgeregimes.

Insgesamt ergibt sich das Bild, daß eine ganze Reihe muslimischer Staaten unter besonderen Druck der US-Politik gesetzt wurde. Aber vieles deutet darauf hin, daß dies nicht wegen ihres muslimischen Charakters, sondern aus rein machtpolitischen und strategischen Gründen erfolgt: Weder der Irak noch Syrien oder Libyen sind sonderlich religiös orientiert, und gehören trotzdem zu den bevorzugten Zielen der US-Politik. Diese ist vor allem davon geprägt, daß die große Region der muslimischen Länder von Nordafrika über den Nahen und Mittleren Osten bis nach Zentralasien und Malaysia und Indonesien von überragender wirtschaftlicher und strategischer Bedeutung und zugleich von hoher Instabilität ist, daß dort auch wichtige Sektoren der Bevölkerung und der Politik eine globale US-Hegemonie mit Ablehnung oder gar Feindseligkeit betrachten. Diese Region einer stabilen eigenen Dominanz zu unterwerfen ist das offensichtliche und »rationale« Ziel – die Frage islamischer oder anderer Religiosität wird für die US-Außenpolitik nur dann relevant, wenn sie dieses allgemeine Politikziel tangiert. Das solche Formen »rationaler« Machtpolitik nicht harmlos sein müssen, wurde im März 2002 einmal mehr bekannt. Da mußte die *Frankfurter Allgemeine Zeitung* berichten: »Das amerikanische Verteidigungsministerium betrachtet den Irak und mindestens sechs weitere Staaten nach einem internen Bericht als mögliche Ziele für einen Angriff (der USA; J.H.) mit Atomwaffen. ... US-Außenminister Powell bestätigte am Sonntag die Existenz des Berichtes. ... Als potentielle Gegner werden der Irak, Iran und Nordkorea genannt, die Präsident Bush als ›Achse des Bösen‹ bezeichnet hatte, sowie Syrien, Libyen und China.«[40] Bald stellte sich heraus, daß der Iran bereits seit 1979 und der Irak seit 1991 auf der Zielliste der amerikanischen Atomwaffen standen.[41]

Einige zusammenfassende Überlegungen

Der Islam in Nord-Süd-Beziehungen war der Gegenstand unserer Betrachtung. Die Ergebnisse sind offensichtlich widersprüchlich. Auf der einen Seite haben wir Beispiele dafür gefunden, daß das von Andrea Lueg untersuchte Feindbild in die Außenpolitik hineinwirkt. Das gilt nicht nur für die außenpolitische Berichterstattung der Medien, sondern auch für bestimmte Politikfelder wie die Politik gegen Terrorismus oder die US-amerikanische Iran-Politik. Auch auf dem Feld der Außenpolitik werden dem islamisch geprägten Kulturkreis oder bestimmten Kräften oder Bewegungen gelegentlich von vornherein religiöse Antriebe als zentral unterstellt – etwas, daß man im eigenen Kulturkreis als weltfremd betrachten würde.

Zugleich aber ist deutlich, daß der Kern westlicher Außenpolitik sich vom Feindbild Islam nicht sonderlich beeindrucken läßt, sondern »den Islam« oder seine islamistischen Varianten in verschiedene Zusammenhänge einordnet. Es wurde klar, daß die westliche Orientpolitik primär von einer Definition der eigenen Wirtschafts- und Machtinteressen bestimmt wird, nicht von der Einschätzung einer Religion. Nur in diesem Zusammenhang fürchtet sich der Westen vor einer islamischen Bedrohung: nämlich dann, wenn seine konkreten Interessen bedroht sind.[42] Vor diesem Hintergrund sieht der Westen gute und schlechte Muslime, gute und schlechte Fundamentalisten. Pro-amerikanische oder pro-westliche islamistische Kräfte mögen ebenso intolerant, fanatisch oder gewalttätig sein wie ihre anti-westlichen Kollegen – wir erinnern uns an Saudi-Arabien oder an die afghanischen Mudschahedin. Das ist dann aber keine »islamische Gefahr«, sondern Lokalkolorit.

Das Feindbild Islam taugt für die Außenpolitik nur mit Einschränkungen. Einerseits ist es hochgradig attraktiv, da es einen naheliegenden Ersatz für das verlorene Feindbild Sowjetunion/Kommunismus bilden kann. Hochgerüstete Militärapparate und eine auf Vorherrschaft am Golf zielende Außenpolitik brauchen eine plausible Begründung, brauchen ein glaubwürdiges Feindbild. Und dieses Feindbild sollte mehr sein als ein konkreter Feind, es sollte eine umfassende Ideologie beinhalten, wie das Feindbild Kommunismus mit dem Marxismus-Leninismus. Da bieten sich »der Islam« oder der »islamische Fundamentalismus« geradezu an – auch, weil attraktive Alternativen fehlen.

Andererseits schafft das Probleme. Viele wichtige Verbündete des Westens sind selbst Regierungen des islamischen Kulturkreises, manche gar selbst fundamentalistisch. Ein anti-islamischer – oder auch nur anti-islamistischer – Kreuzzug wäre daher schwer durchzuhalten. Entweder käme er in beträchtliche Glaubwürdigkeitsprobleme, oder er würde wichtige Verbündete verprellen. Aus diesem Grund gibt es bezüglich des außenpolitischen Feindbildes Islam eine Art Schwebezustand. Immer wieder wird die Gefahr wortreich und fast lyrisch beschworen, je nach Konjunktur in unterschiedlichen Regionen oder verschiedenen Ländern. Und dann wieder wird es sehr still, ist keine Rede mehr von islamistischen Bedrohungen. Als der Kampf gegen Saddam Husseins Irak im Vordergrund stand, war der Iran keine populäre Bedrohung, sondern ein Faktor, den man diplomatisch in die anti-irakische Front einbeziehen, zumindest aber neutralisieren wollte. Einige Zeit später war wieder zunehmend von der iranischen Gefahr die Rede, die eigentlich doch schlimmer sei als die irakische. Dann taucht die islamistische Bedrohung wieder aus der Versenkung auf. Beim Afghanistankrieg 2001 war es ähnlich: Plötzlich sollten auch alte Feinde politisch eingebunden werden, etwa der Iran und Syrien. Nach Kriegsende verschärfte sich das Klima diesen Ländern gegenüber wieder.

Dieses Hin-und-her-Pendeln je nach politischer Opportunität wird die westliche Außenpolitik gegenüber muslimischen und islamistischen Regierungen und Bewegungen auch in Zukunft bestimmen.

Bemerkenswert ist ein Auseinanderklaffen der holzschnittartigen Feindbildproduktion für den internen Bedarf, also in Publizistik und Medien, und der widersprüchlichen Verwendung des Feindbildes Islam in der konkreten Politik. Während manche Ideologen und viele Medien oft geradezu hysterische Horrorszenarien und emotional aufgeladene Schein-Berichterstattung verbreiten, finden wir in der Außenpolitik zumindest zum Teil relativ nüchterne Einschätzungen, die sich von eigenen Interessen und weniger von eigenen Ängsten leiten lassen. Die westliche Politik gegenüber dem Orient mag ihre Belange mit großer Konsequenz und sogar Brutalität durchsetzen und Menschenleben im Nahen und Mittleren Osten nicht besonders hoch einschätzen – sie ist aber meist zweckrational und kühl kalkuliert. Sie fällt nur in Ausnahmesituationen auf den Popanz herein, der für den heimischen Konsum aufgebaut wird. Wie ist dieses Auseinanderklaffen zu verstehen?

Zwei Gründe kommen vor allem in Betracht. Einmal der immer noch elitäre Charakter von Außenpolitik. Innenpolitik, Wirtschafts- und Sozialpolitik haben eine breite Lobby, Interessengruppen erzwingen Diskussionen, stellen Forderungen. Außenpolitik ist weiterhin eine Sache von Minderheiten, einer relativ kleinen Elite, nur gelegentlich behelligt durch Basisbewegungen zu Einzelfragen – »Nachrüstung« und Friedensbewegung waren in den 80er Jahren die wichtigsten Beispiele für das Abweichen von der Regel. Emotionalisierung und reißerische Feindbilder sind eher für den breiten Massenkonsum gedacht, sie sind für die außenpolitische Machtelite wenig attraktiv. Die Vertreter westlicher Ölinteressen etwa dürften die Schriften Scholl-Latours kaum für relevant halten.

Ein zweiter Grund für das Auseinanderfallen der innen- und außenpolitischen Wahrnehmung des Islam hängt damit zusammen, daß die allgemeine Feindbildproduktion den Orient und den Islam nur zum Vorwand nimmt, aber nicht eigentlich zum Gegenstand hat. Sie hat wenig mit dem Orient und dem Islam zu tun, aber viel mit inner-westlicher Identitätsstiftung. Es geht um Selbstvergewisserung, um das sich gegenseitige Bestätigen, wie rational, aufgeklärt und vernünftig wir Westler sind. Die Notwendigkeit dafür besteht in dem bedauerlichen Tatbestand, daß Zivilisiertheit sich auch in Europa und Nordamerika in bescheidenen Grenzen hält und immer wieder von eruptiven Rückschlägen aufgehoben wird. Der deutsche Faschismus, der Stalinismus oder solche archaischen Erscheinungen wie die Kriege auf dem Balkan oder der Bürgerkrieg in Nordirland – um nur ein paar drastische Beispiele zu nennen – mahnen hier zu einer vorsichtigen Selbsteinschätzung westlicher Zivilisation. Das Anzünden libanesischer Mädchen am Niederrhein und ähnliche Äußerungen der »Volksseele« sind kein Indiz für die tiefe Verankerung zivilisatorischer Werte im christlichen Abendland. Durch die Karikierung fremder Kultur, durch die beliebige und willkürliche Verzeichnung islamischer Gesellschaften erteilen wir uns selbst die Absolution. Die anderen sind fanatisch, die anderen sind irrational, nicht wir.

Insgesamt läßt sich feststellen, daß das Feindbild Islam in den Köpfen der bundesdeutschen Bevölkerung und ihrer öffentlichen Meinung tief verankert ist. Eine diffuse, irrationale Angst vor dem

Islam, »den Arabern« (wobei nicht selten beispielsweise Perser, Türken oder die zahlreichen ethnischen Gruppen Afghanistans oder Pakistans kurzerhand zu »Arabern« erklärt werden), einer anderen Kultur und vor der Armut der »Dritten Welt« – all das verbindet sich mit rassistischen und fremdenfeindlichen Gefühlen zu einer dumpfen Mischung. Innenpolitisch sind diese Ängste präsent, ist dieses Feindbild voll entwickelt, auch wenn es sich oft nicht öffentlich äußert und auch wichtige Gegenströmungen vorhanden sind. Außenpolitisch bleibt das Feindbild immerhin latent. Es ist unter der Oberfläche vorhanden, wird aber nur in Ausnahmefällen aktiviert und für außenpolitische Zwecke eingesetzt.

Diese Situation hat einen beruhigenden und einen alarmierenden Aspekt. Eher erfreulich ist der Schluß, daß die westliche Außenpolitik gegenüber dem Nahen und Mittleren Osten rational ist, auch wenn sie von dem Interesse an politischer und wirtschaftlicher Dominanz gekennzeichnet ist, und von der Bereitschaft, in »zweckrationaler« Manier gelegentlich ein paar Tausend oder Zehntausend Menschenleben – arabische oder vielleicht afghanische, versteht sich – der Durchsetzung der eigenen Interessen zu opfern. Der Westen betreibt also keinen »Kreuzzug«, keine Politik, die sich von einem rassistischen Feindbild leiten ließe, sondern »nur« imperiale, zweckrationale Politik. Wenn das die gute Nachricht ist – was ist die schlechte?

Bedrohlich ist, daß diese imperiale Politik je nach Opportunität auf die latente Emotionalisierung zurückgreifen kann. Wenn sich die westlichen Strategen zur Durchsetzung ihrer Interessen zu weiteren Interventionen, Kriegen oder neuen Formen neo-kolonialer Dominanz entschließen sollten – dann stehen die politisch-psychologischen Voraussetzungen bereit. Fast jedes politische oder militärische Abenteuer könnte innenpolitisch gerechtfertigt werden. Das Feindbild läßt sich nutzen, es gestattet, je nach Bedarf eine islamische Bedrohung zu präsentieren, gegen die es sich zu »verteidigen« gilt.

Jochen Hippler

Der interkulturelle Dialog zwischen dem Westen und dem Nahen und Mittleren Osten[1]

Der Islam ist als Feindbild in europäischen Gesellschaften tief verwurzelt – so wie umgekehrt in vielen vom Islam geprägten Gesellschaften der Westen ebenfalls mit Mißtrauen und Ablehnung betrachtet wird. Aber auf beiden Seiten existieren auch Gegentendenzen, die sich nach dem Golfkrieg von 1991 und den Thesen Huntingtons zum »Konflikt der Zivilisationen« deutlich verstärkten. In Teilen der Medien, der Politik und der gesellschaftlichen Basis entstand, auch als Reaktion auf die ausländerfeindlichen Morde und Pogrome in Rostock, Solingen und anderswo, das Bedürfnis nach einer weniger feindseligen Sichtweise des islamischen Kulturkreises, nach einem Dialog mit den Muslimen. Der »Dialog mit dem Islam« wird seitdem verstärkt vor Ort geführt, in vielen Städten und Gemeinden,[2] aber selbst die hohe Politik wollte nicht abseits stehen: Roman Herzog hatte als Bundespräsident mehrfach zum Dialog aufgerufen, sein Nachfolger Johannes Rau den »Dialog Westen-Islam« zur zentralen außenpolitischen Initiative seiner Amtszeit erklärt. Bundespräsident Rau warnte vor einem »Feindbild Islam«[3], zahllose Tagungen, Seminare und Konferenzen in verschiedenen Ländern bemühen sich um einen Dialog.

Die Terroranschläge des 11. September 2001 und die militärische Reaktion der USA in Afghanistan haben den Bemühungen um Dialog und Verständigung einen schweren Rückschlag versetzt.

Der »Krieg der Zivilisationen« ist nach den Terroranschlägen des 11. September 2001 in den USA von einer Chimäre zur realen Gefahr geworden: Wenn die Vereinigten Staaten nach Afghanistan nun tatsächlich in den nächsten Jahren den Irak, Somalia und vielleicht andere oder weitere Länder im Nahen und Mittleren Osten angreifen sollten – auch vom Libanon, Syrien und dem Iran ist die Rede, manchmal wird die Liste noch länger – dann mögen die offiziellen Kriegsziele dies nicht beinhalten, aber der Eindruck eines Krieges gegen den islamischen Kulturraum wäre kaum noch vermeidbar. Die Rechtfertigungen der diversen Militäreinsätze und Kriege mögen sich in einem solchen Fall zwischen dem Kampf gegen den Terrorismus und dem gegen die Verbreitung von Massenvernichtungswaffen bewegen – dies wird aber zumindest im Nahen und Mittleren Osten den Eindruck nicht zerstreuen, daß »der Westen« oder die USA unter verschiedenen Vorwänden einen säkularen Kreuzzug gegen die Muslime führen: Schließlich besitzt der Westen selbst Massenvernichtungswaffen, toleriert die israelischen, und hat durchaus immer mal wieder Terroristen unterstützt, wenn es ihm passend erschien – bis hin zu Usama bin Ladin. Warum also jetzt aus solchen Gründen muslimische Länder angreifen, die sich vielleicht falsch verhalten haben, möglicherweise gar Verbrechen begingen – aber doch kaum andere als die, an denen auch die westlichen Länder sich oft schuldig gemacht haben. Dieses Argument ist im Nahen und Mittleren Osten häufig zu hören, nicht erst seit den Anschlägen im September 2001.[4]

Jeder ernsthafte Dialog mit dem islamisch geprägten Kulturkreis muß sich mit solchen Erfahrungen und Wahrnehmungen der Dialogpartner auseinandersetzen, die im Westen oft keinen Partner zu erkennen vermögen, sondern ein Machtsystem, das nach Dominanz strebt und ethische und diskursive Argumente nur dann ernstnimmt, wenn sie ihm selbst nützen. Anders formuliert: Der Ausgangspunkt des interkulturellen Dialoges ist nicht der herrschaftsfreie Diskurs über gemeinsame oder unterschiedliche Werte, sondern die Erfahrung eines dramatischen Machtungleichgewichtes. Objektiv bedeutet »Dialog der Kulturen« zwischen dem Westen und dem Nahen Osten den Austausch zwischen Mächtigen und Machtlosen. Das erklärt die häufige kulturelle Hochmut der Westler ebenso, wie die Mischung von Bewunderung und trotziger Feindseligkeit auf Seiten vieler Muslime.

Der Terrorismus vom 11. September in New York und die kriegerische Reaktion der USA gegen Al-Qaida und das Afghanistan der Taliban schuf den ganzen, meist halbherzigen Dialogversuchen einen neuen Rahmen: Einerseits demonstrierte beides gerade die Notwendigkeit, den interkulturellen Dialog endlich aus dem Reich der Sonntagsreden in die Realität zu überführen und ins Zentrum der Politik zu rücken.

Zugleich aber war das Wechselspiel von terroristischer Gewalt und kriegerischer Gegengewalt emotional so wirkungsmächtig, daß mancher zarte Ansatz zum besseren Verständnis voneinander wieder untergraben wurde. Die emotionale Kraft der Gewalt und ihrer

Fernsehbilder verleiten zu neuer Schematisierung, zu neuen Ängsten voreinander und zu neuen Feindbildern. Da kommt es dann schon einmal vor, daß scheinbar beruhigend formuliert wird: »Nicht jeder, der zu Allah betet, ist ein ›Gotteskrieger‹ und bereit, zur Waffe zu greifen« – so etwa der *Rheinische Merkur*[5]. Nicht jeder Muslim ist also ein Gewalttäter, aber vielleicht jeder zweite? Oder nur jeder dritte?

Selbst in der seriösen und in solchen Dingen meist betont nüchternen *Frankfurter Allgemeinen Sonntagszeitung* finden sich seit dem 11. September erstaunliche Einschätzungen: »Der Islam rechtfertigt Gewalt und kennt Meinungs- und Religionsfreiheit nicht. Würde er seine kriegerische, antiwestliche und reformfeindliche Seite offen enthüllen, die ihm seit dem 11. Jahrhundert eigen ist, dürften die europäischen Staaten, den Menschenrechten und dem Gleichheitsprinzip treu, ihn auf ihrem Boden nicht dulden. ... So lehren die arabischen Gebote ›Die Religion Mohammeds durch das Schwert‹. ... Da eine Reform am Anfang des 20. Jahrhunderts scheiterte, ist der Islam bis heute eine eroberungslustige, kriegerische und theokratische Religion.«[6]

Nach dem Lärm um Samuel Huntingtons »Clash of Civilizations« gab es in Europa eine Gegenbewegung zur Wahrnehmung des Islam als feindlich. Von Teilen der Zivilgesellschaft und der Medien bis zu Sektoren der politischen Elite bestand ein erkennbares Bemühen um einen differenzierenden Umgang mit »dem Islam«, das neben außenpolitischen Dimensionen vor allem auf den innenpolitischen Kontext (Migration, Ausländerfeindlichkeit, Angriffe auf Türken) zielte. Zwar gab es auch dabei einen hohen Anteil leerer Gesten, die eher auf Selbstberuhigung denn auf einen tatsächlichen Dialog mit den anderen zielten, aber trotzdem änderte sich in manchen Medien und durch viele Initiativen in Städten und Gemeinden das Klima zum Besseren. So war es etwa ein Fortschritt, daß die barbarische Zerstörung der Buddha-Statuen im afghanischen Bamiyan nicht »dem Islam«, sondern einer bornierten Politik der Taliban zugerechnet wurde.[7]

Nun drohen die Anschläge des 11. September und die kriegerische Reaktion der USA diese bescheidenen Ansätze zunichte zu machen. Dies würde dem Kalkül der Terroristen, die ja gerade auf die möglichst weitgehende Zuspitzung einer Konfrontation zwischen dem Westen und der islamischen Welt zielen, um sich dabei selbst zur

»Speerspitze des Islam« zu profilieren, direkt in die Hände spielen. Wenn als Reaktion auf den Terrorismus in New York in Deutschland Kurden auf der Straße angepöbelt werden, türkische Taxifahrer sich sagen lassen müssen »Mit Moslems fahr ich nicht«, wenn Ausländer noch schwerer eine Wohnung finden oder bei einem Kneipenbummel sich der Polizei gleich mehrfach ausweisen müssen, wenn muslimische Studenten per Rasterfahndung leicht in Generalverdacht geraten – dann wird die Beschwörung eines »Dialogs der Kulturen« weniger glaubwürdig. Viele an sich positive politische Signale werden durch ihr glattes Gegenteil konterkariert und unter den Verdacht der Heuchelei gestellt: Wenn Präsident Bush einerseits eine Moschee in New York besucht, um eine Geste des guten Willens zu demonstrieren und zugleich von einem »Kreuzzug« in Afghanistan spricht, wenn der italienische Ministerpräsident in schöner Deutlichkeit formuliert, der Westen sei dazu bestimmt, andere Völker zu erobern und zu »verwestlichen«, wie es ihm bereits mit der kommunistischen und einem Teil der islamischen Welt gelungen sei[8] – dann verlieren die Sonntagsreden zum interkulturellen Dialog nicht nur an Glaubwürdigkeit, sondern erscheinen als taktisches Vorgehen zur Absicherung einer westlichen Politik der Dominanz und Konfrontation. Dies mag dem leichtfertigen Gerede mancher Politiker zu viel Bedeutung beimessen, aber der Vertrauensschaden ist trotzdem beträchtlich.

Der interkulturelle Dialog mit dem islamisch geprägten Kulturkreis steht heute am Scheideweg. Es bestehen inzwischen zahlreiche Ansätze, Diskussionszusammenhänge und Netzwerke, die sich um Dialog bemühen und Diskussionsforen bereitstellen. Auch in der Politik und der politischen Klasse wird die Notwendigkeit des Dialogs zumindest offiziell kaum bestritten. Trotzdem droht er zu Beginn des neuen Jahrhunderts an einer neuen Politik der Konfrontation, an kulturellem Hochmut, an Selbstidealisierung auf beiden Seiten, und an den Folgen von Terrorismus und anti-terroristischer Gewalt zu scheitern. Deshalb ist es doppelt wichtig, der zum Teil künstlich herbeigeführten Konfrontation durch einen Austausch der Kulturen vorzubeugen. Über einen solchen Dialog wird allerdings bisher zu häufig in beschwörenden Leerformeln gesprochen, ohne daß die Voraussetzungen, Bedingungen, Gegenstände und Partner des Dialogs klar durchdacht würden.

Der pro-westliche Fundamentalismus

Mein Wörterbuch definiert den Begriff »Dialog« als »von zwei od. mehreren Personen abwechselnd geführte Rede u. Gegenrede; Zwiegespräch, Wechselrede«. Der Dialogbegriff setzt danach die *Absicht* eines kommunikativen Austausches voraus, und nicht nur einen verbalen Austausch, nicht nur eine sich von selbst ergebende, unvermeidliche wechselseitige Einwirkung. Er impliziert auch eine gewisse Gleichrangigkeit der »Dialogpartner«: ein von einem Zuhörer erduldeter Monolog ergibt noch keinen Dialog. Nicht jede Kommunikation ist automatisch Dialog.

Wie stellen sich also die beiden potentiellen Dialogpartner dar? Bei der Untersuchung dieser Frage gehen wir davon aus, daß – falls überhaupt – ein Dialog nicht zwischen den jeweiligen Gesellschaften als Gesamtsystemen, sondern vorwiegend zwischen den politischen, wirtschaftlichen und intellektuellen Eliten geführt wird – wobei nahöstliche Migranten in Europa und Nordamerika eine Sonderstellung einnehmen.

Auf Seiten der maßgeblichen Eliten des islamisch geprägten Raumes gibt es vor allem zwei Wahrnehmungsformen »des Westens«: Einmal wird er als reich, fortschrittlich und mächtig betrachtet und ihm weitgehend kritiklos nachgeeifert. Der Westen ist das Vorbild, das leuchtende Beispiel, dem es nur möglichst ähnlich zu werden gelte. Diese Ansicht kann in einer naturwüchsigen Variante beobachtet werden, etwa als die bloße, »naive« Bewunderung des westlichen Reichtums, der technischen Möglichkeiten des Westens. »Eure Gesellschaft hat so etwas wunderbares wie das Flugzeug hervorgebracht!« – eine solche, vom Autor real erlebte Äußerung drückt dieses Empfinden aus. Die Armut gilt im Westen als überwunden und die Filme und Werbung des Satellitenfernsehens werden als Beweise für den allgemeinen westlichen Wohlstand genommen. Analyse oder Nachdenken sind angesichts dieser Wahrnehmung nicht mehr nötig: Die Überlegenheit und der Vorbildcharakter des Westens ergeben sich direkt aus der Anschauung. Es gibt diese Ansicht aber auch in einer intellektuell verfeinerten, ideologisierten Form: Wenn etwa Intellektuelle oder Staatsfunktionäre des Nahen und Mittleren Ostens die offensichtlichen Vorzüge des Westens mit der eigenen Rückständigkeit vergleichen, und den Unterschied auf eine »kulturelle Rückständigkeit« zurückführen. Von daher ergibt sich die Notwendigkeit, nicht nur den westlichen Wohlstand, sondern auch die westliche Kultur bewundern zu müssen. Tendenzen zur Selbstabwertung oder zum Selbsthaß sind nicht selten damit verknüpft.

Die eigenen ökonomischen, sozialen und politischen Probleme würden durch Übernahme westlicher Vorbilder quasi automatisch verschwinden. Diese Richtung neigt dazu, westliche Denkweisen, Instrumentarien und Kulturelemente relativ bruchlos in den Nahen Osten importieren zu wollen – wodurch natürlich deren Bedeutung modifiziert wird: Gleiche Dinge bedeuten in einem anderen Kontext nicht das gleiche. Häufig wird so stärker die Form als die Substanz westlicher Lebenswelten übernommen, und auch diese muß aus politischen und kulturellen Gründen noch mit lokalkoloriertem Zuckerguß übergossen werden. Nicht selten besteht das Ergebnis dieser versuchten Übernahme westlicher Muster nicht in ihrem tatsächlichen Import, sondern in der Schaffung einer Karikatur des Westens. Reale Versatzstücke – etwa Konsummuster oder westliche Technikimporte – erlauben die Illusion, daß sich hinter diesem Zerrbild des Westens tatsächlich der Fortschritt verberge. Ein drastisches Beispiel ist die irakische Diktatur, deren politischer Kern bis zum zweiten Golfkrieg darin bestand, durch Ölgeld, westliche Technologie und staatliche Organisation und Zwang das eigene Land möglichst schnell zu entwickeln, zu modernisieren, zu »verwestlichen« und dadurch zum regionalen Machtfaktor zu machen. Letztlich handelte es sich um ein System des europäischen Faschismus, das von einer im Westen ausgebildeten, effizienten Technokratenkaste gemanagt wurde. Zum Westen sollte mit dessen eigenen Mitteln aufgeschlossen werden, langfristig galt es, ihn mit den eigenen Waffen zu schlagen. Hinter dem skrupellosen nationalen Egoismus der irakischen Führung verbarg sich immer eine heimliche und zum Teil offene Bewunderung Europas und Nordamerikas. Auch in milderen Diktaturen oder nahöstlichen Halbdemokratien ist dieses Muster eher die Regel, wofür Ägypten oder die Türkei als Beispiele dienen mögen.

Der Westen als Feind

Die politische Alternative zur Bewunderung des Westens ist dessen Verteufelung. Diese intellektuelle Strömung hat insbesondere mit dem Niedergang des Arabischen Nationalismus – der ja selbst in gewissem Maße eine Adaptation westlicher Vorstellungen war – an Boden gewonnen. Sie gibt es in einer säkularen und einer islamistischen Strömung, wobei letztere gegenwärtig im Vorteil ist. Der anti-westliche Affekt stützt sich, wie sein pro-westlicher Zwillingsbruder, durchaus auf reale Erfahrungen und zutreffende Einschätzungen. So wird gern auf den europäischen Kolonialismus als antidemokratische Gewaltherrschaft verwiesen, auf das westliche Interesse an der Kontrolle der Energieressourcen der Region, an die Unterstützung der Regierungen in Washington, Paris und London für zahlreiche Diktaturen der Region.[9] Diese und andere Vorwürfe sind berechtigt oder zumindest diskutabel. Der anti-westliche Affekt geht darüber allerdings hinaus: Er nimmt solche Argumente oft nur zum Ausgangspunkt weitergehender ideologischer Muster, die sich von den Realitäten lösen. Verschwörungstheorien, Trotzreflexe, eine Belagerungsmentalität und andere Erscheinungen mischen sich mit zum Teil antisemitischen Politikmustern, die sich als antizionistisch verkleiden[10] und mit der Politik Israels begründet werden. Der Westen wird als Lager des Imperialismus betrachtet, das die Welteroberung zum Ziel hat, er erscheint als machtpolitische, zugleich aber ideologisch-kulturelle Bedrohung, der auf beiden Ebenen begegnet werden müsse. Die Gesellschaften des Nahen und Mittleren Ostens sollen danach *stark* sein oder werden, zugleich muß aber ihre *Identität* gefestigt werden. In diesem Kontext gewinnt der Islam besondere Bedeutung: Er symbolisiert das Eigene, er ist nicht-westlich, er betont die Einheit der verschiedenen Klassen, Ethnien und Gesellschaften des Nahen und Mittleren Ostens gegen die »christlichen« oder atheistischen Europäer/Nordamerikaner, er soll ein Bollwerk gegen deren ideologische Subversion darstellen.

Auffällig an der anti-westlichen Strömung ist, daß auch sie ein Element der Bewunderung enthält. »Dem Westen« wird nicht sein »moderner« Charakter vorgeworfen, und in aller Regel sind die Kritiker aus dieser Strömung das Gegenteil von Bilderstürmern.[11] Meist werden der technische Fortschritt und die Wissenschaft des Westens nicht nur akzeptiert, sondern als anzustrebendes Vorbild betrachtet. Weder der Westen noch die Modernität seien als solche schlecht.[12] Statt dessen werden zwei Vorwürfe erhoben: Erstens wolle der Westen durch seine imperiale Politik die nahöstlichen, muslimisch geprägten Gesellschaften gerade von den Früchten des Fortschritts ausschließen, er wolle sie monopolisieren und als Machtinstrument für sich behalten. Zweitens aber lasse sich im Westen ein moralischer Verfall beobachten, ein Niedergang der Werte, und eine allgemeine Dekadenz greife um sich. Alkohol und Drogen, sexuelle Freizügigkeit, Homosexualität bei Männern und Frauen, Pornographie und andere Erscheinungen werden in diesem Kontext meist betont.[13] Dem Westen wird also machtpolitisches Dominanzstreben plus moralischer Verfall vorgeworfen – wobei auffällt, daß der erste Vorwurf von vielen Linken in Europa und den USA, der zweite von vielen Rechten dort geteilt wird. Beide Vorwürfe werden im Nahen Osten dann aber gern und schnell mit der Vernachlässigung der Religion allgemein oder mit dem nicht (bzw. anti-) islamischen Charakter des Westens in Zusammenhang gebracht.

Die anti-westliche Ideologie im Nahen und Mittleren Osten kann in einem gewissen Sinne als Haßliebe begriffen werden, zum Teil als enttäuschte Liebe – ähnlich, wie der emotionale Anti-Amerikanismus in Europa. Ein eigentlich bewundertes Vorbild ist durch sein Handeln und seine Unterlassungen entzaubert worden, und der eklatante Widerspruch zwischen überspannten Erwartungen und einer tief enttäuschten Hoffnung führt zur emotionalen Besetzung dieser Fremdwahrnehmung. Im westlich-nahöstlichen Verhältnis wird diese Spannung durch die reale Erfahrung eines drastischen Machtungleichgewichtes weiter akzentuiert. Das früher bewunderte und heute gehaßte Gegenüber ist zugleich machtpolitisch von erdrückender Überlegenheit, eine Erfahrung, die sich von der Zeit des Kolonialismus bis zum zweiten Golfkrieg und der israelischen Politik in der Westbank und im Libanon immer wieder reproduziert hat. Die dauerhafte Unterlegenheit unter einen moralisch korrupten, aber machtbesessenen Gegner – so läßt sich die Weltsicht der meisten Vertreter dieser Strömung zusammenfassen.

Perzeptionsbedingungen

Einige Dinge sind hier noch nachzutragen: Erstens sind die pro- und die anti-westlichen Klischees nicht auf mangelnde Kenntnis des Westens zurückzuführen. Im Gegenteil: Die Träger der beiden scheinbar so gegensätzlichen Strömungen verfügen oft über überdurchschnittliche Kenntnisse und über Erfahrungen mit »dem Westen«. Es ist keine Seltenheit, daß die Vertreter der entsprechenden ideologischen Eliten selbst länger im Westen gelebt haben oder dort ausgebildet wurden.

Zweitens sollte daran erinnert werden, daß die Sichtweise auf den Westens durch die Bevölkerungsmehrheit – insbesondere die Landbevölkerung – sich von der ihrer Eliten graduell unterscheidet: Sie scheint stärker pragmatisch und eher von Neugierde geprägt, dafür weniger ideologisiert zu sein. Je stärker allerdings die lokalen Eliten in einem Austausch mit der eigenen Bevölkerung stehen (das ist abhängig von den politischen Bedingungen, dem Alphabetisierungsgrad, Bildungsniveau, der Rolle religiöser Eliten etc.), um so geringer dürften diese Unterschiede ausgeprägt sein.

Drittens darf natürlich nicht vergessen werden, daß diese beiden hier idealtypisch unterschiedenen Strömungen nicht die einzigen Sichtweisen auf den Westen sind. Es gibt sowohl westlich geprägte, als auch lokal sozialisierte Elitegruppen, die weder zu pro-, noch anti-westlichem Fundamentalismus neigen, sondern sich erfolgreich um eine nüchterne Auslotung der Potentiale von Konflikt und Kooperation bemühen.[14] Diese Sektoren gibt es in säkularem und religiösem Gewand, und sie wären die eigentlich attraktiven potentiellen Dialogpartner westlicher Akteure. Diese finden es allerdings oft bequemer, mit den prowestlichen Fundamentalisten, als ihren eigenen karikierten Spiegelbildern, einen »Dialog« zu führen.

Viertens darf nicht übersehen werden, daß die bisher benutzte Perspektive »nahöstliche Perzeptionen des Westens« sehr häufig nur vorgeschoben ist. In der Regel werden hinter dieser Fassade tatsächlich *innenpolitische* Kontroversen im Nahen Osten (oder im Westen) ausgetragen: Man schlägt beispielsweise rhetorisch auf »den Westen« ein, um in Wirklichkeit deren lokale Bewunderer oder unabhängige, säkulare Intellektuelle zu treffen. Oder umgekehrt kann die Bewunderung des Westens durch lokale Eliten ein Mechanismus sein, sich von der (»rückständigen«) eigenen Bevölkerung abzukoppeln und sich demokratischer Rechenschaftspflicht dieser gegenüber zu entziehen. Der frühere Begriff »Entwicklungsdiktatur« für diesen Tatbestand ist etwas außer Mode gekommen.

Schließlich muß daran erinnert werden, daß die Perzeption des Westens im Nahen und Mittleren Osten auch die Wahrnehmung von Konzepten der Demokratie und Menschenrechte prägt. Natürlich werden staatliche Morde, Folter und andere Menschenrechtsverletzungen auch im Nahen und Mittleren Osten abgelehnt und nicht etwa als »Bestandteile der eigenen Kultur« gerechtfertigt. Die Tatsache, daß die Diktatoren der Region dies gern anders sehen, ändert daran nichts. Allerdings werden die *Begriffe* von Demokratie und Menschenrechten im Nahen und Mittleren Osten nicht selten mit großer Skepsis betrachtet. Es handele sich um »westliche« Konzepte, die von den Staaten Europas und Nordamerikas benutzt würden, um ihre Vorherrschaft und Einmischungspolitik zu rechtfertigen. Der Westen selbst nehme diese Vorstellungen aber nicht ernst, er sei in Fragen der Menschenrechte und Demokratie scheinheilig und unglaubwürdig, verwende doppelte Maßstäbe nach politischen Nutzen – weshalb man in diese »Falle« nicht tappen dürfe. Durch diese Wahrnehmung haben es Menschenrechtsgruppen im Nahen Osten besonders schwer: Sie müssen ständig nachweisen, sich tatsächlich für die Menschen ihrer eigenen Länder zu engagieren, und nicht bloß der Menschenrechtsheuchelei westlicher Regierungen in die Hände zu spielen.[15]

Das Nahost- und Islambild im Westen

Die westliche Wahrnehmung der nahöstlichen Region zeichnet sich wie auch umgekehrt dadurch aus, daß auch sie Realitätsfragmente in einer Weise montiert, die ein eher fiktives Gesamtbild ergibt. Die durchschnittliche westliche Sichtweise betont das Fremdartige, das Trennende beider Kulturkreise. Sie stellt häufig die Religion (also den Islam) als das spezifisch Nahöstliche dar, und damit einen der Unterschiede. Trotz der eigenen erdrückenden Überlegenheit an Wirtschaftskraft, militärischer Kampfkraft und ideologischer Ausstrahlung wird der Nahe und Mittlere Osten (oft wahrgenommen als »der Islam«) als Bedrohung betrachtet – womit die Wahrnehmung des Westens aus der nahöstlichen Perspektive schlicht gespiegelt wird. Da die westliche Wahrnehmung und ihre Klischees vom Nahen und Mittleren Osten schon mehrfach kritisch beschrieben und analysiert worden sind,[16] braucht dies hier nicht ausführlich getan zu werden. Das folgende Schaubild listet einige der Perzeptionsmuster auf, die bei uns gegenüber »dem Islam« angewandt werden.

Übersicht über einige Mechanismen der Feindbildproduktion

1. Vergleich unterschiedlicher Realitätsebenen

Es wird »der Westen« mit »dem Islam« oder »den islamischen Staaten« verglichen, oder die gesellschaftliche Realität Europas und Nordamerikas mit einer religiösen Ideologie; es wird praktisch nie Islam und Christentum verglichen, nur selten Europa und der Nahe Osten.

2. Übernahme fundamentalistischer Erklärungsmuster

Nicht selten werden »der Islam« und seine Gefährlichkeit durch Zitate fundamentalistischer Führer »erklärt«. Dabei übernehmen viele westliche Autoren fundamentalistische Positionen und tragen sie als »islamisch« weiter. Das gleiche Verfahren funktioniert auch ohne Zitate: dann werden die Positionen von Islamisten als »der wahre Islam« unterstellt. Beispiel: Religion und Politik seien im Islam nicht zu trennen.

3. religiöse Interpretation säkularer Politik/Naivität

Erklärungen nahöstlich-islamischer Akteure werden zum Nennwert genommen. Die Benutzung religiöser Formeln wird automatisch als Zeichen von Religiosität aufgefaßt, die Möglichkeit einer bewußten Instrumentalisierung von Religion ignoriert.

4. Die Unterstellung dessen, was bewiesen werden soll

Anstatt den Anteil und die Bedeutung religiöser Aspekte der Politik im Nahen Osten zu untersuchen, wird von vornherein eine religiöse Begründung unterstellt, um dann in einem zweiten Schritt den religiösen Charakter von Politik festzustellen.

5. Verwechslung von Islam als Religion und islamischer Kultur und Tradition

Die Gesellschaften des Nahen und Mittleren Ostens sind oft vom Islam kulturell geprägt. Diese Prägung ist in die Alltagskultur übergegangen. Viele scheinbar religiöse Äußerungen haben inzwischen mehr mit Tradition, mit kultureller Identität, auch mit Konservatismus zu tun als mit Religion.

6. Geschichtslosigkeit

Ereignisse der Gegenwart brauchen nicht analysiert zu werden, da sie ja religiös zu erklären sind – und damit aus dem Koran und der Sunnah abgeleitet werden können. Die historischen Entstehungsbedingungen heutiger Erscheinungen werden durch Verweis auf die islamische Frühgeschichte ersetzt.

7. Verzicht auf Analyse von Interessen

Aktuelle Probleme oder Konflikte werden ohne Analyse sozialer, wirtschaftlicher oder politischer Realitäten und Interessen durch »den Islam« erklärt, dabei der Islam auf seine Schriften und die Äußerungen seiner Theologen verkürzt.

8. Kulturelle Überheblichkeit

Aus der politischen, wirtschaftlichen und militärischen Überlegenheit des Westens über die Gesellschaften des Nahen Ostens wird die eigene kulturelle und moralische Überlegenheit geschlossen.

9. Das Verwenden unterschiedlicher Maßstäbe

Was dem Westen erlaubt ist, kann dem Nahen Osten durchaus verboten sein: etwa ABC-Waffen, die im Westen friedenstiftend, anderswo gefährlich sind.

10. Psychologisierung

Was im Westen »Machtpolitik« wäre wird im Nahen Osten leicht zu »Verrücktheit«, »Größenwahn«, »Irrationalität«. Statt Interessenkonflikte werden psychologische Kategorien erörtert.

Für unseren Zweck reichen diese Wahrnehmungsmuster aber nicht aus. Es kommt vielmehr hinzu, daß der Nahe und Mittlere Osten – soweit er nicht romantisiert oder exotisch verklärt wird – als Quelle der Gefahr, der Instabilität und Unsicherheit wahrgenommen wird. Die Bewohner des Nahen Ostens sind Muslime, und sie seien irrational, unberechenbar, ihre Religion mittelalterlich, mit Fanatismus verknüpft und ihre Kultur durch ihre Andersartigkeit unverständlich. Auch hier müssen wir darauf verzichten, die Existenz dieser Karikatur einer benachbarten Region und ihrer Bewohner und Kultur durch zahlreiche Belege zu untermauern, da dies schon an anderer Stelle geschehen ist.[17] Es mag an dieser Stelle genügen, nur einige Autoren mit unterschiedlichen politischen und weltanschaulichen Hintergründen zu erwähnen.[18] Während sich der Westen insgesamt auf der Ebene der Außenpolitik von pragmatischem Dominanzstreben leiten läßt, seine Interessen nüchtern abwägt und sich vor allem auf die Gewährleistung von Stabilität, die Minimierung der Migration und die Kontrolle der Energieressourcen der Region konzentriert, lassen sich auf der ideologischen Ebene unterschiedliche Phänomene feststellen: Einmal im Zuge multikultureller Moden eine Tendenz zur Romantisierung, die auch Verbrechen und Mißbräuche als Zeichen der kulturellen Andersartigkeit deuten will und sie indirekt rechtfertigt. Diese Strömung ist schwach, aber sie existiert. Zweitens eine Richtung des alten, akademischen Orientalismus, der den Nahen Osten primär unter Literatur- oder sprachwissenschaftlichen oder theologischen Fragestellungen wahrnimmt, ihn damit scheinbar entpolitisiert und vor allem als Kultursystem wahrnimmt. Diese Tendenz ist wenig stark als die zuvor genannte, verfügt aber durch ihre häufig ausgeprägte »Gelehrsamkeit« und akademische Tradition über ein größeres Maß an Respektabilität. Eines ihrer Spezifika besteht darin, die Sichtweise nahöstlicher Islamisten nicht selten zu übernehmen und zu bestätigen, da sie den Nahen und Mittleren Osten selbst zu oft auf seine religiöse Ideologie reduziert. Viele Islamisten und Vertreter dieser Richtung werfen sich gegenseitig die Bälle zu und legitimieren sich wechselseitig. Eine dritte Strömung zielt vor allem auf eine klare Freund-Feind-Zurechnung. Ihr geht es vor allem um die Definition des Islam als Gegenpol zum Westen, als neuem Feind nach dem Ende des Kalten Krieges. Dies kann von christlich-fundamentalistischer Warte aus geschehen, wie bei Baar,[19] mit aufklärerischem oder progressiven Gestus, wie etwa bei

Peter Priskil[20] oder mit Einschränkungen bei Rolf Scholz,[21] der wie so viele unbedingt das Abendland retten möchte, oder mit »realpolitischem« Touch, wie von Samuel Huntington[22] versucht, dem es vor allem um die Legitimierung weiterer militärischer Rüstung nach dem Ende der Sowjetunion geht. Die demonstrative Hysterie der meisten dieser Vertreter steht der zahlreicher anti-westlicher Hitzköpfe des nahöstlichen Raumes in nichts nach.

Viertens existieren natürlich auch in Europa und Nordamerika intellektuelle Vertreter, die sich um eine stärker sachbezogene Analyse der Politik und Religiosität des Nahen Ostens bemühen. Reinhard Schulze,[23] Gudrun Krämer[24], Volker Perthes[25], Navid Kermani[26] oder John Esposito[27] sind Exponenten dieser Richtung. Ihnen geht es darum, nicht reflexartig immer das »Gute« oder das »Schlechte« in den Gesellschaften des Nahen oder Mittleren Ostens zu sehen, sondern sich ebenso ernsthaft um deren Analyse zu bemühen, wie es Sozialwissenschaftler im Westen mit den Problemen der eigenen Gesellschaften tun.

Ein interkultureller Dialog?

Welche Schlüsse lassen sich nun für das Vorhaben eines interkulturellen Dialoges ziehen?

1.

Zuerst einmal muß festgestellt werden, daß die gegenwärtige Kommunikationsform zwischen beiden Kulturkreisen durchaus eine wechselseitige Beeinflussung beinhaltet – daß diese aber keinen dialogischen Charakter hat. Die wechselseitige Wahrnehmung beider Kulturkreise setzt Austausch voraus, einen Austausch von Kenntnissen voneinander und von Ideen. Diese Kommunikation führt aber nicht von selbst zu einer zutreffenden und differenzierten Fremdwahrnehmung, sondern wird immer von den eigenen politischen, ideologischen und psychologischen Bedingungen und Bedürfnissen gefärbt. Das ist kaum erstaunlich, bedeutet allerdings praktisch, daß eine bloße Vermehrung von *Wissen* über den anderen kaum die Verzerrungen und Vorurteile wird beseitigen können. Die verzerrten wechselseitigen Wahrnehmungen beruhen eben nicht auf Informationsmangel, sondern erfüllen bestimmte

Funktionen im eigenen Denken oder der eigenen Gesellschaft. Der Wunsch etwa nach klarer Freund-Feind-Zurechnung wird nicht dadurch vermindert, daß man die Verwandtschaft des Islam mit dem Christentum betont.

Aus der gegenwärtigen, naturwüchsigen Kommunikationsform kann erst dann ein Dialog erwachsen, wenn er nicht vorwiegend auf den Austausch von Informationen und Positionen zielt, sondern die eigenen Interessen und Bedürfnisse für die Wahrnehmung des anderen mitzuthematisieren bereit ist. Solange ein Dialog vor allem mit der Absicht angestrebt wird, den anderen zu belehren, und wenn die Chance, etwas Neues über sich selbst zu erfahren ausgeschlagen wird, kommt er entweder nicht zustande oder ist nutzlos.

2.

Der gegenwärtige Austausch ist unter anderem deshalb kein Dialog, weil er weder von gleich zu gleich stattfindet, noch die beiden Seiten bereit sind, ihre Positionen selbst in Frage zu stellen oder stellen zu lassen. Dabei sind zwei Aspekte von Bedeutung: Einerseits besteht in der politischen, ökonomischen und militärischen Realität ein krasses Machtungleichgewicht, und es ist ausgesprochen schwierig, zwischen Mächtigen und Machtlosen einen gleichgewichtigen Dialog zu führen. Es besteht immer die Gefahr und die Tendenz, daß dialogisches Verhalten nur zum Schein betrieben wird, da sich ja beide Seiten immer über die Machtverhältnisse im Klaren sind und sein müssen. Der mächtigen Seite wird es oft an Geduld fehlen, da sie ja einen Dialog eigentlich gar nicht braucht – zumindest nicht so dringend wie die Gegenseite – während die schwächere ständig den Verdacht hegen wird, ihr übermächtiger Dialogpartner führe ihn ohnehin nur zum Schein oder unter rein taktischen Gesichtspunkten. Dies wiederum muß ihr nahelegen, ihn selbst nicht ernsthaft zu führen oder eigene Positionen starr zu verteidigen, schließlich ist man ohnehin in der Defensive. Wer in Europa und Nordamerika einen tatsächlichen Dialog mit dem islamisch geprägten Kulturraum anstrebt, muß sich über dieses strukturelle Problem ernsthafte Gedanken machen. Eine Beteuerung des eigenen guten Willens reicht hier nicht aus, weil dieser gute Wille – selbst wo er existiert und nicht nur behauptet wird – kaum geglaubt werden kann.

3.

Verbunden mit dem Problem des Machtgefälles im Kontext eines angestrebten Dialoges ist die Schwierigkeit, daß nicht selten die Überlegenheit der einen Seite bereits zu Arroganz und Überheblichkeit geführt hat – verständliche, aber eher hinderliche Geisteshaltungen. Wer schon öfter europäische oder nordamerikanische Politiker, Intellektuelle oder Journalisten im Nahen oder Mittleren Osten erlebt hat, ihre nicht selten aufdringliche Tendenz zur Besserwisserei, ihren subtilen oder nicht mehr subtilen Rassismus, diverse Spielarten von Euro- oder Egozentrismus bis hin zu kolonialem Gehabe, wird wissen, in welchem Maße das einen tatsächlichen Dialog erschwert. Auch joviale Anbiederei und intellektuelles Schulterklopfen als Alternative helfen hier nicht weiter.

Umgekehrt hat das Machtungleichgewicht bei Gesprächspartnern im Nahen und Mittleren Osten nicht selten Haltungen hervorgebracht, die einem Dialog ebenfalls abträglich sind: Das kritiklose Akzeptieren eben jener Besserwisserei, oder das pauschale Zurückweisen westlicher Argumente, selbst wenn diese richtig sind, da sie ja als aufgezwungen empfunden werden.

4.

Es stellt sich weiter die Frage, wer eigentlich die Subjekte eines interkulturellen Dialoges sein sollten und könnten. Der damalige Außenminister Kinkel glaubte ja tatsächlich, einen »kritischen Dialog« mit dem Iran zu führen, auch wenn weder ein Dialog, noch erkennbar ist, was an der Iranpolitik eigentlich »kritisch« gewesen wäre. Es ist auch nicht verwunderlich, daß Regierungen sich eher an der Wahrnehmung von Interessen – in diesem Fall der deutschen Exportwirtschaft – als an interkulturellem Austausch interessiert zeigen.

Sind also Regierungen die geeigneten Subjekte, einen solchen Dialog der Kulturen zu führen? Daran sind zumindest Zweifel angebracht. Gerade beim diplomatischen Verkehr sind die Machtaspekte besonders ausgeprägt: Regierungen stellen schließlich nichts anderes dar, als eine Bündelung und Organisierung gesellschaftlicher und staatlicher Macht. Und ihre Aufgabe besteht darin, die eigenen Interessen nach außen auch gegen Widerstände zu fördern oder durchzusetzen. Wer gegen solche Dialogpartner nicht mißtrauisch wäre, ist selber Schuld. Verschärft stellt sich das Problem im Nahen und Mittleren Osten. Dort besteht immer noch ein großer Teil der

Regierungen aus Diktaturen oder Pseudodemokratien, die jeweils die eigene Bevölkerung von der Macht ausschließen, unterdrücken, oder ihre Rechte einschränken. Mit genau diesen Kräften einen »Dialog« zu führen mag *nützlich* sein, ist oft unvermeidbar – kann aber kaum das *Ziel* eines Dialoges der Kulturen sein. Einen Dialog westlicher Wirtschaftsinteressen mit nahöstlichen Diktaturen gibt es schon lange, und es scheint nicht vorteilhaft, ihn jetzt als multikulturelle Veranstaltung zu annoncieren.

5.

Wer also an einem Dialog interessiert ist, sollte ihn als gesellschaftlichen führen. Europäische und amerikanische Intellektuelle sollten mit ihren nahöstlichen Gegenparts sprechen, Vereine, Verbände und Medien die Zusammenarbeit und den Streit intensivieren, Schulen und Universitäten, Kommunen und Bundesländer, Kirchenkreise, Umwelt- und Menschenrechtsgruppen sich um verstärkte Kontakte und Kooperation bemühen. Das alles ist naheliegend, aber trotzdem richtig. Natürlich wäre es falsch, den politischen Bereich heraushalten zu wollen: Parteien und auch die Bundesregierung sollten durchaus einbezogen bleiben, aber eine fördernde und flankierende und keine leitende Rolle spielen. Eine Beteiligung der Bundesregierung ist schon deshalb an einem bestimmten Punkt sinnvoll, um ein besonders hohes Gewicht eines solchen Austausches zu symbolisieren. Auch die Schaffung entsprechender Rahmenbedingungen setzt in vielen Ländern der Region voraus, daß die Regierungen sich auf die Führung eines solchen Dialoges verständigen. Nur: Eine Regierung darf sich nicht die Illusion machen, sie selbst könne einen solchen Dialog ernsthaft führen oder gar ersetzen. Die deutsch-französischen oder deutsch-israelischen Beziehungen hätten als reine Regierungsveranstaltung ohne soziale Substanz sich kaum so fruchtbar entwickeln können. Der Dialog mit dem islamisch geprägten Kulturkreis sollte sich daran orientieren.

6.

Umgekehrt stellt sich die Frage, wer innerhalb der nahöstlichen Gesellschaften denn die geeigneten Ansprechpartner sein könnten. Dieses Problem ist deutlich schwieriger zu lösen, insbesondere in diktatorischen Verhältnissen. Aber es ist zumindest offensichtlich, daß die pro-westlichen Fundamentalisten im Nahen und Mittleren

Osten, die den Westen selbst nur imitieren wollen, nicht im Zentrum des Dialoges stehen sollten. Sonst würde man kulturell einen Dialog mit seinem Spiegelbild führen, was zwar bequem, aber kaum ergiebig wäre. Die Bewunderer des Westens sollten durchaus einbezogen sein, aber keine herausgehobene Behandlung erfahren – sonst symbolisierte dies gleich wieder, daß man einen Austausch nur mit sich selbst und zu den eigenen Bedingungen wünscht. Andererseits wäre es wenig aussichtsreich, den Dialog ausgerechnet mit anti-westlichen Hardlinern beginnen zu wollen. Auch diese Gruppe sollte nicht ausgeschlossen werden, aber da sich ihre Dialogbereitschaft oft in Grenzen halten wird, darf der Dialog nicht von ihrem Wohlwollen abhängig gemacht werden. Die Gruppen und Sektoren nahöstlicher Gesellschaften zwischen diesen beiden Extremen sollten im Zentrum der Aufmerksamkeit stehen, und darin wieder die Intellektuellen, zumindest in einer Anfangsphase. Dabei muß es gleichgültig sein, ob die Gesprächspartner atheistisch, säkular, traditionell religiös oder islamistisch, ob es Christen oder Muslime sind. Der Dialog muß die einbeziehen, die zu ihm bereit sind. Es wäre allerdings absurd, die demokratischen, säkularen und aufgeschlossenen religiösen Strömungen nicht ins Zentrum der eigenen Aufmerksamkeit zu stellen. Genau hier aber liegt ein Pferdefuß des Dialogs der Regierungen: Genau diese Kräfte sind es, die nicht selten verfolgt und unterdrückt werden oder im Gefängnis sitzen – und genau diese Kräfte möchten viele Regierungen der Region marginalisieren. Eine europäische Regierung hat noch mehr Schwierigkeiten als gesellschaftliche Organisationen, mit ihnen ins Gespräch zu kommen, da hier die diplomatischen Erfordernisse mit denen des Dialoges ständig in Konflikt liegen.

7.

Es sollte noch darauf hingewiesen werden, daß ein interkultureller Dialog zwischen den Gesellschaften des Westens und denen des Nahen und Mittleren Ostens keinesfalls auf theologische Fragen verkürzt werden darf, wenn er sinnvoll sein soll. Ein theologischer Dialog mit »dem Islam« ist sicher nicht schädlich, aber vor allem Aufgabe der Christen und ihrer Kirchen. Aber er ist nebensächlich, was wohl auch der Grund ist, daß er von beiden Seiten nicht wirklich ernsthaft geführt wird. Wer den Dialog mit den Gesellschaften und Menschen der Region immer reflexartig auf die Religion konzentrieren möchte, fällt auf die Argumente vieler Islamisten und Orientalisten hinein: Er akzeptiert und verstärkt die ideologische Machtansprüche der Ulema und der Islamisten. Ein solches Verfahren würde stillschweigend akzeptieren, daß die islamische *Religion* die Gesellschaften des Nahen und Mittleren Ostens definiert – und damit genau jene Kräfte unterstützen, die dies erst durchsetzen wollen. Man würde den säkularen Kräften der Region in den Rücken fallen und demonstrieren, daß selbst der angeblich säkulare Westen sie nicht ernstnimmt. Ein Dialog der Theologen oder mit den Theologen kann keinen Dialog der Kulturen und Gesellschaften ersetzen. Wer einen solchen möchte, muß mit den Menschen der anderen Region über die tatsächlichen Probleme reden, über die Überwindung der Armut, über Möglichkeiten der wirtschaftlichen Entwicklung, der Verbesserung des Bildungs- und Gesundheitswesens, über Formen der Zusammenarbeit, die auf imperiale Vorherrschaft verzichten. Man muß dann über die Umwelt und die Menschenrechte, über die Überwindung der lokalen Diktaturen, über das Erbe des Kolonialismus und die Gleichgültigkeit des Westens und über all das sprechen, was wichtig ist und schmerzt. Dabei dürfen auch die Fehler und Mißbräuche westlicher Politik im Nahen Osten und ihre Mitverantwortung für einen Teil der dort existierenden politischen und wirtschaftlichen Krise nicht ausgespart werden. Wenn man aber, anstatt über die wirklichen Probleme der Region und die gegenseitigen Vorbehalte zu sprechen, den Dialog auf theologische Fragen konzentrierte, wäre dies nur ein Ablenkungsmanöver auf ein Gebiet, das nichts kostet – und damit ein Ausweichen vor einer tatsächlichen Auseinandersetzung mit dem anderen.

8.
Schließlich sollte natürlich nicht vergessen werden, daß sich der gewünschte interkulturelle Dialog zwar der Natur der Sache nach zwischen den Kulturen abspielen muß, daß er aber zugleich innenpolitische Dimensionen hat. Die Millionen von Migranten aus dem Nahen und Mittleren Osten, vor allem aus der Türkei, aber auch aus dem arabischen Raum, aus dem Iran und Pakistan, können bei uns entweder als Fremdkörper oder als Brücke empfunden werden. Ein interkultureller Dialog darf diese Menschen nicht ausschließen oder ignorieren, sondern es wäre im Gegenteil sinnvoll, mit ihnen ebenfalls einen Austausch zu beginnen. Das gegenwärtige Nebeneinan-

derherleben von Türken und Deutschen, bei dem erstere sich gefälligst zu assimilieren haben, ansonst aber ignoriert werden, solange sie sich ruhig verhalten, verschenkt nicht nur die Chance eines besseren Miteinander, sondern läßt auch die Möglichkeiten ungenutzt, gemeinsam mit den Einwanderern aus islamisch geprägten Ländern einen fruchtbaren Dialog mit den Ländern des Nahen und Mittleren Ostens zu beginnen.

Die Zukunft des interkulturellen Dialoges nach den Terroranschlägen

Als Beschwörungsformel ist der Dialog der Kulturen erledigt, da die Signale beider Seiten zu deutlich waren, ihn nicht wirklich ernst zu nehmen. Aber der 11. September und seine politischen Folgen sollten uns genug Anlaß bieten, den Dialog mit der islamisch geprägten Welt endlich seriös zu führen. Ein solcher Dialog muß aber auf Dauer angelegt sein und kontinuierlich betrieben werden, er darf nicht nur zwischen den Eliten beider Seiten, sondern muß zwischen den Gesellschaften stattfinden – und er kann nicht die Belehrung der anderen Seite über die eigenen Vorzüge zum Ziel haben, sondern setzt die Fähigkeit zum Zuhören und der kritischen Selbstreflexion voraus, und zwar auch bei uns. Das alles ist unbequem, es ist lästig, aber es ist nötig. Und vielleicht haben wir jetzt die letzte Chance für lange Zeit.

Jochen Hippler / Andrea Lueg

Schlußfolgerungen

Wir haben in diesem Buch herausgearbeitet, daß westliche Medien, Publizisten und Politiker zu einem irrationalen oder manipulativen Umgang mit »dem Islam« oder dem Islamismus neigen, daß die Feindbildproduktion bezüglich des Islams nur partiell etwas mit den Realitäten des Orients, dafür aber um so mehr mit dem westlichen Bedürfnis nach Selbstvergewisserung zu tun hat. Und wir wollten vor emotionalisierenden Umgangsformen warnen.

Die Beiträge dieses Buches haben nicht versucht, den »wahren Islam« zu enthüllen. Schließlich gibt es ihn ebensowenig wie das »wahre« Christentum. Welche die »richtige« Interpretation von Islam oder Christentum ist, das ist keine Frage der politischen Analyse, sondern eine des Glaubens. Deshalb haben die meisten Beiträge dieses Buches nur in zweiter Linie etwas mit dem Islam zu tun. Es ging uns vor allem darum, über unser eigenes, das westlich-abendländische Denken zu reflektieren. Wir hoffen, dazu einige Anregungen gegeben zu haben.

Aber wir möchten dieses Buch nicht beenden, ohne zumindest einige Grundzüge dafür vorzuschlagen, wie Europäer mit dem Islam und vor allem dem Islamismus umgehen sollten. Wir haben schließlich in diesem Buch nicht »für den Islam« plädiert, sondern nur dafür, ihn nicht anders zu behandeln als Christentum oder Judentum. Da wir (die Herausgeber) selbst nicht an Gott glauben – weder in seiner christlichen noch in seiner muslimischen oder einer sonstigen Variante – ging es uns darum, uns auch mit religiösen Phänomenen politisch und nicht spirituell, rational auseinanderzusetzen. Denn viele Elemente des gängigen Feindbildes Islam haben direkt vor- oder antiaufklärerischen Charakter, wie scheinbar religionskritisch sie sich auch gebärden mögen. Oft wird der Islam »erledigt«, indem Autoren zuerst selbst wie Fundamentalisten argumentieren – denn der »wahre« Islam sei ja eigentlich fundamentalistisch, seine moderneren Formen schon verweichlichte Abweichungen –, um dann seine Rückständigkeit und seinen »Fundamentalismus« zu entdecken. Diese Form von intellektueller Unredlichkeit ärgert uns, obwohl wir weder Muslime noch Christen sind.

Wie also könnten wir uns einen Umgang mit islamischen oder islamistischen Bewegungen vorstellen? Erstens: Uns scheint nur eine säkulare Umgangsform sinnvoll. Zweitens: Der Islam darf nicht mit anderen Kriterien gemessen werden als etwa das Christentum, und Handlungen in islamisch geprägten Gesellschaften müssen im wesentlichen an denselben Maßstäben gemessen werden. Schließlich wäre es auch hilfreich, den eigenen kulturellen Hochmut in Grenzen zu halten und das Maß an Zivilisierung und Aufgeklärtheit in Europa und den USA nicht zu überschätzen.

Eine säkulare Umgangsform würde bedeuten, auch bei Muslimen nicht von vornherein an eine religiöse Begründung allen Handelns zu denken, sondern von deren konkreten Interessen auszugehen und ihre (vielleicht religiös gefärbten) Argumente zu diesen in Beziehung zu setzen. Nicht jede religiös klingende Formulierung hat auch eine religiöse Bedeutung. Oft sind solche Ausdrucksweisen nur eine kulturell geprägte Art, wirtschaftliche, soziale oder politische Dinge zu formulieren. Hier auf den Gehalt statt auf die Form der Aussagen zu achten scheint uns nicht zuviel verlangt.

Die Vorbehalte von Muslimen »dem Westen« gegenüber können sich aus zahlreichen sehr konkreten Erfahrungen speisen, sie brauchen nicht unbedingt religiöse Wurzeln zu haben. Die Erfahrung kolonialer Unterdrückung und Ausbeutung, militärischer Beherrschung, kultureller Arroganz und wirtschaftlicher und technologischer Vorherrschaft, der Ausbeutung der Bodenschätze der Region: Das und vieles andere gibt ausreichend Grund für Skepsis oder Feindschaft dem Westen gegenüber. Ob jemand diese Skepsis dann in säkularen oder religiösen Formulierungen zum Ausdruck bringt, ist seine Sache. Kritik an der Politik des Westens oder an den eigenen Regimen sollte nicht automatisch deshalb überhört werden, weil religiöse Begriffe verwendet werden. Hinweise auf europäisch-amerikanische Vorherrschaftspolitik, auf eine neoimperiale Politik des Westens im Nahen Osten ist nicht dadurch richtig oder falsch, daß sie von einem gläubigen Muslim oder Christen geäußert werden.

Säkularer Umgang bedeutet auch, nicht jedem Muslim seine fromme Geste zu glauben. Religiöse Heuchelei, das Zurschaustellen religiöser Praktiken oder Symbole und der fromme Selbstbetrug sind nicht auf Europa und den christlichen Kulturkreis beschränkt, sondern im Orient ebenso beliebt wie bei uns. Der Islam wird in gleichem Maße für politische, wirtschaftliche oder soziale Zwecke instrumentalisiert.

Wer käme bei uns auf die Idee, der »Christlich Demokratischen Partei« zu unterstellen, sie wäre eine religiöse oder quasi-religiöse Vereinigung? Woher nehmen wir die Naivität, in einem benachbarten Kulturkreis solche Instrumentalisierungen nicht zu bemerken? Wer jede religiöse Phrase im Orient ernst zu nehmen gedenkt, der sollte dann auch Ex-Präsident Bill Clinton für einen christlichen Fundamentalisten halten, da er ja bereits bei seiner ersten Rede als Präsident die Hilfe Gottes für seine Amtsführung erbat, ebenso wie Präsident Bush, da er seine Afghanistanpolitik öffentlich mehrfach zum »Kreuzzug« erklärte.

Außerdem gibt es eine Tendenz, politische Konflikte im Nahen und Mittleren Osten reflexartig auf Entwicklungen in der islamischen Frühzeit zurückführen zu wollen, vorzugsweise auf das Leben Mohammeds oder auf den Koran. Solches Vorgehen enthebt von der Pflicht zum Nachdenken und zur Analyse, da man nach dieser Methode ja nicht nur die heutigen Konflikte, sondern auch die zukünftigen bereits analysiert hat: Die Muslime sind halt so, das steht ja schon im Koran, das sagte ja schon der Prophet. Nahöstliche Wissenschaftler könnten nach dieser Methodik versucht sein, die Kriege im ehemaligen Jugoslawien oder die US-Außenpolitik aus der Bibel und dem Leben Jesu, ersatzweise aus den Schriften der europäischen Aufklärung abzuleiten.

Eigentlich sind wir damit schon bei unserem nächsten Vorschlag: dieselben Maßstäbe an die Menschen im Nahen Osten und an uns selbst anzulegen. Natürlich kann das nicht bedeuten, kulturelle Unterschiede zu leugnen oder zu glauben, daß die Tischsitten in beiden Regionen unbedingt vereinheitlicht werden müßten. Nur: Zuerst einmal sollte man akzeptieren, daß Christentum und Islam als prinzipiell gleichwertig zu behandeln sind.

Es läßt sich argumentieren, daß das Christentum – oder Religion allgemein – einen irrationalen, reaktionären und autoritären Charakter hat. Schließlich ist kaum etwas intellektuell autoritäreres vorstellbar, als ein – möglicherweise gar allmächtiger – Gott. Das gälte auch für den Islam. Beide Religionen haben seit ihrer Entstehung oft frauenfeindlich gewirkt, beide Religionen und ihre heiligen Bücher sind schon wegen der heute völlig anderen Gesellschaftsordnungen seltsam veraltete ideologische Systeme, die nur durch kühne und kreative Abstraktion aus ihren Zeitbezügen gerettet werden können.

Solche Einwände kann man natürlich diskutieren. Aber anzunehmen, daß das Christentum – oder christlich geprägte Gesellschaften – etwas besonders Feines oder Aufgeklärtes oder auch nur Selbstverständliches, quasi Naturgegebenes wären, während die Schwesterreligion ungemein »mittelalterlich« daherkommt – so etwas ist eitles, dummes Zeug. In manchen Grundfragen ist das Christentum »moderner«, in anderen der Islam (zum Beispiel in der Konsequenz seines Monotheismus) – die Details sollten wieder die Gläubigen unter sich ausmachen. Aber Fairneß und intellektuelle Redlichkeit gebieten es, zwei so eng verwandte Religionen nicht unterschiedlich zu behandeln.

Für ein Feindbild Islam sind solche Überlegungen natürlich nicht förderlich. Denn seine Urheber vergleichen ja nicht Vergleichbares, also zum Beispiel Christentum und Islam oder die Realitäten Europas und des Nahen Ostens. Sie sind in der Regel damit beschäftigt, eine Religion (den Islam) mit einer Region (bzw. Gesellschaft) zu vergleichen (»dem Westen«). Und wer die falsche Frage stellt, kann keine richtige Antwort bekommen.

Wir haben von denselben Maßstäben gesprochen, und damit ist noch etwas anderes gemeint. Selbstverständlich gibt es in islamisch geprägten Gesellschaften all das, was die Anti-Islam-Hysteriker uns ausmalen. Es gibt Fanatismus, Dogmatismus, es gibt massive Frauenunterdrückung, reaktionäre Beschränktheit, Rassismus, ideologische und religiöse Verblendung. Es gibt auch die Gefahr der Verbreitung von Massenvernichtungswaffen, Massaker, Menschenrechtsverletzungen, Terrorismus. Es wäre völlig absurd, dies ignorieren zu wollen, zu bestreiten oder zu verharmlosen. Daß solche Phänomene in den meisten Beiträgen nur indirekt oder nebenbei behandelt wurden, liegt am Thema des Buches, nicht daran, daß wir sie übersähen. Nur: Wir warnen vor den üblichen voreiligen Schlüssen. Viele dieser Erscheinungen haben wenig mit dem Islam zu tun, sondern andere Ursachen, und so ziemlich alle gibt es auch in westlichen, »modernen« Gesellschaften. Fanatismus beispielsweise kann säkulare Ursachen haben – sogar dann, wenn die Fanatiker es bestreiten. Das rechtfertigt ihn natürlich nicht, aber es mahnt dieselben Maßstäbe an, von denen wir gesprochen haben.

Religiöse Fanatiker haben in allen Kulturkreisen großes, oft fast unvorstellbares Unheil angerichtet. Im Christentum, Islam, Judentum, Hinduismus und sogar im oft für so friedfertig gehaltenen Buddhismus[1] haben machtbesessene Frömmler Gewaltexzesse gerechtfertigt, verursacht oder selbst organisiert. Islamische Extremisten stehen ihren Glaubensbrüdern anderer Religionen hier in nichts nach – haben diesen aber auch nichts voraus. Außerdem: Bei der berechtigten Erregung über religiösen Fanatismus und religiös begründete Gewalt sollten wir nicht vergessen, daß säklare, nicht- oder anti-religiöse Akteure zu mindestens ähnlichen Orgien der Gewalt und Unterdrückung beigetragen haben wie die frommen. Die Beschränktheit und Machtversessenheit Wilhelms II., der blutige Fanatismus der Nazis, stalinistische Henker in ihrer ideologischen Verblendung – aber auch der Zynismus moderner, technokratisch-unterkühlter Kriegführung durch computerisierte Luftkriege, bei der der Krieg von den »Kollateralschäden« kaum noch zu trennen ist und man seinen Opfern nicht einmal mehr ins Gesicht sehen muß – all dies ist weder besser noch schlechter als die Gewalt religiöser Fanatiker. Unsere eigene Gewalt wird heute meist in bürokratischen oder juristischen Kategorien begründet und auf Distanz und anonym exekutiert – das Blutvergießen bleibt unsichtbar, und statt »Gott« werden »Interessen«, »Hilfe« und »Recht« zur Begründung bemüht: drei Begriffe, die sich gegen ihren Mißbrauch nicht besser wehren können, als »Gott« gegen seinen. Unsere Gewalt – also die »westliche« – erscheint uns daher plausibler, logischer und sauberer als die Gewalt der Dritten Welt, die sich oft religiös verkleidet und deren blutige Opfer wir im Fernsehen präsentiert bekommen. In fast allen Fällen allerdings und über die kulturellen Scheidelinien hinweg sterben die Menschen zur Eroberung und Verteidigung von Macht, gleich was die säkularen und religiösen Täter uns einreden wollen. Und in beiden Fällen sind die Opfer genauso tot.

Das Problem ist also in unserer Sichtweise nicht die *religiöse Begründung* von Gewalt, Fanatismus und Machtbesessenheit, sondern die Gewalt, Machtbesessenheit und der Fanatismus, unabhängig von seiner Rechtfertigung, die ja ohnehin meist gelogen ist.

Bevor wir uns zu Recht über den Fanatismus anderer ereifern, sollten wir uns dem Fanatismus in der eigenen Kultur widmen. Wenn bei uns Jugendliche Flüchtlingsheime niederbrennen, dann hat das – außer mit Alkohol und Perspektivlosigkeit – auch etwas mit Fanatismus und Irrationalität zu tun. Aber wir würden kaum auf die Idee kommen, diese Verbrechen entsprängen den christlichen Traditionen des Abendlandes. Auch der Fanatismus und die Irrationalität von Menschen im Orient haben nicht immer und automatisch etwas mit Religion zu tun, es wird sich häufig um eine allgemein menschliche Beschränktheit handeln, die aus den Lebensumständen resultiert: Spießertum, Dogmatismus, Besserwisserei, rassistischer Hochmut – all das gibt es im Orient wie bei uns. Und wie bei uns kommt es darauf an, die Ursachen dafür in den konkreten Umständen zu suchen und sie nicht von vornherein schon zu »wissen«: Es muß ja an der Religion liegen, am Islam. Diese Sichtweise ist nicht nur oberflächlich und hochmütig, sondern selbst eine Mystifikation gesellschaftlicher Zusammenhänge. Wenn es in beiden Kulturkreisen die gleichen – oder vergleichbare – Phänomene gibt, dann sollte man auch nach gemeinsamen Ursachen suchen, und nicht die Unterschiede, etwa eine der beiden Religionen reflexartig verantwortlich machen. Wenn es in islamisch geprägten Gesellschaften Frauenfeindlichkeit und -unterdrückung gibt, dann muß man sich mit der gleichen Sorgfalt um die Analyse der Ursachen bemühen wie im Westen. Es gibt auch Frauenfeindlichkeit ohne religiöse Ursachen.

Natürlich spielen ideologische und religiöse Faktoren eine Rolle. Auch die säkulare Frauenfeindlichkeit in Europa ist durch Jahrhunderte von religiöser Frauenfeindlichkeit beeinflußt und stimuliert worden. Und da im Orient religiöse Traditionen die Kultur eher noch stärker beeinflußt haben als bei uns, ist das dort natürlich ebenfalls ein wichtiger Faktor. Aber noch einmal: Es kommt darauf an, den Einfluß religiöser Traditionen auf auch säkulares Denken zu analysieren und deren Verhältnis zueinander zu bestimmen, anstatt sich die Sache einfach zu machen und alle Faktoren außer der Religion auszublenden.

Der US-amerikanische Journalist Christopher Dickey hat sich einmal die Frage gestellt, ob der Islam eine Gefahr sei. »Hamas-Sprecher Abdel Aziz al-Rantisi wurde mehrfach nach den positiven Aspekten seines Glaubens gefragt. Er antwortete wiederholt: ›Nicht stehlen, kein illegaler Sex, kein Alkohol, Frauen nicht als Waren behandeln, die man kaufen und verkaufen kann.‹ Das gibt Ordnung. Aber letztendlich ist diese Art von Fundamentalismus ausgesprochen säkular. Auf diese Art kann der Islam ausgenutzt werden, um die Herrschaft einer einzelnen Familie zu rechtfertigen, wie in Saudi-Arabien, oder als Vehikel nationaler Ambitionen dienen, wie im Iran. Autoritarismus, Expansionismus, Terrorismus – das sind die wirklichen Gefahren, aber bekannte Gefahren. Als solche beschrieben, läßt sich mit ihnen leidenschaftslos umgehen. Aber wenn das Wort Islam dazukommt, sieht der Westen eine Bedrohung, die jede Dimension realer Gefahren sprengt. ... Sollte der Westen den Islam fürchten? Nicht als solchen. Aber es lohnt sich, ein Auge auf die zu werfen, die seine Fahne tragen.«

Anmerkungen

Einleitung

1 Der Begriff des islamischen Fundamentalismus ist sehr problematisch, weil unter diesem Begriff alle möglichen unterschiedlichen Erscheinungsformen zusammengefaßt werden, die oft nicht zusammengehören. Vgl. dazu den Beitrag von Azmi Bishara in diesem Band. Wenn wir hier – und an anderen Stellen in diesem Buch – trotzdem den Begriff verwenden, dann aus Mangel an sprachlich geeigneten Alternativen. Zum Teil werden wir allerdings von Islamismus oder vom politischen Islam sprechen, wenn wir zwischen verschiedenen Phänomenen unterscheiden wollen.

2 Karen Armstrong, Holy War – The Crusades and the Impact on Today's World, New York 1991.

Der Islam in den Medien

1 Bei diesem Text handelt es sich um eine überarbeitete und aktualisierte Fassung des Aufsatzes »Das Feindbild Islam in der westlichen Öffentlichkeit« aus der Originalausgabe des Buches »Feindbild Islam« von 1993

2 Nicht einmal ihre genaue Zahl ist bekannt, in: *Frankfurter Allgemeine Zeitung*, 11.1.2001, S. 10

3 Das weite Feld muslimischen Lebens, in: *die tageszeitung* 30.12.2000

4 Der ewige Höllenbewohner, in: *Der Tagesspiegel*, 9.11.99, S. 31

5 Heinrich Schäfer, Religiöser Fundamentalismus als Ermächtigungsstrategie in: *Ökumenische Rundschau*, 41. Jg., 1992, Heft 4, Oktober 1992, S. 434-448

6 Hermann Scheer, Europa und der islamische »Fundamentalismus«, in: *Leviathan*, 19. Jg., 1991, Heft 1, S. 21-31

7 Helga Anschütz, Die prekäre Lage des orientalischen Christentums, in: *Das Parlament* Nr. 37-38, 6./13.9.1991

8 Reinhard Schulze, Feindbilder als Mittel der kulturellen Aneignung – Kultur und Islam im zweiten Golfkrieg, in: Dritte Welt und Islam: Neue Feindbilder nach dem Kalten Krieg? Hrsg. v. Institut f. Internationale Politik, Arbeitspapier Nr. 015, 1992, S. 18-19

9 Interview in der *taz*, 15.12.1989

10 Der Islam ist kriegerisch, in: *Frankfurter Allgemeine Sonntagszeitung*, 18.11.2001, Nr. 46, S. 11

11 Etwa in: Rolf Stolz, Kommt der Islam? Die Fundamentalisten vor den Toren Europas, München 1997

12 Fritz Steppat, Erbfeinde aus Unverständnis, in: *Die Zeit*, 20.11.1992.

13 Katajun Amirpur, Kleiner, großer Dschihad, in: *Das Parlament*, Nr. 3, 18.1.2002, S. 3

14 Gernot Rotter, Der Islam und der Westen – Die verlorene Nähe, in: *Du*, Heft Nr. 7/8, Juli/August 1994, S. 46-48

15 Stefan Wild, Der Islam ist das Medium, nicht die Ursache des Konflikts, in: *Handelsblatt*, 19.9.2001, S. 8

16 Reinhard Schulze, Weil sie ganz anders sind – alte Klischees verstellen uns den Blick auf einen Orient im Aufbruch, in: *Die Zeit* Nr. 10, 1.3.1991

17 »Der ewige Höllenbewohner«, in: *Der Tagesspiegel*, 9.11.1999, S. 31

18 Silvio, mach uns das Abendland!, in: *die tageszeitung*, 28.9.01, S. 4

19 Der Islam ist kriegerisch, *Frankfurter Allgemeine Sonntagszeitung*, 18.11.2001, Nr. 46, S. 11

20 Erschienen als Arbeitspapier des Instituts für internationale Politik Nr. 012, Wuppertal, Juli 1991.

21 Reinhard Schulze, Islam und Herrschaft. Zur politischen Instrumentalisierung einer Religion, in: Michael Lüders (Hrsg.), Der Islam im Aufbruch? Perspektiven der arabischen Welt, München 1992, S. 94-129, hier S. 102

22 Gernot Rotter, Islam und Westen – Die verlorene Nähe, in: *Du*, Heft Nr. 7/8, Juli/August 1994, S. 46-48

23 Angela Grünert, Christel Becker-Rau, Ramadan – Fasten mit allen Sinnen, Hamburg 2001

24 Katajun Amirpur, Kennerblicke, *Süddeutsche Zeitung*, 20.9.2001, S. 21

25 Heinz Halm, Die Panikmacher – Wie im Westen der Islam zum neuen Feindbild aufgebaut wird, in: *Süddeutsche Zeitung*, 16./17.2.1991

26 zitiert nach: Die Rückkehr der Kreuzritter, *Frankfurter Rundschau*, 23.10.01, S. 23

27 Zitiert nach: *Süddeutsche Zeitung*, 20.09.2001, S. 21

28 ebd.

29 Karin Hörner, Andrea Dornseif, Die Rückkehr der Kreuzritter, in: *Frankfurter Rundschau*, 23.10.2001, S. 23

30 *Frankfurter Allgemeine Zeitung* 28.12.2001

31 Alice Schwarzer (Hg.), Die Gotteskrieger und die falsche Toleranz, Köln 2002. Hier: Vorwort: Die falsche Toleranz, S. 9-19

Warum gibt es ein Feindbild?

1 In politischen Auseinandersetzungen muß selbstverständlich um die Frage gestritten werden, welche Auffassungen und Einschätzungen richtig und welche falsch sind. Die hier vorgeschlagene Definition des Begriffs »Feindbild« dient jedoch dem grundsätzlichen Verständnis des Feindbild-Phänomens und ist daher an theoretischen Erfordernissen orientiert.

2 Mit diesen vier Merkmalen wird an die entsprechenden Theoriezusammenhänge angeknüpft. Zu den theoretisch-konzeptionellen Grundlagen dieser Definition vgl. ausführlicher Christoph Weller: Feindbilder und Einstellungswandel – Die kognitive Erklärung, ihre Mängel und sozialpsychologische Abhilfe, in: Klaus Dieter Wolf (Hrsg.): Ordnung zwischen Gewaltproduktion und Friedensstiftung (Schriftenreihe der Arbeitsgemeinschaft für Friedens- und Konfliktforschung, Band 20), Baden-Baden 1993, S. 249-291.

3 Zu den Anfängen der Feindbild-Forschung und ihrer Fehlentwicklung im Rahmen der Kritischen Friedensforschung vgl. Christoph Weller: Feindbilder. Ansätze und Probleme ihrer Erforschung (Arbeitspapier 22 des Instituts für Interkulturelle und Internationale Studien der Universität Bremen), Bremen 2001.

4 Für die folgenden Darlegungen greife ich auf sozialpsychologische Forschungsergebnisse zurück. Vgl. dazu Kurt H. Stapf/Wolfgang Stroebe/Klaus Jonas: Amerikaner über Deutschland und die Deutschen. Urteile und Vorurteile, Opladen 1986, und Rupert Brown: Beziehungen zwischen Gruppen, in: Wolfgang Stroebe/Miles Hewstone/Jean-Paul Codol/Geoffrey M. Stephenson (Hrsg.): Sozialpsychologie. Eine Einführung, Berlin, S. 400-429, sowie Christoph Weller: Feindbilder und Krieg, in: Berliner Debatte – Initial Nr. 6/1995, S. 69-78.

5 Zu den Grundlagen der »Theorie der sozialen Identität« und der »Selbstkategorisierungs-Theorie« vgl. Henri Tajfel/John C. Turner: The Social Identity Theory of Intergroup Behavior, in: Stephen Worchel/William G. Austin (Hrsg.): Psychology of Intergroup Relations, 2. Auflage 1986, Chicago, Ill, S. 7-24, und Penelope J. Oakes/S. Alexander Haslam/John C. Turner: Stereotyping and Social Reality, Cambridge, Mass. 1994.

6 Die grundlegenden Darlegungen der »Selbstkategorisierungs-Theorie« finden sich bei John C. Turner: Social Categorization and the Self-Concept. A Social Cognitive Theory of Groups, in: Edward J. Lawler (Hrsg.): Advances in Group Processes. A Research Annual, Vol. 2, Greenwich, Conn. 1985, S. 77-121, John C. Turner/Michael Hogg/Penelope J. Oakes/Stephen D. Reicher/Margaret S. Wetherell: Rediscovering the Social Group. A Self-Categorization Theory, Oxford 1987, und in Oakes et al. 1994, a. a. O.

Wie ist es, ein Feind zu sein?

1 Nilüfer Göle beschreibt z.B. in ihrem Buch Republik und Schleier (Berlin, 1995) die politische Symbolik der Kopftücher bei gebildeten jungen Frauen in der Türkei. Sie drückten ein gewachsenes Selbstbewußtsein und ein Bekenntnis aus, nicht den westlichen Weg der Modernisierung gehen zu wollen (S. 119-122).

2 Vgl. etwa Dick Douwes, Hg., Naar een Europese Islam? [Auf dem Weg zu einem europäischen Islam?]. Amsterdam, 2001; Thomas Hartmann/Margret Krannich, Hg., Muslime im säkularen Rechtsstaat. Berlin, 2001; Oliver Roy, Muslims in Europe: From Ethnic Identity to Religious Recasting, in: ISIM Newsletter, No. 5/00, S. 1 u. 29.

3 Douwes 2001, S. 10.

4 S. dazu Johan Meuleman, Headscarves, Homosexuals, and Imams, in: ISIM Newsletter, No. 8/01, S: 33.

5 Podiumsdiskussion »Schlaf, Kriegerlein schlaf«, Universität Duisburg, 20.09.2001.

6 S. auch Sabiha El-Zayat, Auf dem Weg zu einem selbstverständlichen Mit-

einander in einem pluralen Europa, in: Hartmann/Krannich, Hg., Muslime im säkularen Rechtsstaat, a. a. O., S. 29-36.

7 Als islamische Staaten betrachte ich Nationalstaaten mit einer islamisch begründeten Staatsordnung, z.B. Iran. Die Kriterien für das Label »islamischer Staat« sind indes in keiner Weise eindeutig. In 2001 entbrannte etwa in Malaysia eine politische Debatte darüber, ob das Land ein islamischer Staat sei oder nicht. Die Regierung berief sich auf alte und neue islamische Gelehrte, um zu beweisen, daß Malaysia ein islamischer Staat sei, zog ihre Begründung allerdings nach Protesten nicht-muslimischer Staatsbürger wieder zurück. Ich unterscheide daher zwischen muslimischen und islamischen Staaten. Erstere sind Staaten mit einer muslimischen Bevölkerungsmehrheit.

8 Vgl. dazu auch Reinhard Schulze, in: Christoph Burgmer, Hg., Der Islam in der Diskussion. Mainz, 1996, S. 9-26.

9 *The Independent*, 22.12.1001, online-Ausgabe (Brace yourself for Part Two of the War for Civilization)

10 Ein Beispiel für eine islamische Frauengruppe, die sich mit *dress codes* befaßt, sind die malaysischen Sisters-in-Islam. Informationen dazu unter www.sistersinislam.org.my

11 Eine sehr aufschlußreiche neuere Publikation zu diesem Thema ist Ziba Mir-Hosseini, Islam and Gender. The Religious Debate in Contemporary Iran. Princeton, New Jersey, 1999.

12 Vgl. hierzu etwa Fatema Mernissi, Der politische Harem. Mohammed und die Frauen. Frankfurt a.M.: Dagyeli.

13 Zum Thema Rechtspluralismus s. Baudouin Dupret/Maurits Berger/Laila Al-Zwaini, Hg., Legal Pluralism in the Arab World. Kluwer Law International, 1999.

14 Fatema Mernissi, Die Angst vor der Moderne. Frauen und Männer zwischen Islam und Demokratie. München: dtv, 1996, S. 38. Die Autorin schildert die »Amputation« ursprünglicher Widerspruchspotentiale der *schari'a* in der Abbasiden-Dynastie, die zur Blockierung des demokratischen Prozesses führte. Ebd., S. 54f.

15 Mernissi schildert einen Fall in Die Angst vor der Moderne, a. a. O., S. 82ff.

16 Dazu: Norani Othman/Cecilia Ng, Hg.: Gender, Culture and Religion. Equal before God. Unequal before Man. Kuala Lumpur, 1995.

17 Als Vorlage dient hier Sajda Nazlee, Feminism and Muslim Women. London: Ta-Ha Publishers, 1996. Eine dezidierte Kritik an der wissenschaftlichen Perspektive und am feministischen Bewußtsein El-Saadawis und Mernissis (s. weiter unten) stellt die Arbeit von Zakia Belhachmi, Al-Sa´dawi's and Mernissi's Feminist Knowledge Within the History, Education and Science of the Arab-Islamic Culture, dar. Dazu: Zakia Belhachmi, The Science Question in Arab-IslamicFeminist Knowledge, in: ISIM Newsletter, 7/01, S. 35.

18 Ebd., S. 29.

19 Einige der populärsten Werke in westlichen Sprachen sind von Fatema Mernissi Die Angst vor der Moderne, a. a. O.; Der politische Harem. A. a. O.; von Nawal El-Saadawi The Hidden Face of Eve. London: Zed Books, 1980;

Tschador. Frauen im Islam. Bremen, 1980; von Nadje Al-Ali Secularism, Gender and the State in the Middle East: the Egyptian Women's Movement. Cambridge, UK 2000.

20 Nawal El-Saadawi, The Hidden Face of Eve, a. a. O., S. 139.
21 Sajda Nazlee, Feminism and Muslim Women, a. a. O., S. 32.
22 Reinhard Schulze, Die islamische Moderne, a. a. O., S. 14f.
23 Ebd., S. 15.
24 Das Verdienst, dies anhand historischer Quellen in jahrelanger wissenschaftlicher Arbeit nachgewiesen zu haben, gebührt im deutschsprachigen Raum in erster Linie Reinhard Schulze. Zum Thema Religion und Staat s. auch seinen Beitrag »Islam und Herrschaft. Zur politischen Instrumentalisierung einer Religion«; in: Michael Lüders, Hg., Der Islam im Aufbruch? Perspektiven der arabischen Welt. München, 1992, S. 94-129.
25 Unter den Begriff der Universalreligion werden Christentum, Buddhismus, Hinduismus, Islam und Judentum gefaßt. Helmuth von Glasenapp benutzt den Begriff »Weltreligionen« und bildet umfassendere Kategorien: Die fünf Weltreligionen. Brahmanismus, Buddhismus, Chinesischer Universismus, Christentum, Islam. München, 1998 [1963].
26 Hans Vorländer, Hegemonialer Liberalismus. Politisches Denken und politische Kultur in den USA 1776-1920. Frankfurt a. M. 1997.
27 Heribert Prantl, Die Gewalt der Frommen, in: *Süddeutsche Zeitung*, 29./30.12.2001, S. 4.
28 Vgl. auch Jerome Bellion-Jourdan, Islamic Relief Organizations: Between »Islamism« and »Humanitarianism«; in: ISIM Newsletter, No. 5/00, S. 15. Koranschulen und religiöse Schulen (*madrasa*) gibt es für Jungen und für Mädchen.
29 Eine sehr verdienstvolle Arbeit dazu verfaßte Eva Weidnitzer mit Soziale Sicherungssysteme und Reformansätze in arabischen Ländern unter besonderer Berücksichtigung islamischer sozialer Institutionen. Berlin: Deutsches Institut für Entwicklungspolitik, 1998 (= Berichte und Gutachten, 5).
30 Ein gutes Beispiel dafür stellen die Sparfonds für Muslime dar, in denen wie in einem Renten- oder Sozialfonds Summen für die Pilgerreisen nach Mekka angespart werden. Die Logistik etwa im Bereich der Flugquotierung und Reservierung, von Unterbringung und Routenorganisation vor Ort für Mekkareisen bedarf eines hohen Maßes nicht nur an verbindlicher Planung, sondern auch an kontinuierlicher internationaler Kommunikation mit Saudi-Arabien.
31 S. dazu Abdullah Saeed, Islamic Banking and Interest. A Study of Prohibition of Riba and its Contemporary Interpretation. Leiden: Brill, 1996. Kritisch aus ökonomischer Perspektive behandelt das Thema u.a. K.S. Jomo, Hg., Islamic Economic Alternatives. Critical Perspectives and New Directions. Kuala Lumpur 1993.
32 Farish Noor, Islam and the Ambiguities of Modernity, in: *New Straits Times*, online-Ausgabe, 23.09.2000.
33 Ausgesprochen lobenswert zu erwähnen sind hier die Publikationen des *International Institute for the Study of Islam in the Modern World* (ISIM) in Leiden/Holland sowie das deutsche Magazin *Zenith*.

34 Gernot Rotter, Das Islambild im Westen und das islamische Bild vom Westen, in: Burgmer, Hg., Der Islam in der Diskussion, a. a. O. S. 102-113.
35 Ebd.

Europa und der Orient

1 M. Rodinson, Die Faszination des Islam. München 21991, S. 143.
2 H. Budde, G. Sievernich, in: Europa und der Orient 800-1900. München 1989, S. 15f.
3 S. dazu zuletzt M. Schilling, Aspekte des Türkenbildes in Literatur und Publizistik der frühen Neuzeit. In: Acta Hohenschwangau 1991, München 1992, S. 43-60.
4 Vgl. M. E. Pape, Turquerie im 18. Jahrhundert und der » Recueil Ferriol «. In: Europa und der Orient, a.a.O., S. 305f.
5 M. Rodinson, a.a.O., S. 68.
6 K.-H. Kohl, Cherchez la femme dÓrient. In: Europa und der Orient, a.a.O., S. 359.
7 S. hierzu vor allem K. Mommsen, Goethes Bild vom Orient. In: W Hoenerbach (Hrsg.), Der Orient in der Forschung. Festschrift W Spies. Wiesbaden 1967, 5.453-470.
8 K. Mommsen, a.a.O., S. 462f.
9 S. hierzu C. P Haase, Literarische und geschichtliche Wurzeln des Araberbildes der Deutschen. In: K. Kaiser, U. Steinbach (Hrsg.), Deutsch-arabische Beziehungen. München, Wien 1981, S. 205-213.
10 K. Mommsen, a.a.O., S. 465.
11 Vgl. P. Kappert, Vom Übersetzen türkischer Literatur ins Deutsche. In: I. Baldauf, K. Kreiser, S. Tezcan (Hrsg.), Türkische Sprachen und Literaturen. Wiesbaden 1991, S. 214f.
12 Vgl. S. Shaw, in: G. E. von Grunebaum, Der Islam II. Fischer Weltgeschichte. Frankfurt 1971, S. 331f.
13 D. Syndram, Das Erbe der Pharaonen. In: Europa und der Orient, a.a.O., S. 52f.
14 D. V. Denon, Voyage dans la Basse et la Haute Égypte. Paris 1802.
15 S. dazu M. Fendri, Halbmond, Kreuz und Schibboleth. Heinrich Heine und der islamische Orient. Hamburg 1980, S. 273f.
16 M. Fendri, a.a.O., S. 254.
17 K.-H. Kohl, a.a.O., S. 360.
18 Vgl. zu dem ganzen Komplex die Studie von Ch. B. Pfeifer, Heine und der islamische Orient. Wiesbaden 1990.
19 K.-H. Kohl. a.a.O.; vgl. auch E. Said, Orientalism. London 1978, S. 45f.
20 M. Fendri, a.a.O., S. 288f.; K.-H. Kohl, a.a.O.
21 Ch. B. Pfeifer, a.a.O., S. 101.
22 K.- H. Kohl, a.a.O., S. 365f.
23 Zu ihm s. A. Marquart, Aus Ardistan nach Dschinnistan. In: Exotische Welten – Europäische Phantasien. Stuttgart 1987, S. 78-81.
24 K. U. Syndram, Der erfundene Orient in der europäischen Literatur vom 18.

bis zum Beginn des 20. Jahrhunderts. In: Europa und der Orient, a.a.O., S. 340f.

25 R. Schulze, Alte und neue Feindbilder. Das Bild der arabischen Welt und des Islam im Westen. In: G. Stein (Hrsg.), Nachgedanken zum Golfkrieg. Heidelberg 1991, 5.256.

26 B. Tibi, Die Krise des modernen Islam. München 1981, S. 115.

27 B. Lewis, The Emergence of Modern Turkey. London/Oxford/New York ?.1968, S. 53.

28 Vgl. alle Zitate bei B. Lewis, a.a.O., S. 66f.

29 Der Reformer Schanizade (1769- 1826) eignete sich profunde Kenntnisse des Italienischen, Französischen, Lateinischen und Griechischen an, verfaßte eine Studie über die europäische Medizin und übersetzte mehrere Werke über Anatomie und Physiologie aus dem Italienischen ins Osmanische. Seine Übersetzungen stehen am Ende der traditionellen und dem Beginn der modernen Medizin in der Türkei; in ihnen schuf er ein neues wissenschaftliches Vokabular, das bis weit in das 20. Jahrhundert Verwendung fand.

30 Vgl. den Artikel Hurriya in: Encyclopaedia of Islam III, Leiden 1971, S. 591.

31 Seine Beschreibung des Aufenthaltes in Paris erschien auch in deutscher Übersetzung: K. Stowasser (Hrsg. und Übers.), Ein Muslim entdeckt Europa: Rifa'a al-Tahtawi. München 1989.

32 Vgl. Stowasser, a.a.O., S. 317f.

33 B. Lewis, The Muslim Discovery of Europe. London 19882, S. 306f.

34 B. Lewi, a.a.O., S. 307.

35 S. Shaw, a.a.O., S. 339f.

36 Vgl. zu dem Komplex P. Kappert, Von der Bagdadbahn bis zur Immigration türkischer Gastarbeiterfamilien – zur Geschichte der gegenseitigen Wahrnehmung oder: eine Chronologie der Mißverständnisse. In: Acta Hohenschwangau 1991, S. 110- 126.

37 S. Schneider, Die Deutsche Bagdad-Bahn und die projectierte Überbrückung des Bosporus in ihrer Bedeutung für Weltwirtschaft und Weltverkehr. Wien/Leipzig 1900, 5.140f.

38 E. Banse, Das Orientbuch. Leipzig 1914, S. 380 ff.

39 E. Marquardsen, Das Wesen des Osmanen. München 1916, S. 3, 78.

Muslimische Intellektuelle und die Moderne

1 Diese Überzeugung wird auch noch in der neueren islamwissenschaftlichen und sozialwissenschaftlichen Literatur vertreten. Stellvertretend für viele Titel seien genannt: Albert Hourani, Arabic Thought in the Liberal age, 1789-1939, London 1962 und Bassam Tibi, Die Krise des modernen Islam, Frankfurt am Main 1981

2 Aus dieser Grundannahme werden recht unterschiedliche weiterführende Interpretationen abgeleitet. Sie reichen von der Beschreibung der islamischen Kultur als irrationaler Gegenentwurf zur Moderne bis zu Deutun-

gen der islamischen Kultur als vorindustrielle Kultur, die durch die nicht-bewältigte Verwestlichung»in die Krise geraten sei«.

3   Ganz anders die neuere Beurteilung der fernöstlichen Geschichte der Kulturen. Siehe zum Beispiel Du-Yol Song, Asien zwischen Moderne und ihren Kritikern, in *Peripherie* 32 (1988), S. 7-21 und die dort zitierte Literatur.

4   Das arabische Wort für Intellektuelle *mufakkirun* kann allerdings keine Entlehnung aus dem Westen sein, da es älter als das »europäische« Wort l'intellectuel ist. Der erste Beleg für *mufakkirun* stammt aus dem Jahr 1881, für das französische Wort l'intellectuel (als Nomen) dagegen aus dem Jahr 1898. Siehe zum letzteren Dietz Bering, Die Intellektuellen. Geschichte eines Schimpfwortes, Frankfurt am Main 1982. Weit ins 18. Jahrhundert zurück reichen arabische Benennungen, die eine separate intellektuelle islamische Kultur bezeichnen. Der Beginn einer spezifischen islamischen Intellektuellenkultur kann vorsichtig auf die Mitte des 18. Jahrhunderts datiert werden, Vgl. außerdem Anm. 13.

5   Der zweite Begriff für Moderne, *mu'asara*, scheint, so eine erste vorsichtige Deutung, eher im ägyptisch-syrischen Kontext benutzt werden. Zwischen den beiden Begriffen gibt es eine kleine Bedeutungsnuance. Während *mu'asara* eher rein zeitlich verstanden wird (»das Zeitgenössische«), hat oft hadata noch einen qualitativen Bedeutungsaspekt, der aus der älteren philosophischen Tradition stammt und dem die Trennung vom Alten und die Vorstellung des neuen (*hadit*) gegenüber dem Alten (*qadim*) anhaftet. Eine kurze Zusammenfassung einiger Definitionen findet sich bei Gerhard Hoffmann, »at-turath« und »al-mu'asara« in der Diskussion arabischer Intellektueller der Gegenwart, in Wolfgang Reuschel (Hrsg.), Orientalistische Philologie und arabische Linguistik, Berlin 1990 (AAL Sonderheft 2), S. 50-54.

6   Bassam Tibis Essay in der Neuauflage seines Buches »Die Krise des modernen Islam«, Frankfurt am Main 1991, ist hierfür ein lesenswertes Beispiel.

7   Zum Beispiel HichemDjait, Europe and Islam. Cultures and Modernity, Berkeley, Cal. 1985; Abdallah Laroui, L'ideologie arabe contaimporaine, Paris 1967 und ders., Islam et modernité, Paris 1987. Siehe hierzu Leonard Binder, Islamic Liberalism. A Critique of Development Ideologies, Chicago 1988, S. 317 ff.

8   Die Fundamentalbegründung kann je nach politischem Standort auch ethisch gehalten, also zum Beispiel auf das Arabertum oder das Berbertum bezogen sein.

9   Zu Beginn des 20. Jahrhunderts wurde dies auch von christlichen arabischen Intellektuellen so gesehen, vgl. zum BeispielGurgi Zaidan, tarih at-tamaddun al-islami, I-V [2]1914-1919, [3]1921-1922.

10 Eine der wichtigsten Konferenzen zum Thema fand vom 24. bis 27.9.1984 in Kairo statt, siehe Markaz dirasat al-wahda al-arabiya, at-turat wa-tahaddiyat al-asr fi l-watan al-arabi. al-asala wal-mu'asara, Beirut 1985.

11 Einige islamische Intellektuelle versuchen, das Axiom der Gültigkeit der islamischen Frühzeit zu relativieren, siehe zum Beispiel Seyyed Hossein Nasr, Traditional Islam in the Modern World, London 1987. Nasr lehrte von 1958-79 Philosophie an der Universität Teheran und ist jetzt Professor der Islamwissenschaft an der George Washington University.

12 So zum Beispiel Rudolph Peters, Erneuerungsbewegungen im Islam vom
   18. bis 20. Jahrhundert und die Rolle des Islams in der neueren Geschichte:
   Antikolonialismus und Nationalismus, in Werner Ende, Udo Steinbach
   (Hrsg.), Der Islam der Gegenwart, München 1984, S. 91-131, v. a. S. 105 f.

13 Der arabische Begriff *mufakkirun* für »Intellektuelle« wird heute gerne in
   einem islamischen politischen Kontext gebraucht. Im nichtislamischen Bereich wird häufiger *mutaqqafun* (eigentlich »Gebildete«) verwandt.

14 al-yauma akmaltu lakum dinakum in Koran 5/3. Weiter heißt es hier: »und
   meine Gnade an euch vollendet, und bin damit zufrieden, daß ihr den Islam
   als Religion habt.« (Übersetzung Rudi Paret, Der Koran, Stuttgart 1979,
   S. 79).

15 Die besondere strukturelle Nähe des Islams zur Moderne wird auch von
   Ernest Gellner, Muslim Societies, Cambridge [2]1983, S. 7 anerkannt. Siehe
   hierzu auch Friedemann Büttner, Zwischen Politisierung und Säkularisierung – Möglichkeiten und Grenzen einer islamischen Integration der Gesellschaft, in Erhard Forndran (Hrsg.), Religion und Politik in einer säkularisierten Welt, Baden-Baden 1991, S. 137-167, zum Gellner-Zitat ibid.,
   S. 157.

16 Der heute sehr populäre Begriff *hakimiya* stammt aus der osmanischen Po-
   litiksprache des 19. (18.?) Jahrhunderts und bezeichnete zunächst ganz allgemein die Souveränität innerhalb eines Staates. Eine diesbezügliche Be-
   griffsgeschichte gibt es bis jetzt nicht. In Ami Ayalon, Language and
   Political Change in the Arab Middle East. The Evolution of Modern Arabic
   Political Discourse, Oxford 1987, findet sich beispielsweise kein Hinweis
   auf diesen Terminus.

17 Siehe hierzu Reinhard Schulze, Das islamische 18. Jahrhundert. Versuch einer histographischen Kritik, in: Die Welt des Islams 30 (1990), S. 140-159.

18 Vor allem sein Werk manahidsch al-albab al-misriyafi mabahidsch al-adab
   al-asriya, Bulaq/Kairo 1286/1869, vgl. Gilbert Delanou, Moralists et politi-
   ques musulmans dans l'Égypte du XIXe siècle (1798-1882), Kairo 1982,
   S. 462 ff.

19 Siehe Martin Kramer, Islam Assenbled. The Advent of Muslim Congress,
   New York 1986; Jakob M. Landau, The Politics of Pan-Islam. Ideology and
   Organization, Oxford 1990; Reinhard Schulze, Islamischer Internationalis-
   mus im 20. Jahrhundert, Leiden 1990.

20 Es scheint mir sehr bedeutsam, daß diese Floskel erst gut 150 Jahre alt ist.
   Zum politischen und ideologischen Hintergrund solcher symbolischer In-
   terpretationen siehe z. B. Reinhard Schulze, Islam und Herrschaft. Zur po-
   litischen Instrumentalisierung einer Religion, in Michael Lüders (Hrsg.),
   Der Islam im Aufbruch? Perspektive der arabischen Welt, München 1992,
   S. 94-129.

21 Aufgebracht von dem amerikanischen Religionssoziologen R. N. Bellah
   1967, siehe Rainer Döbert, »Zivilreligion«. Ein religiöses Nichts religions-
   theoretische betrachtet, in *Kursbuch* 93 (1988), S. 67-84, dort auch weitere
   Literatur.

22 Dies wurde vor allem von dem syrischen Philosophen Sadiq al-Azm hervor-
   gehoben.

23 Vgl. Muhammad Abis al-Gabiri, nahnu wa-t-turat – quira'a mu'asira fi tura-tina al-falsafi, Beirut/Casablanca [4]1985; Muhammad Arkoun, Islam und Weltlichkeit, in *Gewissen und Freiheit* 36 (1991)1, S. 32-57.

Religion und Politik im Nahen und Mittleren Osten

1 Thomas Meyer (Hrsg.), Fundamentalismus in der modernen Welt, Frank-furt am Main 1989, S. 15.

2 K. Löwental, Aufklärung und Fundamentalismus als Faktoren der Welt-politik, in: Thomas Meyer (Hrsg.), Fundamentalismus in der modernen Welt, Frankfurt am Main 1989.

3 Hassan al-Banna, Majamu'at Rasail al-lmam al-Saheed (Ausgewählte Brie-fe), Beirut 1965, S. 228.

4 A. G. Ghassuy, Der islamische Fundamentalismus in der Gegenwart, in: Thomas Meyer (Hrsg.), a.a.O., S. 83 f.

5 D. Hiro, Islamic Fundamentalism, London 1989, S. 1.

6 Ebenda, S. 9.

7 Maxime Rodinson, Islam et capitalisme, Paris 1966.

8 Edward Said, Orientalism, New York 1978.

9 Bassam Tibi, The Crisis of Modern Islam, Utah 1988, S. 33 -39.

10 Maria Mies, Kultur-Anomie als Folge westlicher Bildung, in: *Die Dritte Welt* I/1972, S. 26.

11 Bassam Tibi, a.a.O., S. 44.

12 Bassam Tibi, a.a.O., S. 50.

13 H. Munson jr., Islam and Revolution in the Middle East, New Haven and London 1988, S. 4.

14 D. Crecelius, Ideological Responses of the Egyptian Ulama to Modernizati-on, in: R. N. Keddie (Hrsg.), Scholars, Saints, and Muftis: Muslim Religious Institutions in the Middle East since 1500, Berkeley and Los Angeles 1972, S. 167- 177.

15 Reinhard Schulze, Der lange Bart des Propheten, in *Kursbuch* 93/144 1988, S. 144.

16 E. Sivan, Islamische Eiferer (in Hebräisch), Tel Aviv 1986.

17 M. al-Reis, Al-Nazariyya al-Siyassa al-Islamiyya (Islamische Politische Theorie), Kairo 1966, S. 42.

18 A. al-Yassini, Al-Din we-al-Dawla fal-Mamlaka al-Arahiyya al- Saudiyya (Religion und Staat im Saudischen Königreich), London 1987, S. 14-15.

19 Bernard Lewis, Politics and War, in: J. Schacht, C. T. Bosoworth (Hrsg.), The Legacy of Islam (Das Vermächtnis des Islam), Oxford 1974, S. 60-159.

20 A. Ihn Hanbal, Al-Musnad, Beirut ohne Jahr, S. 152.

21 H. Lazarus-Yafeh, Contemporary Fundamentalism in Judaism, Christiani-ty, Islam, in: *The Jerusalem Quarterly* 47/1988, S. 35.

22 M. S. al-Ashmawi, AI-Islam al-Siyassi (Politischer Islam), Kario 1987.

23 W. Smith, The Meaning and End of Religion, New York 1978, S. 117.

24 A. Abdul Razeq, AI-Islam wÁsul al-Hukm (Der Islam und die Grundlagen des Regierens), Kairo 1963.

25 A. R. al-Senhori, Al-Din we-al Dawla f'al-Islam (Religion und Staat im Islam), in: *Megilath al-Muhamath al-Schari'a* (Fachzeitschrift für Religions-
recht), Oktober 1929.

26 F. Fudah, Al-Haqiqa al-G'aiba (Die verborgene Wahrheit), Kairo 1988,
S. 11-70.

27 Bassam Tibi, a.a.O., S. 40.

28 M. Gilseman, Popular Islam and the State in Contemporary Egypt, in: F.
Halliday, H. Alavi (Hrsg.), State and Ideology in the Middle East and Pakistan, New York 1985, S. 177.

29 T. al-Bishri, Al-Qawmiyya al-Arabiyya wa-al-Islam (Arabischer Nationalismus und Islam), in: *Al-Mustaqbal al-Arabi* (Die arabische Zukunft),
26/1981, 67.

30 S. Hawa, Min Ajal H'atwa ila al-Amam (Ein Schritt in die Zukunft) 1979,
S. 92-93, zitiert nach E. Sivan, Islamische Eiferer (in Hebräisch), Tel Aviv
1986.

31 Al-Bishri, a.a.O., S. 152-163.

32 G. A. al-Afg'ani, Al-Arabiyya Lesan Hai al-Islam wa'l Muslamin (Arabisch,
die Sprache des Islams und der Muslime), in: *Hawar*, 2/1986, S. 161-162.

33 Hassan al-Banna, Muzkarat al-D'awa we-al-Da'ayya, Kairo ohne Jahr,
S.114.

34 Hassan al-Banna, a.a.O., S. 74-78.

35 Brief an die fünfte Tagung, veröffentlicht von Dar al-A'atsam, Kairo, 1977.

36 A. al-Nafisi (Hrsg.), Al-Harqa al-Islamiyya Ruiyya Mustaqiblli-yya (Die islamische Bewegung, ein Blick in die Zukunft), Kairo 1989.

37 R. Sld-Ahmed, The Islamic Movements in Egypt and Iran, Kairo 1989,
S. 80-86.

38 N. Ayubi, The Political Revival of Islam: The Case of Egypt, in: *Internatio-
nal Journal of Middle East Studies*, Vol. XII, 1980 S. 443; A. E. Ibrahim,
Anatomy of Egypt's Militant Islamic Groups: Methodological Note and
Prelliminary findings, in *International Journal of Middle East Studies*, Vol
XII 1989, S. 488

39 N. Luhmann, Funktion der Religion, Frankfurt am Main 1982, S. 115.

Der Islam, der Westen und die politische Gewalt in den internationalen Beziehungen

1 Cheney: Anti-Terror War will be Long, in: *ap*-Meldung in der Online-Ausgabe der *Washington Post*, March 13, 2002

2 zur Frage der Bedrohungen des Westens aus der Region siehe u.a.: Harald
Müller, Middle Eastern Threats to the Atlantic Community, in: *Internationale Politik und Gesellschaft* (IPG), Heft 4/2001, S. 412 ff.

3 Zur Geschichte von Hamas siehe u.a.: Hamas Makes it to the Centrestage,
in: *The Middle East*, February 1993, S. 9 f; siehe auch: Jochen Hippler: Ein
trojanisches Pferd: Hamas und die Hintermänner, in: *Freitag*, 15. März
1996, S. 7

4 Building an Enemy – America, Israel and Arab States created the Islamic

militants they now fear, in: *Newsweek*, 15.February 1993, p. 9-12, hier: p. 10

5 zur US-Afghanistanpolitik jener Zeit siehe: Jochen Hippler »Bis zum letzten Afghanen«, in: *Konkret*, April 1989, S. 28-31

6 Siehe dazu u.a.: Ahmed Rashid, Die Taliban – Afghanistans Gotteskrieger und der Dschihad, München 2001, Kapitel 11-13

7 Building an Enemy – America, Israel and Arab States created the Islamic militants they now fear, in: *Newsweek*, 15. February 1993, p. 9-12, hier: p. 10

8 Judith Miller, The Islamic Wave, in: *The New York Times Magazine*, May 31, 1992, p. 25, 42

9 Margaret Thatcher, Islamism is the New Bolshevism, in: *The Guardian*, February 11, 2002

10 Jürgen Liminski, Aus dem Schatten der Moschee: Europas Bedrohung durch den islamischen Radikalismus, in: *Das Parlament*, Nr. 3/4, 10./17 Januar 1992

11 Bush Outlines New World Order, Economic Plans – Text: State of the Union Address, in: USIS, *US Policy Information and Texts*, 29.1.1992, p. 4

12 *US News and World Report*, zit. nach: *Der Spiegel*, 1/1991, S. 107

13 zit. nach: Seth P. Tillman, The United States in the Middle East – Interests and Obstacles, Bloomington 1982, S. 46

14 ebenda, S. 46

15 *FAZ*, 14. Oktober 1992, S. 14

16 US Department of State, Patterns of Global Terrorism 2000, Appendix C: Statistical Review (Charts): Total International Terrorist Attacks, 1981-2000

17 ebenda, Appendix C, Total International Attacks by Region, 1995-2000

18 Deputy Chief, DCI Counterterrorist Center, Central Intelligence Agency, »International Terrorism: Challenge and Response«; Rede vor dem World Affairs Council, Naples/Florida, zit. nach der Internet-Seite der CIA: www.cia.gov/cia/di/speeches/intlterr.html

19 Siehe dazu: Jochen Hippler, Konflikte und Krisenprävention, in: Stiftung Entwicklung und Frieden, Globale Trends 2000: Fakten, Analysen, Prognosen, hrsg. von Ingomar Hauchler, Dirk Messner, Franz Nuscheler, Frankfurt 1999, S. 421-437; im Internet erreichbar über: http://www.jochen-hippler.de/Volltexte/volltexte.html

20 die folgenden Abschnitte enthalten Passagen aus: Jochen Hippler, Terrorismus und Islam – Einordnung eines komplizierten Verhältnisses, in: *Gewerkschaftliche Monatshefte*, Dezember 2001, S. 710-717

21 Text of Fatwa Urging Jihad Against Americans, published in Al-Quds al-Arabi, 23. Februar 1998, zit. nach Internet website: www.ict.org.il/articles/fatwah.htm

22 siehe dazu: Jochen Hippler, Das Modell »Afghanistan Plus« – Bündnistreue in Zeiten der Bekenntnispflicht: Bedingungslose Unterstützung für eine Politik der USA, die man noch gar nicht kennt, in: *Freitag*, 28. September 2001, S. 1

23 *Washington Post*,

24 siehe aus dem Jahr 1996 etwa: Christian Caryl, Is Putin Fomenting a Holy War?, in: *New Statesman*, May 1, 1996

25 zu den politischen Problemen, die zum Teil aus dem militärischen Erfolg in Afghanistan erwachsen würden, bzw. von diesem nicht gelöst werden konnten: Jochen Hippler, Die Konzeptionslosigkeit wird sich langfristig rächen – Für stabile Strukturen in Afghanistan nach einem Sturz der Taliban fehlen verläßliche Akteure, in: *Frankfurter Rundschau*, 22. Oktober 2001, S. 6 (Dokumentationsseite)

26 Michael Collins Dunn, Usama Din Ladin: The Nature of the Challenge, in: Middle East Policy, Vol. 6, No. 2, October 1998, S. 24

27 ebenda, S. 27

28 Louis J. Freeh, Director, Federal Bureau of Investigation, Statement before the US-Senate Committees on Appropriations, Armed Services, and Select Committee on Intelligence, »Threat of Terrorism to the United States«, zit. nach der website des FBI: www.fbi.gov/congress01/freeh051001.htm

29 zit. nach: Arthur L. Lowrie, The Campaign against Islam and American Foreign Policy, in: *Middle East Policy*, Vol. 4, No. , 1995, S. 213

30 Regional Flashpoints Potential for Military Conflict – Excerpts: Clapper congressional testimony, in: USIS, *US Policy Information and Texts*, 23.1.1992, p. 44

31 Cheney Says Ignoring Iraq Would be Dire Error, in: USIS, *US Policy Information and Texts*, 12.9.1990, S. 25 f.

32 Shireen T. Hunter, Persian Gulf Security: Lessons of the Past and the Need for New Thinking, in: *SAIS Review*, Vol.12, No.1, Winter/Spring 1992, S. 156/157

33 siehe dazu: Jochen Hippler, Die Konzeptionslosigkeit wird sich langfristig rächen – Für stabile Strukturen in Afghanistan nach einem Sturz der Taliban fehlen verläßliche Akteure, in: *Frankfurter Rundschau*, 22. Oktober 2001, S. 6 (Dokumentationsseite)

34 Ashcroft Invokes Religion in U.S. War on Terrorism, in: *Washington Post*, 20. February 2002, p. 2

35 Die Nationale Sicherheitsberaterin Condoleeza Rice im Interview mit dem arabischen Fernsehsender *Al-Jazeera* am 15. Oktober 2001, zit. nach der Presseerklärung der US-Botschaft in Indonesien vom 17.10.2001

36 Deutscher Bundestag, 14. Wahlperiode, 192. Sitzung, 11. Oktober 2001, Plenarprotokoll, Seite 18678

37 zitiert nach: *taz* vom 28.9.2001, S. 4

38 zit. nach: Nina J. Easton, The Hawk – James Woolsey Wants Iraq's Saddam Hussein Brought to Justice, in: *Washington Post*, 27. December 2001, p. C01; siehe auch: Michael Dobbs, Old Strategy on Iraq Sparks New Debate, in: *Washington Post*, 27. December 2001, p. A1

39 Margaret Thatcher, Islamism is the New Bolshevism, in: *The Guardian*, February 11, 2002

40 Pentagon nennt den Irak als Ziel für Atomwaffenangriff, in: *Frankfurter Allgemeine Zeitung*, 11. März 2002, S. 6

41 ›Rogue‹ Nations Policy Builds on Clinton's Lead, in: *Washington Post*, March 12, 2002, p. A4

42 für eine etwas andere Sichtweise siehe: Arthur L. Lowrie, The Campaign against Islam and American Foreign Policy, in: Middle East Policy, Vol. 4, No. 1/2, 1995, S. 210 ff.

Der interkulturelle Dialog zwischen dem Westen und dem Nahen und Mittleren Osten

1 Der Aufsatz stellt eine bearbeitete und aktualisierte Fassung zweier bereits publizierter Beiträge dar: »Anmerkungen zu einem interkulturellen Dialog zwischen dem Westen und dem Nahen und Mittleren Osten«, in: *Interkulturell – Forum für Interkulturelle Kommunikation, Erziehung und Beratung*, Heft 4, Jahrgang 1996, (Forschungsstelle Migration und Integration, Pädagogische Hochschule Freiburg), S. 25-43; sowie: »Die Zukunft des interkulturellen Dialoges nach den Terroranschlägen«, in: *epd-Entwicklungspolitik*, Heft 23/24, Dezember 2001, S. 17; siehe diese und andere Texte zum Thema auch im Internet, unter: http://www.jochen-hippler.de/ Volltexte/Interkultureller_Dialog/interkultureller_dialog.html

2 Ein Beispiel aus Köln: Nur gute Freunde können streiten, in: *Kölner Stadtanzeiger*, 10. Dezember 2001; oder: Gemeinsames suchen, Eigenes bewahren, in: *Kölner Stadtanzeiger*, 28. November 2001

3 FAZ, 18. Dezember 2001, S. 6

4 z.B.: »It is true that some Muslim governments are supporting terrorist organizations as instruments of their own foreign policy. Some are also found guilty of human rights violations. But non-Muslim governments are equally found guilty of the same.«, in: Saleem Kidwai, United States and Islam, February 1999, http://www.jammu-kashmir.com/insights/insight990200.html

5 Rudolf Zewell, »Pflicht zu handeln: Kampf gegen Terror – Der ›gerechte Friede‹ ist nicht umsonst zu haben«, in: *Rheinischer Merkur*, 5. Oktober 2001, S. 1

6 »Der Islam ist kriegerisch«, in: *Frankfurter Allgemeine Sonntagszeitung*, 18.11.2001, Nr. 46 / Seite 11

7 dazu: Jochen Hippler, Media Watch, in: *Orient-Journal* (hrsg. vom Deutschen Orient-Institut, Hamburg), Frühjahr 2001, S. 25

8 zitiert nach: *taz* vom 28.9.2001, S. 4

9 beispielsweise: S.M. Koreshi, New World Order: Western Fundamentalism in Action, Islamabad 1995, S. 29 ff.

10 ein besonders drastisches Beispiel ist: Tariq Majeed, The Global Game for a New World Order, Lahore 1995, der überall eine zionistische Weltverschwörung am Werke sieht, die nicht nur die islamisch geprägten Länder, sondern auch die USA erdrosseln wolle

11 hier bildeten die afghanischen Taliban – aber nicht Al-Qaida – eine teilweise Ausnahme

12 Selbst eher militante Theologen haben damit kein Problem. So beispielsweise Mufti Muhammad Taqi Usmani, der ansonsten zwischen einem aggressiven und defensiven Jihad unterscheidet und beide für gerechtfertigt und geboten hält, der bereits auf den ersten Seiten eines seiner Bücher den

Islam, die Modernität und den technischen Fortschritt für kompatibel erklärt. Siehe: Mufti Muhammad Taqi Usmani, Islam and Modernism, Karachi 1995, S. 7 ff.

13 vielen westlichen Konvertiten zum Islam ist dieser Aspekt besonders wichtig. Siehe etwa: Murad Hofmann, Der Islam als Alternative, München 1992, z.B.: S. 22 f; auch Christian H. Hoffmann beklagt die »grenzenlose Libertinage«, die »wir heute im Westen Sehen« und lobt im Islam »stabile und sichere Familienverhältnisse als Basis des menschlichen Zusammenlebens«. Christian H. Hoffmann, Zwischen allen Stühlen: Ein Deutscher wird Muslim, Bonn 1995, S. 22, 48

14 Vertreter sind etwa der inzwischen leider verstorbene Eqbal Ahmad (Pakistan), Nasr Hamid Abu Zaid (Ägypten) oder Azmi Bishara (Israel/Palästina). Siehe z.B. Azmi Bisharas Beitrag in diesem Band; oder: derselbe, »Der Islam« und die Demokratie im Nahen Osten, in: Jochen Hippler (Hrsg.), Demokratisierung der Machtlosigkeit – Politische Herrschaft in der Dritten Welt, Hamburg 1994, S. 169 ff.

15 Dazu beispielsweise: Bahey El Din Hassan, Bastard Demokratie – Blockade aus Mißtrauen: Die arabische Welt verschließt sich westlichen Wertvorstellungen, in: *Freitag*, 5. April 1996, S. 8; Bahey El Din Hassan ist Direktor des *Cairo Institute for Human Rights Studies* und für den etwas unpassenden Titel nicht verantwortlich.

16 z.B.: Andrea Lueg, Das Feindbild Islam in der westlichen Öffentlichkeit, in: Jochen Hippler/Andrea Lueg (Hrsg.), Feindbild Islam, Hamburg 1993 und ihren Beitrag in diesem Band; oder: John L. Esposito, The Islamic Threat: Myth or Reality?, New York 1992

17 Andrea Lueg, a. a. O.; und: Jochen Hippler, Islam und westliche Außenpolitik, in: Hippler/Lueg, Hamburg 1993, S. 142 ff.

18 Rolf Tophoven, Sterben für Allah – Die Schiiten und der Terrorismus, Herford 1991; Amir Taheri, Morden für Allah: Terrorismus im Auftrag der Mullahs, München 1993; Jean-Claude Barreau, Die unerbittlichen Erlöser: Vom Kampf des Islam gegen die moderne Welt, Reinbek 1992. Hierbei kann es sich nur um Beispiele handeln, für weitere Literaturangaben siehe: Andrea Lueg, a. a. O.

19 Marius Baar, Zeitbomben der Weltgeschichte: Nahost – Die Folgen eines jahrhundertealten Mißverständnisses, Lahr 1992, hierbei etwa das Kapitel »Der Islam übernimmt die Fackel des Nationalsozialismus«

20 Peter Priskil, Taslima Nasrin: Der Mordaufruf und seine Hintergründe, Freiburg 1994.

21 Rolf Scholz, Die Mullahs am Rhein: Der Vormarsch des Islam in Europa, München 1994

22 Samuel P. Huntington, The Clash of Civilizations?, in: *Foreign Affairs*, Vol. 72, No. 3, Summer 1993, p. 22 ff.

23 Reinhard Schulze, Geschichte der islamischen Welt im 20. Jahrhundert, München 1994

24 z.B.: Gudrun Krämer, Gottes Staat als Republik, Baden-Baden 1999, oder: Geschichte Palästinas. Von der osmanischen Eroberung bis zur Gründung des Staates Israel, München 2002

25 z.B.: Volker Perthes, Vom Krieg zur Konkurrenz, Regionale Politik und die
    Suche nach einer neuen arabisch-nahöstlichen Ordnung, Baden-Baden
    2000; oder derselbe: Geheime Gärten. Die neue arabische Welt, München
    2002
26 Navid Kermani, Iran. Die Revolution der Kinder, München 2001
27 neben seinem bereits erwähnten Buch: John L. Esposito, The Islamic Thre-
    at: Myth or Reality?, New York 1992 sollte vor allem das von ihm heraus-
    gegebene, vierbändige Werk erwähnt werden: The Oxford Encyclopedia of
    the Modern Islamic World, New York 1995

Schlußfolgerungen

1 Die Rolle vieler buddhistischer Mönche im Bürgerkrieg Sri Lankas ist dazu
   illustrativ. Lesenswert dazu: H. L. Seneviratne, The Work of Kings – The
   New Buddhism in Sri Lanka, Chicago 2000

Die Autorinnen und Autoren:

Dr. Azmi Bishara, geb. 1956, Professor für Philosophie, palästinensisches Mitglied des israelischen Parlaments, der Knesset, lebt in Jerusalem

Andreas Cichowicz, geb. 1961, Fernseh-Auslandschef beim NDR und Moderator des ARD-Weltspiegels, war 1994 bis 2000 ARD-Studioleiter und Korrespondent für die Arabische Welt in Kairo

Dr. Claudia Derichs, geb. 1965, Wissenschaftliche Assistentin am *Institut für Politikwissenschaft*, Universität Duisburg, Arbeitsschwerpunkt: Politischer Islam in Südostasien

Dr. Jochen Hippler, geb. 1955, arbeitet als Politikwissenschaftler am *Institut für Entwicklung und Frieden* (INEF) an der Universität Duisburg und als freiberuflicher Politikberater. Internet: *www.Jochen-Hippler.de*

Prof. Petra Kappert, geb. 1945, Islamwissenschaftlerin, lehrt Turkologie am Seminar für Geschichte und Kultur des Vorderen Orients der Universität Hamburg

Andrea Lueg, geb. 1962, lebt als freie Journalistin in Köln, journalistische Reisen in muslimische Länder u.a. Palästina, Pakistan, Indonesien, Afghanistan

Prof. Reinhard Schulze, geb. 1953, lehrt Islamwissenschaften und neuere Orientalische Philosophie an der Universität Bern, zahlreiche Publikationen zur islamischen Geschichte der Neuzeit

Dr. Christoph Weller, geb. 1961, Friedensforscher am *Institut für Entwicklung und Frieden* (INEF) der Universität Duisburg, Arbeitsschwerpunkte: Feindbild-Forschung, Außenpolitik-Analyse, massenmediale Konstruktion internationaler Politik sowie Identitäts- und Gewaltforschung.